Richard S. Heckler, Herausgeber

Aikido und der neue Krieger

Synthesis Verlag

Titel der amerikanischen Originalausgabe:
Aikido and the New Warrior
Originalverlag: North Atlantic Books, Berkeley, Calif.

Übersetzt von Erika Ifang
Lektorat: Gerhard Juckoff, Schwalmtal

1. Auflage 1988

Satz: Typografischer Betrieb ZERO, Rheinberg
ISBN 3-922 026-41-9

Dem Geist Meister Morihei Ueshibas gewidmet.

Mein Dank gilt all denen, die direkt oder indirekt am Zustandekommen dieses Buches mitgewirkt haben. Zuerst einmal möchte ich den Lehrern danken, die mein Aikido-Training am stärksten beeinflußt haben: Mitsugi Saotome Sensei, Robert Nadeau Sensei und Frank Doran Sensei. Zu Dank verpflichtet bin ich ferner meinen Partnern vom Tamalpais-Aikido-Dojo George Leonard und Wendy Palmer, besonders George für die fortwährende Unterstützung und Ermutigung, die er diesem Projekt zuteil werden ließ; außerdem Robert Hall, meinem Kollegen an der Lomi-Schule, der mir durch seinen unablässigen Zuspruch und scharfen Blick in allem eine große Hilfe war, und schließlich Stan Pranin von den *Aiki News*, dessen Interview mit Kisshomaru Ueshiba diese Anthologie wesentlich bereichert.

Inhalt

Richard S. Heckler

Einführung

Während der letzten zwanzig Jahre hat eine wachsende Zahl von Aikido-Übenden die Prinzipien des Aikido kreativ im Beruf angewendet. Sowohl in der Bildung und Erziehung als auch in der Psychologie, bei der Konfliktlösung, im Gesundheitswesen, im Gesetzesvollzug, im Management- und Geschäftsbereich sowie beim Sport, überall macht sich der günstige Einfluß der im Aikido angestrebten Einheit von Körper und Geist wohltuend bemerkbar. Daß Aikido, ein japanischer Kampfsport, eine so weitreichende Wirkung entfaltet, ist seinem Begründer Morihei Ueshiba und den Generationen von Anhängern nach ihm zu verdanken, die sein Budo des »liebevollen Ausgleichs« weiterübten und verbreiteten.

Meister Ueshiba brachte es in vielen Jahren des Studiums in verschiedenen Kampfsportarten wie Speerkampf, Schwertkampf und Daito-ryu-jujutsu zur Meisterschaft; Aikido wurzelt folglich in der alten Bushido-Tradition Japans. Nun baute Meister Ueshiba sein Aikido zwar auf der Grundlage der alten Kampfkunst auf, und heutige Aikido-Meister zählen zu den besten Kampfsportlern der Welt, doch hatte er darüber hinaus eine revolutionäre Art, von seiner Kunst zu sprechen — eine in der Kampfsporttradition nie dagewesene Art. Er nannte es ein Budo der Liebe, das den Zweck habe, alle Menschen dieser Welt zu vereinen. Immer wieder erklärte er seinen Schülern, Aikido sei nicht dazu da, um jemanden zu verletzen, sondern um allen Menschen liebevollen Schutz angedeihen zu lassen. Als bekannt wurde, was er gesagt hatte, meldeten sich viele Andersdenkende, um Ueshiba und seinen neuen Budo auf die Probe zu stellen. Zu seinen Gegnern gehörten Sumo-Ringer, Boxer und Ringkämpfer aus dem Westen sowie das Heer ausgebildeter Krieger in ganz Japan. Viele dieser anfänglichen Widersacher wurden am Ende Schüler, und seitdem wird überall in der Welt Aikido gelehrt.

Meister Ueshiba erprobte seine Ideen in echten Kämpfen, häufig mit scharfen Waffen, und machte Aikido zu einer wirksamen, ja abschreckenden Selbstverteidigungstechnik. Gleichzeitig kam er zu dem Schluß, daß der Anspruch, um jeden Preis siegen und andere durch Körperkraft oder Manipulation unterwerfen zu müssen, den spirituellen Bedürfnissen der heutigen Gesellschaft zuwiderlaufe. Auf der Suche nach einer Kampfkunst, die den Erfordernissen des modernen Zeitalters gerecht werden könnte, hielt sich der Begründer des Aikido an die ursprüngliche Zielvorstellung von Budo: die Schulung und Vervollkommnung des Geistes. Er wollte keinen Wettkampfsport mit der üblichen Unterteilung in Gewinner und Verlierer, sondern entwickelte einen Kampfsport, bei dem es auf die inneren Kräfte ankam und nicht mehr durch Einstufung und Wettkämpfe bestimmt werden mußte, wer der Beste sei. Meister Ueshiba sprach vom »Gegner im Innern« und sagte, man müsse zuerst mit dem eigenen Geist und Körper arbeiten, ehe man versuche, andere zu korrigieren. Er zog dem Hunger und Streben nach Ruhm und Macht die Würde und Integrität des Menschen vor. Mit den für Aikido entwickelten Techniken brachte er der Welt eine Alternative zum derzeit gängigen harten Militarismus und blauäugigen Pazifismus. Im Grunde jedoch ist Meister Ueshibas Aikido ein spiritueller Weg, der die Menschen lehrt, ihr *Ki* (ihre spirituelle Energie) mit dem Ki des Universums zu vereinigen. In dieser praktischen Verschmelzung des persönlichen mit dem universellen Ki sah er eine Möglichkeit für jedermann, an der Gestaltung einer Welt der Harmonie, des rechten Handelns und des universellen Mitgefühls mitzuwirken. Mit diesem Ideal und durch sein rastloses Üben, Forschen und Kämpfen schuf Meister Ueshiba einen Prototyp des neuen Kriegers.

Die vorliegende Anthologie versucht, diesen Begriff des neuen Kriegers faßbar zu machen. Die daran beteiligten Männer und Frauen haben die Prinzipien ihres Aikido-Trainings in ihr Privat- und Berufsleben übernommen und wissen, wovon sie reden. Sie wissen, was es heißt, das beim Üben erworbene Wissen auf Normal- wie auch Streßsituationen im Leben zu übertragen. Natürlich gibt es unzählige Aikido-Praktizierende, die es ihnen mehr oder weniger vollkommen darin gleichtun, aber es war diese Gruppe von Schriftstellern und Aikido-Übenden, die ihre Erfahrungen zu Papier gebracht hat. Der Anfänger sollte sich allerdings nicht zu dem Trugschluß verleiten lassen, auch er würde sogleich am eigenen Leibe erfahren, wie Aikido sich im täglichen Leben auswirkt.

Diese Anthologie hat eine doppelte Aufgabe: Erstens soll damit die Tiefe und Spannweite dieses ungewöhnlichen Kampfsports aufgezeigt werden und zweitens die Kraft und Wirksamkeit anschaulich gemacht werden, die Aikido als Weg des In-der-Welt-Seins hat. In einer Zeit, in der spirituelle Werte sich weitgehend verflüchtigt haben und wir alle am Rande der gegenseitigen Vernichtung stehen, wo es also ums Überleben geht, glaube ich, daß die Botschaft des Aikido ihre besondere Bedeutung hat. Alle, die dieses Buch lesen, möchte ich von ganzem Herzen dazu ermutigen, sich einen Lehrer und einen Übungsort *(Dojo)* zu suchen und Aikido selbst zu erfahren.

John Stevens

Der Begründer Ueshiba Morihei

Ueshiba Morihei, der Begründer des Aikido, wurde am 14. Dezember 1883* als Bauernsohn im Bezirk Tanabe der japanischen Präfektur Wakayama geboren. Er war das vierte von fünf Kindern und der einzige Sohn. Von seinem kräftig gebauten Vater Yoroku erbte Morihei die Zielstrebigkeit eines Samurai und sein Interesse am öffentlichen Leben, von seiner Mutter Yuki die Liebe zu Religion, Dichtung und Kunst.

Der Junge war zuerst ziemlich schwächlich und kränkelte ständig, er saß lieber drinnen und las Bücher, statt draußen herumzutollen. Etwa mit acht Jahren begann er unter der Anleitung eines Shingon-Priesters die chinesischen Klassiker zu studieren; viel mehr fesselten ihn allerdings die Riten des esoterischen Buddhismus, besonders die *Homa*-Feuerzeremonie. Nur zu gern hörte er die erstaunlichen Geschichten von den wunderwirkenden Heiligen En no Gyoja und Kobo Daishi, die einen Teil ihres Lebens im geweihten Kumano-Distrikt nicht weit von seinem Zuhause verbracht hatten. Morihei dachte sogar daran, eines Tages selbst ein buddhistischer Mönch zu werden.

Um der Tagträumerei und Nervosität seines Sohnes entgegenzuwirken, erzählte Yoroku ihm von den Abenteuern seines berühmten Urgroßvaters Kichiemon, der einer der größten Samurai seiner Zeit gewesen sein soll, und regte Morihei dazu an, sich im *Sumo*-Ringen und Schwimmen zu versuchen. Allmählich erstarkte Morihei, und als sein Vater eines Abends von einer Bande Schläger, die ein politischer Gegner gedungen hatte, überfallen wurde, sah er vollends die Notwendigkeit ein, entsprechende Kräfte zu entwickeln.

Morihei ging nur ein Jahr auf die Mittelschule. Er langweilte sich dort, und seine aufgestaute Energie ließ ihn nach einer praktischen Betätigung

---

* nach dem alten Mondkalender am 16. November

suchen. Da er stets gut rechnen konnte, schrieb er sich an einer *Soroban*-Schule (Abakus-Schule) ein. Schon nach einem Jahr hatte er dort eine Assistentenstelle inne. Noch keine zwanzig, nahm er eine Stellung als Steuereinschätzer beim örtlichen Finanzamt an. Er war ein richtiges Arbeitspferd; seine dienstlichen Verpflichtungen zwangen ihn jedoch, eine neue Steuer für Bauern und Fischer einzuführen, die er als höchst ungerecht empfand. Daraufhin kündigte er in gerechtem Zorn und setzte sich an die Spitze der Protestbewegung, sehr zum Leidwesen seines Vaters, des Stadtverordneten. Yoroku händigte ihm schließlich eine bedeutende Geldsumme aus und sagte: »Nimm das und such dir irgend etwas, das du wirklich gerne tun möchtest.«

In der Hoffnung, ein großer Kaufmann zu werden, begab sich Morihei 1901 nach Tokio. Er schaffte es, einen kleinen Schreibwarenladen aufzumachen, nur gefiel ihm der Handel ebensowenig wie das Steuerwesen, und so schloß er sein Geschäft nach wenigen Monaten wieder. Während dieses kurzen Aufenthalts in Tokio entdeckte Morihei seine Liebe zu den Kampfsportarten. Es machte ihm ungeheuren Spaß, im Kito-ryu-Dojo *Jiu-Jitsu* zu studieren und sich im Shinkage-ryu-Trainingszentrum im Schwertkampf zu üben. Als er schwer an Beriberi erkrankte, mußte er heimkehren. Kurze Zeit später, im Alter von 19 Jahren, heiratete er Itogawa Hatsu.

Morihei war bald wiederhergestellt, wußte aber nicht, was er nun tun sollte. Über Rußland und Japan brauten sich derweil Sturmwolken zusammen. Da entschloß sich der impulsive junge Mann kurzerhand, in die Armee einzutreten und auf Abenteuersuche zu gehen. Unglücklicherweise entsprach er mit seiner Körpergröße von knapp 1,55 Metern nicht ganz den Anforderungen. Darüber zutiefst empört, verbrachte er die nächsten Monate damit, allein in den Bergen zu trainieren: Er hängte sich mit Gewichten an den Beinen an starke Äste und führte andere Streckübungen durch, um seine Wirbelsäule um die notwendigen Zentimeter zu dehnen.

Beim nächsten Versuch bestand Morihei tatsächlich den Eignungstest und trat 1903 in die Infantrie ein. Durch seine unerschöpfliche Energie und hohen Ziele erregte der junge Soldat die Aufmerksamkeit seiner Vorgesetzten und wurde schnell befördert. Bald war er bekannt für sein eifriges hartes Training und seine außergewöhnliche Geschicklichkeit im Bajonettgebrauch. Er erwarb sich große Verdienste beim russisch-japanischen Krieg 1904/1905 in der Mandschurei, wo zum ersten Mal seine außergewöhnliche Fähigkeit zutage trat, einen Angriff vorauszufühlen. Wie er sagte, konnte er schon spüren, daß auf ihn angelegt wurde, noch ehe das betreffende Geschoß abgefeuert war. Sein Kommandeur wollte ihn zur Aufnahme in die nationale Militärakademie empfehlen; aus verschiedenen Gründen lehnte Morihei das Anerbieten jedoch höflich ab und quittierte seinen Dienst. In den vier Jahren seiner Militärzeit hatte sich seine körperliche Verfassung erheblich verbessert. Er brachte jetzt 160 durchtrainierte Pfund auf die Waage und hatte von Nakai Masakatsu vom Yagyu-ryu sein erstes *Menkyo* erhalten, die Lehrerlaubnis für eine Kampfsportart. (Der Dojo lag in Sakai, einem Vorort von Osaka, wo Morihei stationiert war.)

Morihei kehrte zum Leben eines Bauern und Ehemanns zurück, blieb aber voller Unruhe. Aufbrausend und reizbar, fast schon manisch depressiv, begann er seltsame Verhaltensweisen an den Tag zu legen: Er schloß sich stundenlang zum Beten in sein Zimmer ein, sprang mitten in der Nacht aus dem Bett, um sich mit kaltem Wasser zu übergießen, und fastete tagelang in den Bergen. Besorgt über das merkwürdige Benehmen seines Sohnes erbaute Yoroku einen Dojo auf seinem Grund und Boden und lud den berühmten *Jiu-Jitsu*-Lehrer Takaki Kiyoichi ein, dort zu lehren. Morihei stürzte sich aufs Training, und sein Zustand besserte sich zusehends.

In diesem Lebensabschnitt geriet Morihei unter den Einfluß des bekannten Gelehrten Minakata Kumagusu (der auch viele Jahre in den Vereinigten Staaten und England studiert hatte). Kumagusu widersetzte sich mit allen Kräften einem Regierungsvorhaben, demzufolge kleinere Shinto-Schreine der Verwaltung größerer Tempel unterstellt werden sollten, weil er darin eine Verletzung der Gefühle ortsansässiger Anwohner sah. Morihei vertrat die gleiche Auffassung wie Kumagusu, er schrieb Petitionen an die Regierung, schickte Protestbriefe an Zeitungen, organisierte Demonstrationszüge und dergleichen mehr. Sein Engagement vertiefte sein Interesse an der Politik. Als die Regierung Freiwillige für den unterentwickelten Landesteil Hokkaido warb, riet Kumagusu ihm, sich die Sache zu überlegen, insbesondere im Hinblick auf Japans zukünftige Nahrungsbedürfnisse. Der Pioniergeist, »aus dem Nichts etwas zu schaffen«, sagte Morihei sehr zu. Außerdem gab es im Dorf mittlerweile viele arbeitslose Bauern und Fischer. Eine Gemeindeversammlung wurde einberufen, und mehr als 80 Leute willigten ein, mit auszuwandern. Im Frühjahr 1912 führte der 29jährige Morihei mit Frau und zweijähriger Tochter die Dörfler in die Wildnis Hokkaidos.

Sie ließen sich im kalten Nordosten der Insel in der Umgebung der Ortschaft Shirataki nieder. Der Anfang sah nicht sehr rosig aus — keiner wußte, wie man Kartoffeln anbaut; frühe Fröste, kühle Sommer und strenge Winter vernichteten drei Jahre hintereinander alle Ernten. Die Leute mußten sich notdürftig von Wildgemüse und Fisch ernähren, und so mancher Pionier bereute bald seinen Entschluß und scheute sich nicht, Morihei für die mißliche Lage verantwortlich zu machen. Zum Glück besserte sich die Situation, als die Nachfrage nach Bauholz stieg und das Dorf dadurch zu Wohlstand kam. Ein Feuer, das den Ortskern zerstörte, war ein schwerer Schlag, aber vorwiegend durch Moriheis unermüdlichen Einsatz gelang es, alles innerhalb eines Jahres wieder aufzubauen. Er wurde in den Gemeinderat gewählt und respektvoll »König von Shirataki« genannt.

Moriheis enorme Muskelkraft soll auf die Baumfällerjahre in Shirataki zurückzuführen sein; jeden Tag schleppte er riesige Stämme von ein bis zwei Zentner Gewicht. Aus dieser Epoche seines Lebens stammt eine ganze Reihe von Anekdoten.

Einmal zog er mit einer Hand Pferd und Wagen aus einem tiefen Graben, ein andermal bezwang er drei Banditen, die ihn zu berauben versuchten; wieder ein anderes Mal zähmte er einen angreifenden Bären und teilte sein Mittagbrot mit ihm. Das bedeutendste Ereignis seines Aufenthaltes in Hokkaido aber war seine Begegnung mit Takeda Sokaku, dem Großmeister des *Daito-ryu-Aiki-jutsu.*

Der Überlieferung nach wurde Daito-ryu um 1100 n. Chr. von Minamoto (Genji) Yoshimitsu gegründet, einem Nachkommen Kaiser Seiwas in der sechsten Generation. Yoshimitsus Sohn Yoshikiyo ließ sich in Koga (in der heutigen Präfektur Yamanashi) nieder und begründete dort den Takeda-Clan; die Kampfkunsttradition wurde insgeheim innerhalb der Familie von Generation zu Generation weitergetragen. 1574 zog Takeda Kunitsugu nach Aizu (Präfektur Fukushima), wo für die nächsten 300 Jahre nur ranghohe Samurai in den speziellen Techniken *Oshiki-uchi* (auch *O-dome* genannt) unterrichtet wurden.

Der wirkliche Ursprung des Daito-ryu ist wohl weniger alt und eher prosaisch. Takeda Soemon (1758-1853) lehrte ein als *Aiki-in-yo-ho* bekanntes System, das »Aiki-System des Yin und Yang«, das er an Saigo Tanomo weitergab, den Hauptgefolgsmann des Fürsten in Aizu. Saigo war auch im Misoguchi-ryu-Schwertkampf und in der Koshu-ryu-Kampfkunst ausgebildet. Die Samurai von Aizu unterstützten starrköpfig das alte Militärregime und leisteten der neuen Meiji-Regierung erbitterten Widerstand; sie gehörten zu den letzten, die 1868 kapitulierten. In der Überzeugung, Tanamo sei bei der letzten Schlacht mit den kaiserlichen Truppen gefallen, begingen seine Frau, seine fünf Töchter und 14 weitere Familienmitglieder rituellen Selbstmord, um die Ehre des Namens Saigo hochzuhalten. Aber Tanomo war mit dem Leben davongekommen. Nach dieser Tragödie betätigte er sich in verschiedenen Bezirken als Shinto-Priester und nahm schließlich Shida Shiro als Schüler und Sohn an. Der außerordentlich begabte Shiro meisterte alle Oshiki-uchi-Techniken und wandte sie später als Star der von Kano Jigoro neueröffneten Kokodan-Judoschule an. Bei einem offenen Turnier 1889 besiegte der Juniorlehrer Shiro alle Teilnehmer mit seinem *Yama-arashi*, dem »Gebirgssturm«, einer Oshiki-uchi-Technik, und sicherte damit dem

Kokodan hohes Ansehen. (Die Lebensgeschichte Shiros ist in den beliebten Sugata-Sanshiro-Romanen und -Filmen dargestellt worden.) Nicht lange danach gab Shiro allerdings sein Training in den genannten Disziplinen auf — wahrscheinlich hin und her gerissen zwischen der schuldigen Dankbarkeit gegenüber seinem Adoptivvater Tanomo und seiner Hochachtung für Jigoro, den Leiter der Schule —, ging nach Nagasaki und widmete sich für den Rest seines Lebens dem klassischen Bogenschießen (*Kyudo*).

Gottlob hatte Tanomo noch einen weiteren würdigen Erben: Takeda Sokaku (1860-1943), Soemons Enkel. (Da Sokakus Vater Sokichi sich mehr im Sumo-Ringen engagierte als im Aiki-in-yo-ho, wurde die Familientradition vorübergehend von einem »Außenseiter« aufrechterhalten.)

Sokaku war kein Anfänger; schon in jungen Jahren hatte er die Lehrbefugnis im Ono-ha-Ittoryu-Schwertkampf und Hozoin-Speerkampf erhalten und unter dem »Schwertkampf-Heiligen« Sakakibara Kenkichi vom Jijishin-kage-ryu studiert. Als leidenschaftlicher Schwertkämpfer »eroberte« Sokaku im Sturm Dojos überall im Lande und nahm an Tausenden von Wettkämpfen teil. Er verlor fast nie. Berichten zufolge focht er auch einige Male mit blankem Schwert; einmal geriet er in ein Handgemenge mit Bauarbeitern und soll sieben oder acht von ihnen getötet haben.*

Als Tanomo 1898 seine gesamten Kenntnisse an Sokaku weitergab, sagte er: »Der Schwertweg ist vorbei; von jetzt ab solltest du diese wunderbaren Techniken überall bekanntmachen.« Sokaku modifizierte die Oshiki-uchi-Techniken, mit denen er jahrelang praktische Erfahrungen gesammelt hatte; sein neues System nannte er »Daito-ryu-Aiki-jutsu«, und so darf er mit Fug und Recht als dessen Begründer gelten.

Als unüberwindlicher Meister des Aiki reiste Sokaku umher und zog eine große Zahl von Schülern an. Er soll um die 30 000 Anhänger gehabt haben; fast jeder *Budoka* (Kampfsportler) von Rang war damals in der einen oder anderen Art Schüler bei ihm, darunter auch ein Amerikaner mit Namen Charles Perry.

1903 saß Perry, Englischlehrer an einer höheren Schule in Sendai, in einem Zug und bemerkte dort einen schäbig gekleideten Japaner. Er bat den

* Die Einzelheiten dieser halb legendären Geschichte sind im Laufe der Jahre mehr und mehr ausgeschmückt worden — eine Version berichtet von 300 zornentbrannten, mit Eisenstangen, Äxten und Steinen bewaffneten Arbeitern, mit denen es Sokaku mitten in Tokio aufgenommen haben soll, wobei angeblich zwölf erschlagen und viele verwundet wurden. In Wirklichkeit hat sich der Zwischenfall in Fukushima ereignet, und zwar vermutlich so: Sokaku schlug sich eine Bresche durch eine Menge von vielleicht 50 Arbeitern und machte sich lieber davon, statt standzuhalten und sich gegen immer neue Wogen von Angreifern zu wehren.

Schaffner, doch zu prüfen, ob der Mann eine Fahrkarte für die erste Klasse besitze. Der Japaner war Sokaku; er wollte nun wissen, warum er als einziger seine Fahrkarte vorzeigen müsse. Der Schaffner erzählte ihm, daß der Amerikaner seine Zweifel habe, ob er in diesen Waggon gehöre. Der hitzköpfige Sokaku sprang sofort auf, ging zu Perry und verlangte eine Erklärung. Perry erhob sich mit geballten Fäusten, sicher, daß seine Körpergröße von 1,87 Metern den kleinwüchsigen Sokaku einschüchtern würde. Aber Sokaku packte einfach Perrys Fäuste und wandte einen Griff an, den heutige Aikido-Schüler als *Yonkyo* kennen; der Schmerz zwang Perry in die Knie, und dann schleuderte Sokaku ihn quer durch den Waggon. Nachdem er sich kleinlaut entschuldigt hatte, bat Perry um die Erlaubnis, selbst etwas von dieser Kunst lernen zu dürfen. Es geht die Rede, Perry habe diese Begegnung später genauestens dem Außenministerium in Washington geschildert; das kam angeblich Teddy Roosevelt zu Ohren, der daraufhin um Entsendung eines Lehrers in die Vereinigten Staaten ersuchte. Harada Shinzo aus Sendai wurde für ein paar Monate in die USA geschickt, und so ist es durchaus möglich, daß auf diese Weise ein amerikanischer Präsident noch vor Ueshiba Morihei in die Geheimnisse des Aikido eingeweiht wurde.

Sokaku hatte nie einen eigenen festen Dojo. Neue Schüler gewann er lieber per Zufall wie bei der Begegnung mit Perry, durch Herausforderung örtlicher *Kendo-* und *Judo-*Lehrer — der Verlierer wurde Schüler des Siegers — und durch öffentliche Demonstrationen seines Könnens. Das ging etwa so vor sich: Er hielt zum Beispiel ein zusammengedrehtes Stück Papier an einem Ende fest und bat einen Freiwilligen, das andere Ende zu nehmen — der Betreffende verlor dann auf einmal den Boden unter den Füßen. Oder er ließ sich die Hände fest auf den Rücken binden und forderte jeden einzelnen der Anwesenden auf, ihn umzuwerfen oder wegzudrücken — sie schafften es nicht, aus welcher Richtung sie auch kamen, im Gegenteil, sie gingen selbst zu Boden. Zum Schluß pflegte er meist alle Teilnehmer aufzurufen, ihn gemeinsam anzugreifen, wobei sie in Blitzesschnelle alle durch die Luft gewirbelt wurden. Ein anderer beliebter Trick Sokakus war der, sich von fünf oder sechs besonders kräftigen Zuschauern auf die Schultern nehmen zu lassen; irgendwie brachte er es stets fertig, daß sie alle auf einem Haufen, mit ihm zuoberst, zusammenbrachen und nicht wieder aufstehen konnten, bis er es zuließ. Natürlich gab es nach so eindrucksvollen Darbietungen immer viele, die Schüler bei ihm werden wollten.

Morihei wurde Sokaku 1915 in einem Gasthaus in Engaru vorgestellt. Obwohl er selbst ziemlich hart im Nehmen war — manchmal wurde er sogar für Sokaku gehalten, weil sie etwa gleich groß waren —, hatte er gegen den Daito-ryu-Meister keine Chance. Daraufhin ließ er alles stehen und liegen und lernte einen Monat lang bei Sokaku in dem Gasthaus, die Mindestzeit zum Erwerb des *Shoden-mokuroku*-Zertifikats der 118 Grundtechniken.* (Seine Landsleute in Shirataki meinten inzwischen, er sei bei einem Blizzard ums Leben gekommen!) Nach seiner Heimkehr errichtete Morihei auf seinem Grund und Boden einen *Dojo* (Übungsort) und lud Sokaku ein, dort zu wohnen. 1917, seine Familie hatte er wegen der strengen Kälte nach Tanabe in Wakayama zurückgeschickt, begleitete er Sokaku auf seinen Lehrreisen.

1919 erreichte ihn aus Tanabe die Nachricht, sein 76jähriger Vater sei schwerkrank. Morihei verkaufte einen Teil seines Grundbesitzes in Shirataki, überließ den Rest Sokaku und verließ Hokkaido für immer. Auf dem Weg zu seiner Heimatstadt — seinerzeit eine Strecke von gut zehn Tagereisen — machte er spontan halt in Ayabe, dem Hauptsitz der neuen *Omoto-kyo*-Religion, von der er schon viel gehört hatte, und ließ Gebete für die Gesundung seines Vaters sprechen. Dort lernte er Deguchi Onisaburo kennen, den »Meister« dieser Sekte, der ihm sagte: »Deinem Vater geht es besser dort, wo er jetzt hingeht.«

Die unirdische Atmosphäre von Ayabe und Umgebung bezauberte Morihei, und er blieb drei Tage dort, ehe er seine Reise fortsetzte. Als er zu Hause ankam, war sein Vater tatsächlich schon in eine »bessere Welt« hinübergegangen, wie Onisaburo vorausgesagt hatte. Tieftraurig und vollkommen verwirrt, aß und schlief Morihei die folgenden drei Monate kaum. Jede Nacht entschwand er in die Berge, wo er bis zum Morgengrauen wie ein Verrückter sein Schwert schwang. Dann endlich sprach er die Absicht aus, den ererbten Grundbesitz zu verkaufen und nach Ayabe zu gehen, um Omotokyo zu studieren.

Wie viele der neuen Religionen Japans war auch Omoto-kyo, die »Lehre vom erhabenen Ursprung«, eine Mischung aus Shinto-Mythologie, Schamanismus, Gesundbeten und Persönlichkeitskult. Die Sekte erfreute sich damals größter Beliebtheit und hatte über zwei Millionen Anhänger. Ihre Gründerin war Deguchi Nao, eine Landfrau mit Halbbildung, deren früheres Leben ein einziges Elend gewesen war. Von Geburt an arm, war sie bereits im Alter von zehn Jahren gezwungen, als Hausmädchen zu arbeiten. Ihre

* Die oft zitierte Geschichte, Morihei habe für jede Technik 300 bis 500 Yen (nach heutiger Rechnung Hunderte von Mark) bezahlt, ist mit Sicherheit falsch. Quellenangaben des Daito-ryu zufolge betrug die Aufnahmegebühr damals zwischen 3 und 5 Yen, und zehn Tage Studium kosteten 10 Yen. Morihei meinte wahrscheinlich die hohen Gesamtkosten des Unterrichts bei Sokaku in Hokkaido und später Ayabe — einschließlich Transport, Unterkunft, Verpflegung und der Übergabe des Shirataki-Besitzes an ihn —, aus denen sich vielleicht die angegebene Summe pro erlernter Technik ergab.

Ehe mit dem ärmsten Bauern eines armen Dorfes war eine Tragödie — von ihren acht Kindern starben drei im zartesten Alter, drei rannten von daheim fort, und zwei wurden wahnsinnig. Nao war dreißig, als ihr Mann starb, und dazu verurteilt, sich ihren Lebensunterhalt mit Lumpensammeln zu verdienen. 1892 erschien ihr Tenchi-kane-no-kami, die große Göttin des Universums, und offenbarte ihr, es käme ein Heiland, um das Reich Gottes auf Erden zu errichten, und sie solle seine Prophetin sein.

1898 begegnete Nao dem klugen jungen Ueda Kisaburo, der behauptete, einmal seinen Körper verlassen, jeden Winkel der spirituellen Welt erforscht zu haben und alle Geheimnisse des Kosmos zu kennen. Nao erkannte in Kisaburo (der seinen Namen später in Onisaburo umänderte) den verheißenen Erlöser, und nachdem er ihre Tochter Sumiko geheiratet hatte, gründeten sie gemeinsam eine neue religiöse Sekte.

Als Morihei seinen Entschluß bekanntgab, sich in Ayabe mit Omoto-kyo zu befassen, hielten ihn all seine Freunde und Angehörigen, ja selbst seine Frau, für verrückt. Er ließ sich jedoch nicht umstimmen und mietete im Frühjahr 1920 für sich und seine Familie ein Haus in der Nähe des Omoto-kyo-Hauptschreins. (Dieses Jahr war wohl das schwerste in Moriheis Leben: Sein Vater starb, er faßte den schmerzlichen Entschluß, seine Heimat zu verlassen, und um das Maß vollzumachen, erkrankten seine beiden Söhne, der dreijährige Takemori und der einjährige Kuniharu, an einem Virus und starben nacheinander im Abstand von drei Wochen. Sein einziger überlebender Sohn Kisshomaru wurde erst 1921 geboren.)

In den folgenden acht Jahren war Morihei der Assistent Onisaburos, lehrte Budo an der »Ueshiba Juku«, stand der örtlichen Feuerwehr vor, betrieb Landwirtschaft und studierte die Lehren des Omoto-kyo, insbesondere *Chinkon-kishin*, die »Besänftigung des Geistes und Rückkehr zum Göttlichen«.

Onisaburo war Pazifist und als solcher ein Befürworter des gewaltfreien Widerstandes und der weltweiten Abrüstung. Einmal sagte er: »Aufrüstung und Krieg sind die Mittel, mit denen Grundbesitzer und Kapitalisten Gewinne erzielen, während die Armen leiden müssen. Nichts auf der Welt ist schlimmer als Krieg und nichts törichter als Aufrüstung.« Was bewog ihn wohl, den Kampfsportmeister Morihei willkommen zu heißen, ihm einen Dojo zu bauen und junge Omoto-Anhänger dazu anzuregen, mit ihm zu üben? Onisaburo erkannte offenbar, daß Moriheis Lebenszweck im »Lehren der wahren Bedeutung des Budo« bestand: der Beendigung allen Kampfes und Haders.

Aufgrund seiner pazifistischen Gesinnung und der festen Überzeugung, er sei der Welterlöser und müsse deshalb zum Kaiser ausgerufen werden, um die Regierung anzutreten, lag Onisaburo beständig mit den Behörden im Streit. 1921 wurde er wegen Majestätsbeleidigung inhaftiert, im Zuge einer Generalamnestie beim Tode Kaiser Taishos jedoch nach wenigen Monaten wieder auf freien Fuß gesetzt.

1924 heckte Onisaburo den absonderlichen Plan aus, mit Unterstützung verschiedener chinesischer und koreanischer religiöser Gruppierungen ein »himmlisches Königreich auf Erden«, ein »neues Jerusalem«, in der Mongolei zu errichten. Wenn erst einmal die großen spirituellen Traditionen Asiens vereint waren, konnte seiner Meinung nach auch die übrige Welt unter seiner Leitung zu einer Gemeinschaft der Liebe und Brüderlichkeit umgeformt werden. Da Onisaburo unter dauernder Polizeiaufsicht stand, machte er sich mit Morihei als seinem Leibwächter und drei anderen in aller Heimlichkeit auf den Weg. Bei der Ankunft in China im Februar nannte Onisaburo sich selbst die Dalai-Lama-Inkarnation des Buddha Maitreya, auf die alle Welt wartete. Seine chinesischen Gastgeber blieben davon unbeeindruckt, und nur unter großen Schwierigkeiten und nach vielen Abenteuern (bei denen Moriheis Fähigkeit, Geschossen auszuweichen, sich als hilfreich erwies) erreichten sie ihr Ziel. Dort erregten sie den Argwohn der örtlichen Befehlshaber, wurden sofort eingesperrt, in Fußeisen gelegt und zur Exekution auf den Richtplatz gebracht. Zum Glück griff der japanische Konsul ein, so daß der Erlöser samt seiner Schar in letzter Sekunde gerettet wurde. Im Juli desselben Jahres kehrten die Teilnehmer dieser seltsamen Expedition zurück und wurden als Helden gefeiert.

(Onisaburo, seine Frau und fünfzig seiner engsten Anhänger wurden 1935 verhaftet und zu lebenslänglicher Gefangenschaft verurteilt; alle Omoto-Bauwerke wurden gesprengt und die gesamte Bewegung unterdrückt. 1942 kam Onisaburo auf Kaution frei und verbrachte die letzten sechs Jahre seines Lebens mit Studien, Dichten und Töpfern. Omoto-kyo lebte zwar nach dem Krieg wieder auf, erholte sich jedoch nie mehr vom Tode des charismatischen Onisaburo. Gegenwärtig zählt die Sekte vielleicht 200 000 Mitglieder.)

Sowohl seine Beschäftigung mit Omoto-kyo als auch seine Beziehung zu Onisaburo hatte einen starken Einfluß auf Moriheis Leben. Selbst sein Verhältnis zu Sokaku war davon betroffen. 1922 lud er Sokaku für sechs Monate nach Ayabe ein, und Sokaku gab ihm die Erlaubnis, sich als Ausbilder (*Shihandai*) des Daito-ryu-Aiki-jutsu zu betätigen. (Die Verwandtschaft zwischen Daito-ryu-Aiki-jutsu und Aikido ist schwer zu bestimmen. Noch mindestens zwanzig andere erhielten von Sokaku die Lehrerlaubnis; Morihei wurde nie offiziell die »volle Übertragung« — *Soden* — der Daito-ryu-Techniken zuteil.) Morihei sagte stets, Sokaku habe ihm die Augen für das

Wesen des Budo geöffnet, aber die Erleuchtung habe er durch seine Erfahrungen im Omoto-kyo erlangt. Onisaburo soll Morihei geraten haben, eine eigene Schule zu gründen, da die Daito-ryu-Methoden zu kampforientiert und nicht dazu angetan seien, die Menschen mit Gott zu vereinen und zu einem harmonischen Einvernehmen miteinander zu bringen. Die beiden Systeme unterschieden sich von Anfang an stark in den Zielvorstellungen wie auch in der Ausführung. Trotzdem besuchte Sokaku bis zu seinem Tode 1943 Morihei weiterhin fast jedes Jahr, auch dann noch, als Morihei ein eigenes Trainingszentrum in Tokio hatte. Morihei erwies Sokaku als seinem Meister allen schuldigen Respekt, aber ohne große Begeisterung.

Die China-Erlebnisse mit Onisaburo hatten ebenfalls eine starke Wirkung auf Morihei. Nach seiner Rückkehr nach Ayabe trainierte er noch intensiver als je; er gab seinen Schülern blanke Schwerter in die Hand und befahl ihnen, zu versuchen, ihn damit zu halbieren. Auch im spirituellen Bereich tat sich manches. Jeden Morgen um elf Uhr bebte Moriheis Haus heftig, während ein überirdischer Ton vom Hausschrein ausging, und jeden Abend um neun war ein lautes Zischen zu hören, als sause ein riesiger Gegenstand vorbei.

An einem Frühlingstag des Jahres 1925 stattete ein Kendo-Ausbilder in der Absicht, Morihei auf die Probe zu stellen, dem Ayabe-Dojo einen Besuch ab. Morihei verließ sich auf seinen sechsten Sinn — »ein heller Blitz zeigte die Angriffsrichtung an« — und wich den Streichen und Hieben des Holzschwertes seines Besuchers ohne Schwierigkeiten aus. Als dieser fort war, ging er in seinen Garten, um sich ein wenig Ruhe zu gönnen. Plötzlich fühlte er sich in himmlischem Licht gebadet; die Erde bebte, und eine goldene Wolke stieg auf und drang in seinen Körper ein. Morihei glaubte, in ein goldenes Wesen verwandelt zu werden, das den Raum erfüllte. Die Grenze zwischen der geistigen und der materiellen Welt war in sich zusammengefallen, und er spürte: »Ich bin das Universum.« Ihm wurde klar, daß der wahre Budo die Liebe war, eine Liebe, die alle Wesen schützt und nährt. Zu diesem Zeitpunkt war er 42 Jahre alt.

Der Ueshiba-Juku in Ayabe war ursprünglich für Omoto-kyo-Anhänger gedacht, aber als sich Moriheis Ruhm verbreitete, baten auch viele Andersgläubige, meist aus den Reihen des Militärs, um Aufnahme. Ein typisches Beispiel dafür war Tomiki Kenji, *Judoka* und später der Begründer des Tomiki-Aikido-Systems. Als einige seiner Freunde, alles Schüler Moriheis, meinten, er müsse unbedingt ihren Meister kennenlernen, sagte Tomiki voller Spott: »Ich habe von Ueshiba und seinen faulen Tricks gehört; wenn ich mich mit einem solchen abgewrackten Vierziger abgebe, lachen mich ja meine Kollegen aus!« Sie versprachen, niemandem etwas von dem Treffen zu erzählen, und Tomiki willigte ein. Er wurde vorgelassen und bewegte sich zuversichtlich auf Morihei zu, um sich auf einmal wie festgenagelt auf dem Boden liegend wiederzufinden. Er bat um eine weitere Chance und wollte diesmal alles auf eine Karte setzen. Doch er fand sich plötzlich auf der anderen Seite des Dojo wieder; er sprang gleich auf und stürmte erneut vor. Nachdem er zum zweiten Mal zu Boden gegangen war, verbeugte er sich vor Morihei und sagte: »Ich hoffe, dein Schüler werden zu dürfen.«

In den Jahren 1925 und 1926 widmete sich Morihei auf Bitten Admiral Takeshitas und anderer einflußreicher Leute überwiegend dem Lehren in Tokio. Der Streß des vielen Reisens und Trainierens forderte allerdings seinen Preis: Nach einer Übungsperiode hatte er einen Schwächeanfall, und der behandelnde Arzt verordnete ihm strenge Ruhe. (Seine Aiki-Techniken vermochte Morihei immer anzuwenden, auch wenn er einmal krank war. *Aiki* ist wohl das beste Beispiel für die Herrschaft des Geistes über die Materie. Die *Ki*-Energie ist unerschöpflich und unabhängig von der körperlichen Verfassung. Zum Beispiel bestand Sokaku gegen Ende seines Lebens darauf, weiterhin regelmäßig seine Trainingsprogramme zu leiten, obgleich er durch einen Schlaganfall rechtsseitig gelähmt war, und es heißt, er habe noch auf dem Totenbett einen Judoka mit dem 6. Dan zu Boden geworfen.)

Nach sechsmonatigem Aufenthalt in Ayabe war Moriheis Gesundheit wiederhergestellt. Nun sprach Onisaburo ihm gut zu, sich von der Omotokyo-Organisation zu lösen, nach Tokio zu ziehen und seinen eigenen »Weg« zu begründen. 1927 mietete Morihei mit seiner Familie ein Haus in Sarumachi im Shiba-Shirogane-Bezirk Tokios und hielt Klassen im umgebauten Billardzimmer beim Prinzen Shimazu ab, einem seiner ersten Anhänger in Tokio. 1928 zog er in größere Räume in Mita um, und im darauffolgenden Jahr in ein noch größeres Haus in Kuruma-machi. Da die Zahl der Bewerber ständig wuchs, wurde schließlich in Ushigome (wo sich noch heute der Haupt-Dojo befindet) Land für einen offiziellen Dojo und eine Wohnung erworben.

Während der Bauzeit des neuen Dojo stattete Kano Jigoro Moriheis provisorischer Übungshalle in Mejiro einen Besuch ab. Nachdem er sich ein Bild von Moriheis Aiki-Techniken gemacht hatte, erklärte er: »Das ist mein Budo-Ideal — der wahre *Judo.*« Er schickte einige seiner fortgeschrittensten Kokodan-Schüler zu Morihei, um mit ihm zu trainieren. Einer von ihnen, Mochizuki Minoru, entwickelte später ein eigenes System im Aikido-Stil.

Der Dojo in Ushigome, »Kobukan« genannt, wurde 1931 vollendet. 1932 wurde ein »Budo-Förderungsverein« mit Morihei als Hauptausbilder ins Leben gerufen. Etwa um diese Zeit war Shioda Gozo, der derzeitige Leiter des Yoshikan-Aikido, dort Schüler. Es hat immer eine enge Verbindung zwischen Aikido und der Schwertkunst bestanden — Sokaku und Morihei waren wahrscheinlich die besten Schwertkämpfer ihrer Zeit —, und eine Zeitlang gab es im Kobukan eine Kendo-Abteilung. Vermutlich aus Sorge, daß sein mehr an Büchern interessierter Sohn Kisshomaru nicht seine Nachfolge antreten würde, nahm Morihei einen jungen Schwertkämpfer mit Namen Tanaka Kiyoshi in die Ueshiba-Familie auf, der jedoch ein paar Jahre später aus unbekannten Gründen wieder verschwand.

Bis zum Ausbruch des Zweiten Weltkriegs war Morihei überaus aktiv; er lehrte im Kobukan und hielt Kurse an den bedeutendsten Militär- und Polizeischulen ab. Außerdem gab er auch Schauspielern, Tänzern und Sumo-Ringern Stunden. Aus dieser Zeit sind viele interessante Anekdoten überliefert, von denen einige hier wiedergegeben werden sollen:

Der berühmte General Miura, ein Held des russisch-japanischen Krieges und Schüler des Daito-ryu, hörte bei Sokaku von Morihei. Eines Tages fiel ihm das Schild des Ueshiba-Dojo in die Augen; er trat ein, um zu sehen, was sein »Mitschüler« anzubieten hatte. Anfangs noch voller Zynismus, beeindruckte ihn schließlich doch die eigene Art von Ueshibas Aiki-jutsu, und er beschloß, unter Morihei zu üben. Da er jedoch noch immer nicht ganz von Moriheis Können überzeugt war, lud er ihn zu einem Trainingsprogramm an der Toyama-Militärakademie ein. Die dortigen *Jukendo*-Schüler (Bajonettkämpfer) waren berüchtigt wegen ihrer Wildheit, Größe und Stärke. Sie forderten Morihei auf, zu seinem eigenen Schutz eine Rüstung zu tragen, weil die Sache vielleicht ein wenig rauh werde. Morihei lehnte mit den Worten ab: »Ihr benutzt ja Holzbajonette, also keine Sorge. Greift ihr einer nach dem anderen an?«

»Natürlich«, erwiderten sie.

»In meinem Budo erwarten wir Angriffe stets von allen Seiten. Bitte greift alle zusammen an.« Ungläubig trat nur ein Schüler vor. Als die anderen ihn auf seinem Hinterteil landen sahen, zauderten sie nicht länger und gingen gemeinsam zum Angriff über. Keiner von ihnen kam Morihei auch nur nahe.

Ähnliches geschah an der Schule der Militärpolizei. Ihre Schüler galten als besonders brutal und skrupellos, und sie heckten einen Plan gegen ihren Lehrer aus. Normalerweise nahmen zwanzig bis dreißig Schüler an den Übungen teil, aber diesmal tauchte nur ein einziger auf. Morihei gab eine kurze Unterrichtsstunde und trat dann in den offenen Hof, um nach Hause zu gehen. Da strömten auf einmal alle Kursteilnehmer zusammen, mit Holzschwertern, Stöcken und Bajonetten bewehrt. In seiner gewohnten unerschütterlichen Art wich er ihren Angriffen geschickt aus und schritt durch das Tor, als sei überhaupt nichts vorgefallen.

Einmal unterrichtete Morihei im zentralen Polizeihauptquartier in Osaka und wies fünf der kräftigsten Offiziere an, ihn auf dem Boden niederzuhalten — einer auf ihm mit dem Würgegriff und die anderen an seinen Gliedmaßen. Obgleich sein ganzer Körper vom Gewicht der Polizisten niedergedrückt wurde, waren sie im Handumdrehen abgeworfen. Beobachtern fiel kaum eine Bewegung auf, und als die Männer befragt wurden, die Morihei niederhalten sollten, sagten sie: »Zuerst, als wir zupackten, war sein Körper so weich wie Seide; aber als er ein kurzes *Kiai* ausstieß, wurde er eisenhart, und schon flogen wir herunter.« Der Mann, der Morihei im Würgegriff hielt, erzählte, er habe gefühlt, wie seine Hände von Moriheis Hals weggezerrt wurden. Morihei schalt sie lachend aus: »Ihr tätet besser daran, wirksamere Festnahmemethoden zu erlernen, wenn ihr mit gefährlichen Verbrechern fertig werden wollt!«

Seinen *Uchideshi* sagte Morihei, daß er für sie ein großes Fest veranstalten wolle, wenn sie ihn je bei einer Unachtsamkeit ertappten. Von da an versuchten die Schüler Tag und Nacht, sich an ihn heranzuschleichen, aber ohne Erfolg. Selbst wenn er schlief, rührte er sich sofort bei einer Annäherung. Sie glaubten schließlich, er schlafe überhaupt nicht und leide an irgendeiner Nervenkrankheit; deshalb riefen sie einen Arzt, der ihn untersuchen sollte. »Mir geht es gut«, sagte Morihei, »warum habt ihr einen Arzt geholt?« Jetzt schilderten sie ihre nächtlichen Überfälle in allen Einzelheiten und berichteten, wie sie in der Annahme, daß er nicht gut schlafe, zu dem Schluß gekommen seien, er müsse krank sein. »Ich habe fest geschlafen«, versicherte Morihei ihnen. »Aber von meinem Körper gehen unsichtbare Strahlen aus, und wenn mir jemand auf zehn, fünfzehn Schritt nahekommt, spüre ich sofort seine Anwesenheit, auch im Schlaf.« Shirata Sensei weiß Ähnliches zu erzählen. Er und die anderen jungen Uchideshi stahlen sich gelegentlich fort, um einen vergnügten Abend in der Stadt zu verbringen. Obwohl Moriheis Zimmer ziemlich weit vom Dojo-Tor entfernt lag und die Schüler vorsichtig jedes Geräusch vermieden, pflegte der Meister am nächsten Morgen unweigerlich zu fragen: »Wo seid ihr Burschen denn letzte Nacht gewesen?«

Ein andermal fuhr Morihei mit einigen Schülern zusammen in einem überfüllten Zug. Plötzlich erstarrte der Mann neben ihm und machte ein merkwürdiges Gesicht. Die Schüler dachten, Morihei kenne ihn, denn dieser lächelte. An der nächsten Bahnstation rief Morihei: »Verschwinde!«, und der Mann rannte davon. »Wer war denn das?« fragten die Schüler. »Ein Taschendieb«, erklärte er.

Apropos Züge: Morihei war wahrscheinlich der anspruchsvollste Zugreisende im Lande. Er bestand stets darauf, mindestens eine Stunde vor der planmäßigen Abfahrt des Zuges am Bahnhof zu sein, wogegen eigentlich nichts einzuwenden ist. Nur brachte seine Angewohnheit, mit allem Gepäck und etlichen Begleitern einzusteigen und dann kurz vor Abfahrt des Zuges mit den Worten aufzuspringen: »Raus aus dem Zug! Ich fahre nicht!«, alle aus der Fassung. Den Schülern blieb keine andere Wahl als zu gehorchen. Ein paar Minuten, nachdem der letzte Zug endlich abgefahren war, pflegte er zu sagen: »Jetzt geht es mir besser. Gehen wir.« Morihei reagierte so empfindlich auf kleinste Stimmungsschwankungen, daß er oft, einer Laune folgend, seine Pläne änderte. Seine Schüler wußten nie, was sie erwartete — war das vielleicht Moriheis Methode, sie wachsam zu halten? —, und er ließ weder Unaufmerksamkeit noch Halbherzigkeit bei ihnen durchgehen.

Zu den ersten Schülern Moriheis gehörte Futaki Kenzo, »Doktor Naturreis«, ein Befürworter der Vollwerternährung. Morihei hatte zwar nichts für braunen Reis übrig, der ihm Verdauungsprobleme verursachte, aber er bevorzugte schlichtes, einfaches Essen: Gemüse und Fisch. Sein Geheimmittel war Hühnerbrühe; sobald er einmal nicht auf der Höhe war, schlürfte er davon eine Schale voll. Im Gegensatz zu den meisten anderen Budoka trank er fast nie Sake.

Seine Schüler fragten ihn einmal, ob es die Leistungen, die den *Ninja* nachgesagt wurden — zum Beispiel, sich unsichtbar zu machen oder auf Wasser zu gehen — tatsächlich gebe. »Ihr habt zu viele Filme gesehen«, sagte Morihei. »Nehmt eure Schwerter und Stöcke, und ich gebe euch eine echte Vorstellung von *Ninjutsu*!« Etwa zehn Schüler mußten Morihei in der Mitte des Dojo umringen; als sie angriffen, spürten sie einen Luftzug, und Morihei war verschwunden. »Hier bin ich, hier drüben!« hörten sie ihn rufen. Er war gut sechs Meter von ihnen entfernt und schon halbwegs die Treppe zum zweiten Stock hinauf. Morihei wurde allerdings recht böse, als sie ihn später um weitere Ninja-»Tricks« baten. »Wollt ihr mich umbringen, nur um euch zu unterhalten? Jede Anwendung einer solchen Technik kostet fünf bis zehn Lebensjahre!«

Dem Vernehmen nach verlor selbst Morihei einmal sein Gleichgewicht. Sein Sohn Kisshomaru erinnert sich noch gut an einen Vorfall aus seiner Schulzeit. Damals geriet er mit einem amerikanischen Jungen aus der Nachbarschaft in Streit. Dieser Junge fing an, ihn mit Steinen zu bewerfen. Morihei spürte, daß etwas nicht stimmte, und lief auf die Straße hinaus. Er rutschte jedoch in einer Pfütze aus, so daß der Junge wegrennen konnte. Bis zum heutigen Tag ist Kisshomaru im Zweifel, ob Morihei nun auf den amerikanischen Jungen wütend war, der mit Steinen nach seinem Sohn geworfen hatte, oder auf seinen Sohn — damals ein ziemlich schwächliches, schwungloses Kind —, der sich nicht zur Wehr setzte.

Wenn Moriheis Budo auf Liebe und Frieden aufgebaut war, welche Einstellung hatte er dann zum »großen ostasiatischen Krieg«? Im Gegensatz zu Onisaburo, der nie von seinen pazifistischen Prinzipien abwich und für seine Überzeugungen ins Gefängnis ging, war Morihei allem Anschein nach ein glühender Anhänger des Kaisers. Er lehrte an den größten Militärakademien, hatte viele Schüler aus den Reihen derer, die den Krieg führten, besuchte auf Einladung der dortigen Marionettenregierung die Mandschurei und so fort. Dennoch schreibt Kisshomaru, er habe seinen Vater sowohl vor als auch während des Krieges bitter klagen hören: »Das Militär wird von rücksichtslosen Dummköpfen angeführt, die keine Ahnung von Staatsführung und religiösen Idealen haben, die unterschiedslos unschuldige Bürger hinschlachten und alles auf ihrem Weg niedermachen. Sie handeln vollkommen gegen Gottes Willen und werden sicher ein böses Ende nehmen. Der wahre Budo dient dem Leben und fördert den Frieden, die Liebe und die gegenseitige Achtung, statt die Welt in Stücke zu schlagen.« Morihei machte eine Andeutung, sein Umzug 1942 zum Freilicht-Dojo in Iwama sei auf ein »göttliches Gebot« hin erfolgt; er sah voraus, daß der Krieg für Japan nicht gut ausgehen würde, und hoffte, Aikido würde zum Glaubensbekenntnis einer neuen Ära werden.

Der Krieg hatte den Kobukan-Dojo geleert, und Morihei, des Stadtlebens und der Last, ein großes Zentrum zu verwalten, müde, sehnte sich aufs Land zurück, wo er in idealer Weise Budo und Landwirtschaft miteinander vereinen konnte, die beiden Dinge, die Leben spendeten und das Herz läuterten. Er sagte oft: »Budo und Landbau sind eins.« Schließlich übergab er den Stadt-Dojo zu treuen Händen seinem Sohn, gab seine öffentlichen Ämter auf und verließ mit seiner Frau Tokio, um sich auf dem einige Jahre zuvor erworbenen Grundeigentum im Dorf Iwama in der Präfektur Ibaragi niederzulassen. Dort lebte er zurückgezogen für die Dauer des Krieges, trainierte, studierte, bestellte sein Land und beaufsichtigte den Bau des Aiki-Schreins und des Shuren-Dojo. Iwama kann als Geburtsstätte des Aikido betrachtet werden, des »Weges der Harmonie«. Vor Moriheis Umzug hieß sein System Aiki-jutsu, dann Aiki-budo, beides eher praktische Künste als spirituelle Wege. Von 1942 — als der Name Aikido erstmals offiziell verwendet wurde — bis 1952 verfeinerte Morihei die Techniken und vervollkommnete die dem Aikido zugrundeliegende religiöse Philosophie.

In der Nachkriegszeit, nach Japans Kapitulation 1945, waren seine Schüler überzeugt, Aikido hätte keine Chance, wohingegen Morihei das Gegenteil behauptete und sagte, Aikido würde aufblühen und in der ganzen Welt bekannt werden. 1948 wurde der »Aikikai« (der Aiki-Bund) zur Förderung des Aikido in Japan und anderen Teilen der Welt gegründet. Morihei überließ die Organisation seinem Sohn und seinen besten Schülern und widmete sich lieber dem weiteren Training in Iwama. Er stand allmorgendlich um fünf Uhr, an Feiertagen um drei Uhr auf, betete und meditierte einige Stunden lang und ging dann entweder dem Landbau oder seinen Studien nach, je nach Wetterverhältnissen. Jeden Abend leitete er persönlich die Übungsstunden. Saito Morihiro, der gegenwärtig dem Iwama-Dojo vorsteht, erinnert sich: »Wenn der Meister meditierte, war die Luft von einer intensiven, ernsten Spiritualität erfüllt, und wenn er aufhörte, spürten wir die Wärme seiner Liebe und Anteilnahme.« Ackerbau und Aikido waren sein Leben, und die ganze Welt war sein Dojo.

Die schnelle Verbreitung von Aikido nach dem Krieg unter der Führung des Hombu-Dojo, des jetzigen Hauptzentrums in einem dreistöckigen Haus in Tokio, ist eine bekannte Tatsache. Morihei erlangte als »O Sensei«, als Meister des Aikido, Weltruhm und wurde von der japanischen Regierung vielfach geehrt.

Bis an sein Lebensende verfeinerte und verbesserte Morihei seine Techniken, ohne je sein hartes Training aufzugeben. Im Vorfrühling des Jahres 1969 erkrankte er und sagte zu Kisshomaru, Gott rufe ihn. Im Krankenhaus stellte sich heraus, daß er an Leberkrebs litt. (Sein Leben lang hatte er häufig Leber- und Magenbeschwerden. Die Schuld daran gab er einem Salzwasser-Trinkwettbewerb mit einem Omoto-kyo-Anhänger, der Onisaburo und andere Mitglieder der Sekte dauernd herausgefordert hatte, sich mit ihm zu messen. Ein näherliegender Grund ist jedoch sein übermäßig hartes Training.) Er wurde auf seinen Wunsch hin wieder nach Hause entlassen, weil er seinem Dojo nahe sein wollte. Obgleich er körperlich nicht mehr in der Lage war, die Übungen zu leiten, konnte er anhand der Geräusche im Dojo stets angeben, was gerade geschah. Die bei ihm waren, sagten, er sei nie stärker gewesen — sein Körper war fast völlig aufgezehrt, und dennoch war er so schwer, daß ihn zehn seiner kräftigsten Schüler nicht aufzuheben vermochten.

Am 15. April wurde Moriheis Zustand kritisch; seinen vielen Schülern und Freunden, die Abschiedsbesuche bei ihm machten, gab er letzte Anweisungen: »Aikido ist für die ganze Welt da. Übt nicht aus Selbstsucht heraus, sondern zum Wohle aller Menschen.« In den frühen Morgenstunden des 26. April nahm der 86jährige Morihei die Hand seines Sohnes, lächelte und sagte: »Sorge für alles!« und verschied. Auf den Tag genau zwei Monate später folgte ihm seine 67jährige Frau ins Grab.

Meister Moriheis Asche wurde im Familientempel in Tanabe bestattet, und einige seiner Haare werden als Reliquien in Ayabe, im Aiki-Schrein und im Kumano-Juki-Dojo aufbewahrt. Jedes Jahr am 29. April wird im Aiki-Schrein zu Iwama eine Andacht zu seinem Gedenken abgehalten.

Morihei Ueshiba

Auszüge aus den Schriften und Vorträgen

Aiki ist die Daseinsaktivität, mit der Gott uns das Echo der Seele *(Tamashi)* des universellen Plans *(Shikumi)* lehrt. Aiki mit Hilfe des Echos der universellen Seele als ganzer in die Tat umzusetzen heißt, beständig eine Kraft hervorzubringen, die grenzenlos ist. Das Echo der Seele des Universums birgt in sich eine Kraft, die alles zu lösen vermag, was es auch sei. Das Echo der Seele des universellen Plans *(Shikumi)* ist das *Kotodama* »Suuu-Uuuu-Yuuu-Mu« für die »Honos-Wake-Insel« (mit diesem symbolischen Ausdruck ist die Erde gemeint). Das Echo der Seele des universellen Plans lernt vom gesamten Universum und vereint alles mit dem Mittelpunkt des Kosmos. Es kommt einzig und allein auf das Einswerden mit dem Universum an. Dann könnt ihr euch im Einklang mit dem Universum entfalten. Und ihr könnt darangehen, den universellen Plan in eurem eigenen Körper richtig zu verwirklichen. Durch das, was das Echo der Seele des universellen Plans wiedergibt, absorbiert euer individuelles Selbst die mannigfaltigen Dinge und verschmilzt mit ihnen. Zugleich werdet ihr dadurch mit der Seele/dem Geist der Menschen in der ganzen Welt vereint. So entsteht eine harmonische, einigende Verbindung.

Es braucht wohl nicht erwähnt zu werden, daß Dinge wie Kriege, Konflikte und Streitigkeiten von Übel sind. Kommt in Harmonie und Einigkeit zusammen. Das ist »Aiki«. Ein Mensch, der versucht, die Welt in Frieden und Harmonie zu vereinigen, wird der wahre Mensch genannt; Aiki ist der Weg, die Menschen zu solcher Lauterkeit zu erziehen. Im Hinblick darauf hat die Pflege des gesunden Menschenverstandes, der Gesundheit, Tugend, Weisheit und des Ki ihre besondere Bedeutung. Die Seele/der Geist des Selbst wird auf natürliche Weise von innen her veredelt und so ein lauteres Selbst geschaffen. Aikido ist nichts anderes als die Methode des *Misogi* (der rituellen Läuterung). Durch die Technik des Misogi sollt ihr allen Dingen beständig im lauteren Geist der Liebe und des Schutzes begegnen und gleichzeitig damit den logischen Überbau der Vielzahl von Göttern sowie der gesamten

Schöpfung schützen. So könnt ihr schließlich eure eigene Aufgabe erfüllen. Der Sinn und Verstand hinter aller Schöpfung und den Göttern sind Gesetze, die aufs genaueste und schönste die Art und Weise wiedergeben, in der das Universum wirkt und sich weiterentwickelt. Alles das entspringt der einen Quelle. Deshalb solltet ihr die wahren Bilder der ganzen Schöpfung und der Vielzahl von göttlichen Wesen wohl beachten und tief in euch aufnehmen. So schafft ihr euch selbst eine Grundlage, von der euch die Erleuchtung kommen wird. Zugleich müßt ihr mit eurem Aikido-*Shugyo* (dem harten Training) um so eifriger fortfahren. Ihr dürft nicht nachlassen in eurem Training und solltet immer danach streben, euch zu verbessern. Desgleichen solltet ihr euer Handeln immer wieder überdenken. Dann merkt ihr, daß ihr euch entwickelt und die Einheit von Körper und Geist erlangt habt.

An diesem Punkt wird es wichtig für Aikido-Übende, den Sinn und Verstand der Götter und aller Schöpfung wieder in den Budo einzubeziehen. Das meine ich mit der Beachtung der wahren Bilder, die durch die logische, fortlaufende Entfaltung der Schöpfung und der Götter entstehen. Durch die Beobachtung wahrer Erscheinungen können mit Hilfe des Aiki-Prinzips Aikido-Techniken entwickelt werden. Dies sollt ihr tun und dabei auch den geringfügigsten Veränderungen im Universum Aufmerksamkeit schenken. Ohne die Kenntnis dieser wahren Bilder werdet ihr niemals eins werden mit der Wahrheit des Universums, was immer ihr auch sonst noch tut. Und wenn ihr die Einheit nicht erreicht, werdet ihr auch nicht in der Lage sein, eure Lebensaufgabe als Mensch in dieser Welt voll und ganz wahrzunehmen. Um es doch fertigzubringen, müßt ihr euch durch Aiki mit der allem innewohnenden Wahrheit vereinigen.

Frühling, Sommer, Herbst und Winter, diesen Wechsel der Jahreszeiten sehen wir im wahren Bild des Universums. Genauso beobachten wir beim Menschen wechselnde Gefühlsregungen wie Glück, Traurigkeit, Ärger und Freude. Trotz solcher Höhen und Tiefen müßt ihr in jedem Augenblick die Einheit mit dem Willen des Universums anstreben. Für alle diejenigen, die sich durch Aikido selbst bezwingen, ist es überaus wichtig, tief in das Wirken des einen Ursprungs einzudringen und ehrerbietig den Ansprüchen der universellen Wahrheit zu genügen. Das bedeutet, daß ihr fähig sein müßt, im Geiste des liebevollen Schützens gegenüber allen Dingen mit jeder Situation zurechtzukommen. Dazu in der Lage zu sein heißt, eine der Aufgaben eines Aikido-Übenden erfüllt zu haben, mit dem Ziel, eine Welt aufzubauen, in der aller Leben eine Freude ist. Wie oft habe ich es nicht schon gesagt: »Himmel und Erde in ihrer schönen Gestalt, wie sie der Herr geschaffen hat, sind zu einer einzigen Familie geworden.« Wir müssen eine wahrhaft schöne, herrliche Welt aufbauen. Wir erfahren von einer grenzenlosen Kraft, wenn die Götter das Echo der Seele des universellen Plans offenbaren, einer Kraft, die stark genug ist, um diese Welt in Frieden und Harmonie zu vereinen.

Mittels Aiki wird der *Yamato damashii* (der japanische Geist) in dieser Welt geübt und vervollkommnet. Wenn ich das sage, spreche ich sowohl als Mitglied der japanischen wie auch der gesamten menschlichen Familie. Von jetzt an muß die ganze Welt einmütig vorgehen. Wir sehen heute die japanische Nation wankend und unschlüssig, was ihre Aufgabe betrifft. Das Land ist völlig desorientiert. Dieser Situation müssen wir sobald als möglich ein Ende machen und wie eine einzige Familie nach einer auf spiritueller Gemeinsamkeit *(Musubi)* beruhenden Harmonie und Einheit trachten. Wir Japaner müssen damit aufs neue hier in Japan beginnen. Zuerst müssen wir dieses Ding veredeln, das wir das Selbst nennen, und als nächstes Heim und Familie in Ordnung bringen. Dann kommt die Nation an die Reihe, der wir angehören, und danach gilt es, Einstimmigkeit mit dem Universum zu erreichen. Wirklichkeit, Bilder und Götter — diese drei Welten müssen wir in Einklang bringen und schützen. Darin liegt die Aufgabe des Aikido.

In der alten Mythologie unseres Landes ist von den drei kaiserlichen Insignien die Rede: dem heiligen Schwert, dem Spiegel und den Krummjuwelen. In den alten Geschichten ist jedoch kein wirkliches Schwert und kein wirklicher Spiegel gemeint. Diese Dinge sind vielmehr symbolisch zu verstehen als Kleinode des Geistes, die jedem Menschen unentbehrlich sind — Weisheit, Güte und Mut. Aikido lehrt, die Formen der alten Insignien (der göttlichen Gegenstände) im Bauch zu verinnerlichen und dann hart zu üben. Durch eingehende Betrachtung der Geschichte, beginnend mit dem Zeitalter der Götter, muß man sich den Weg selbst vor Augen führen. Dieses Bewußtmachen geschieht im eigenen Innern. Man erforscht das eigene Innere genauestens und fragt sich, woher eigentlich dieses Ding, das wir Selbst nennen, kommt und wie man mit den Dingen und Ereignissen verfahren sollte. Sich selbst klar zu erkennen ist die gottgegebene Aufgabe eines jeden Menschen in diesem Leben. Sollten wir dann einmal unser Leben an uns vorbeiziehen lassen und in die Vergangenheit zurückblicken, werden wir, wie ich mir vorstellen könnte, nichts schöner finden als das Bewußtsein, alle voller Freude geübt zu haben.

Diese herrliche Welt unseres Lebens ist das Zutagetreten der absoluten Güte im Wirken Gottes, des einen Ursprungs. Auch wir haben daran teil. Wir sind in dieses Wirken miteinbegriffen. Geschichte und Lebensfaden sind lückenlos und ohne Ende. Sie spinnen sich von uralter Vergangenheit bis hin zur fernsten Zukunft. Über all das müßt ihr nachsinnen. »Erkenne dich selbst« ist von allergrößter Bedeutung. Das Aikido, dem ich mich jetzt widme, ist ein Weg, bei dem der Mensch geformt wird, bei dem Körper und Geist geschmiedet und gehärtet werden. Es ist weder ein Weg, der andere verletzt, noch einer, bei dem das böse Schwert des Todes geschwungen wird. Ich bitte euch in aller Demut, auch dies wohl zu bedenken.

Beim Aiki-Training geht es vorwiegend um die Übung von *Ki-gata* (Ki-Formen) und die Methode, wie sie vollendet werden können. Das Wichtigste bei den wahren Ki-gata ist etwas, das *Shinken-shobu* genannt wird (wörtlich: »Entscheidungskampf mit blankem Schwert«, wozu ein gewisser Ernst beim Üben gehört). Im Budo gibt es keine *Shiai*, keine Wettkämpfe der Art, wie sie im Sport sonst üblich sind. Sie wären in unserer Sparte eine Sache auf Leben und Tod. Dennoch ist das eitle Streben, den Sieg davonzutragen und den anderen zu schlagen, ein großes Problem, denn das Zerstören, Verletzen und Morden ist ein schweres Verbrechen am Leben eines Menschen. Deshalb wachen über den Budo, der in unserem Land seit undenklichen Zeiten überliefert ist, die buddhistischen Gebote: »Du sollst nicht töten« und: »Du sollst nicht zerstören.« Der wahre Budo unseres Landes ist ein Weg des Miteinanders und der Aussöhnung. Er ist *Misogi*, die rituelle Läuterung von Seele/Geist und Körper. Sollen auf der Erde die Gesetze des Himmels und der Sinn des Menschseins Geltung haben, lautet die erste Kampfregel des *Bu*, das Selbst in die richtige Ordnung zu bringen und alle Dinge zu schützen. Doch ist in diesen Zeiten nicht zu übersehen, daß diejenigen, die Bu lehren, häufig nicht etwa den wahren Budo des alten Japan weitergeben, sondern auf einen späteren, militaristischen Budo des Mittelalters zurückgreifen. Das ist bedauernswert und stimmt mich traurig.

Aikido ist ein Budo der Harmonie und Übereinstimmung. Das heißt, es ist eine Form, in der sich die eine Seele, die vier Geister, die drei Ursprünge und die acht Kräfte manifestieren, es ist das Leben des universellen Gesetzes. Dieses Gesetz ist in jede Handfläche eingraviert. Körper und Seele eines jeden von euch, aber auch eurer Familie, besitzen ein *Takaamahara* (ein Zentrum, von dem aus das Universum regiert). Diese höhere Vernunft, dieses Prinzip wohnt jedem Menschen inne. Wir haben die Pflicht, es zu verwirklichen und in allen drei Welten — der Wirklichkeit, der Welt der Erscheinungen und der Welt der Götter — zu verteidigen.

Der wahre japanische Budo äußert sich im Geist der Harmonie und im liebevollen Schützen der gesamten Schöpfung. In diesem Einklang zu stehen heißt, einem jeden Menschen zu helfen, sich zu vervollkommnen und seine gottgegebene Aufgabe im Leben zu erfüllen; dadurch erlangt man selbst die Vollendung.

Michi, der Weg, bedeutet, eins zu werden mit dem erhabenen, heiligen

Geist Gottes und sich nie davon zu trennen, ebensowenig wie das Blut sich vom Körper trennt. Es bedeutet auch, diesen großen, erhabenen Geist in die Tat umzusetzen. Schon bei der geringfügigsten Abweichung vom großen, erhabenen Geist Gottes handelt es sich nicht mehr um Michi, den Weg.

Schau nicht in die Augen deines Gegners, denn deine Seele/dein Geist wird davon aufgesogen werden. Schau nicht auf sein Schwert, denn du wirst davon abgelenkt (dein *Ki* wird dir genommen). Schau deinen Gegner nicht an, sonst wirst du von seinem Ki vereinnahmt. Das wahre Bu ist das Üben einer Art Schwerkraft, die den Gegner in seiner Ganzheit zu absorbieren vermag. Dann stehe ich einfach hier und bin bereit.

In Ueshibas Aikido gibt es keine Feinde. Es ist ein Fehler, im Budo davon auszugehen, einen Gegner oder Feind haben zu müssen, jemanden, dem man seine Kraft beweisen oder den man zu Boden werfen will. Im wahren Budo gibt es weder Gegner noch Feinde. Wahrer Budo heißt, mit dem Universum zu verschmelzen. Alles muß eins mit dem Kern des Universums sein, die Einheit von Selbst und All muß wiederhergestellt werden. Wir üben uns nicht im Aikido, um stark zu werden oder einen Gegner zu Boden zu werfen. Wir trainieren vielmehr in der Hoffnung, mithelfen zu können bei der Aufgabe, der Menschheit in der ganzen Welt Frieden zu bringen, und sei unsere Rolle auch noch so gering. Diese Hoffnung vereint uns mit dem universellen Ganzen. Es kommt darauf an, mit dem Herzen danach zu trachten, die Einheit von Selbst und Universum herbeizuführen. Manch einer meint, das Aiki meines Budo entspringe der Religion, aber dem ist nicht so. Der wahre Budo strahlt von sich aus und erleuchtet die Religion. Er ist ein Führer, der die unvollkommene Religion zur Vollendung bringt.

Für mich selbst kann ich sagen, daß, was immer auch geschehen oder aus mir werden mag, nichts zu bedeuten hat. Ich bin weder dem Leben noch dem Tod verhaftet. Man muß einfach alles Gott anvertrauen.

Im wahren Budo gibt es keinen Feind. Der wahre Budo ist das Wirken der Liebe. Er hat nichts mit Kämpfen und Töten zu tun. Vielmehr spendet er Leben und fördert alle Dinge; sein Ziel ist das Hervorbringen und Vollenden. Nur die Liebe gewährt allem den höchsten Schutz; ohne Liebe hat nichts Bestand. Der Aiki-Weg ist im Grunde die Liebe selbst.

Alle menschlichen Werke sind letztlich dem feinstofflichen Wirken des *Kotodama* (der Geisteskraft im Wort) zu verdanken. Wenn ein Mensch wirklich tiefen Einblick in das Selbst nimmt, hört er das Echo und versteht. Aikido wird vor allem in der Wahrnehmung des Echos lebendig. Strebt auch in diesem Erdenleben unentwegt zum Himmel empor, greift nach den Sternen! Man kann sich nur im Einklang mit dem Echo entfalten. Das Echo ist samt allem anderen vollständig im Selbst enthalten.

In gewissem Sinne bedeutet Aiki, das Schwert durch die Lauterkeit des eigenen Lebens oder Atmens zu ersetzen und es zu ergreifen, um alles Übel zu bannen. Das heißt letztlich, die Welt der Leibseele in die Welt der Geistseele umzuwandeln. Diese Aufgabe hat Aikido. Die Geistseele ist höher als die Leibseele und wirkt nach außen hin. Aikido bringt die Seele in diesem Leben und dieser Welt zum Blühen und die Essenz, die Lauterkeit des Geistes, zum Vorschein. Es ist die Hauptlenkkraft und eine Kunst, die im Dienste der höchsten Lauterkeit steht, dem ewig Guten und der ewigen Liebe in dieser Welt.

Ohne Bu geht ein Volk zugrunde. Bu ist das Leben, die Seele selbst, die die Liebe schützt. Es ist der Urgrund der Wissenschaft.

Wer entschlossen ist, aufrichtig und unermüdlich Aikido zu üben, hat die Aufgabe, sein inneres Auge zu öffnen. Mit Hilfe des Aiki muß er auf die höchste Lauterkeit Gottes lauschen und sie zu einer praktischen Realität werden lassen. Er muß ein Gespür für das *Misogi* dieses großartigen Aiki entwickeln, es in die Tat umsetzen und sich so in den Lauf des erhabenen Universums einstimmen, daß er keine Störung verursacht. Voller Freude muß er sich zur Läuterung der Seele bereitfinden. Darum wünsche ich mir, daß die Menschen mit Herz auf die Stimme des Aiki lauschen. Es geht nicht darum, andere zu verbessern, sondern sich selbst zu läutern. Das ist Aiki. Das ist die Aufgabe des Aiki. Und das sollte auch die Aufgabe eines jeden von uns werden.

Morihei Ueshiba

Im Einklang mit dem ganzen Universum

Die Hoffnung der körperlich schwachen Menschen ist heute auf Aikido gerichtet. Das ist die vom Universum des Himmels und der Erde überlieferte erhabene Wahrheit. Aikido ist ein *Budo* (ein Kampfsport), der den Weg zur Harmonie öffnet; es ist das, was dem erhabenen Willen zur Wiedervereinigung der gesamten manifestierten Schöpfung zugrunde liegt.

Das große Universum begreift alle Kräfte und Mächte in sich (»die eine Seele, die vier Geister, die drei Ursprünge und die acht Kräfte«), aus denen die menschliche Lebenskraft entstanden ist. Universum und Menschheit sind wie ein einziger Körper. Nun hat die Menschheit zwar die Möglichkeit, sich mit dem Universum zu vereinen, ist aber unfähig, diese wahrzunehmen, und deshalb in einer unglücklichen Lage. Wenn ein Mensch vor einem Altar steht und ein stilles Gebet spricht, tut er das zu keinem anderen Zweck als dem, sich mit dem Göttlichen zu vereinen.

Das Universum aus Himmel und Erde
in seiner herrlichen Form
ist eine Familie geworden,
wie sie der Herr geschaffen hat.

Diese Welt und die ganze Großartigkeit von Mutter Natur sind eins. In dieser Einheit gibt es nichts, was sich als Feind bezeichnen ließe oder Freund genannt werden könnte. Wir dürfen nicht aufgeben, auf eine friedliche, schöne Welt zu hoffen, in der das Kämpfen vergessen ist.

Das Universum, das heißt alles, was sich in Mutter Natur manifestiert, kann als »Kristallisation der Weisheit« oder als »der eine Körper der Liebe« betrachtet werden.

Aufgabe der Menschheit ist die Erfüllung ihres gottgegebenen Zwecks mit einem lauteren Herzen, das mit aller Schöpfung in Einklang steht und alle Dinge liebt. Wer so handelt, erlebt glückliche Tage und hilft mit seinem Leben denen, die einen schwachen Körper besitzen.

Vor 30 Jahren war ich außerordentlich schwach. Damals hatte ich einen heimlichen Traum: Ich wollte der stärkste Mann ganz Japans werden — eigentlich sogar der ganzen Welt! Ich beschloß, mir eine Kampfeskraft anzueignen, wie sie keiner sonst besäße. Mit diesem Traum vor Augen trainierte ich voller Entschlossenheit. Eines Tages stellte sich mir ein Angehöriger der Marine in den Weg, ein Mann, der angeblich den 7. Dan im Kendo innehatte. Wie ich ihm gegenüberstand, hatte ich seltsamerweise das Gefühl, als sei mein Körper von einer leuchtenden Hülle umgeben, und ich errang mit Leichtigkeit den Sieg.

Danach erwachte allerdings die Eitelkeit in mir; als ich nun einmal durch einen Garten wandelte, hatte ich ein Gefühl, als kämen unzählige goldene Fäden vom Universum auf mich zu. Dann drang ein goldenes Licht aus der Erde und hüllte mich ein. Allmählich hatte ich das Empfinden, mein Körper sei in einen Körper aus Gold verwandelt worden, der sich zu universeller Größe ausdehne. Jetzt merkte ich, daß Gott oder die Götter mich wohl für meinen zunehmenden Eigendünkel züchtigten, und ich weinte vor Dankbarkeit.

Die Vergangenheit kennt eine ganze Reihe von Kampfsportmeistern höchsten Ranges, aber wir sollten doch nie vergessen, wie viele von ihnen auf dem Schlachtfeld dieser streitbaren Welt gefallen sind, nur weil sie sich nicht genügend im wahren Geist des *Budo* in der aufrichtigen Liebe und im Kampf gegen sich selbst geübt hatten.

Dadurch, daß ich mir das Grundprinzip des Universums zu eigen machte und von Himmel und Erde das *Ki* empfing, als ich diesen menschlichen Körper in seiner Ganzheit einte, erkannte ich die Tiefe von Aikido, das sich in so großer Macht äußert, und verwirklichte das Prinzip des Einsseins mit dem Universum.

Doch je weiter ich auf diesem Pfad voranschritt, um so hinderlicher fand ich die menschlichen Wechselbeziehungen, und so ging ich zuerst nach Tokio und dann nach Iwama in der Präfektur Ibaraki, wo ich jetzt zurückgezogen lebe. Mir scheint, als wäre ich, seit ich immer seltener Umgang mit anderen Menschen pflege, viel besser in der Lage, das Prinzip des Einsseins mit dem Universum intuitiv zu erfassen.

Das Problem mit den schwächlichen Leuten von heute ist, um es kurz zu sagen, daß sie in einer Welt der absoluten Harmonie und Begierdelosigkeit nicht zu leben vermögen. Deshalb möchte ich an dieser Stelle von meinem Tagesablauf sprechen, der, wie ich meine, den physisch Schwachen eine große Hilfe sein kann.

Um vier Uhr in der Frühe, noch vor der Morgendämmerung, stehe ich auf und führe sofort ein *Misogi* (Reinigungsritual) aus, indem ich mich von

Kopf bis Fuß mit eiskaltem Wasser abreibe. Dann begebe ich mich barfuß nach draußen, wende mich nach Osten und bete. Dabei vereine ich mein *Ki* mit dem des Universums, indem ich die ganze Schöpfung begrüße und mich auf sie einstimme. Das ist die Zeit, in der ich eins werde mit dem Universum und die heiligen Lehren von Himmel und Erde in mich aufnehme und einatme. Meine Gestalt vor dem Schrein (des Universums) ist dann in Harmonie mit Himmel und Erde.

Als nächstes bete ich zu den vier Himmelsrichtungen, hebe meine Augen zum Schrein der acht Götter im Kaiserpalast empor und wünsche Seiner Kaiserlichen Hoheit ein langes Leben *(Banzai)*. Damit werden zugleich die Götter alle versöhnlich gestimmt und um Langmut gebeten.

Es gibt auch noch eine Klangfolge, die *Aikido Kotodama* genannt wird. Die angestimmten 75 Töne bilden Worte zur Läuterung des Universums.

> Da du, himmlischer Vater, die 75 Worte erschaffen hast,
> bist du willens, den Weg des Aiki zu lehren.

In diesem Zustand wird der Mensch eins mit den Pflanzen und Bäumen, ohne noch irgendeinen Unterschied zu spüren. Jetzt ist die Gelegenheit gekommen, das höchste Glücksgefühl im Leben zu erfahren, eine Freude, die mit nichts zu vergleichen ist.

Daraufhin stelle ich mich vor den Hausaltar. Nach einer Weile verrichte ich Gebete vor dem nahegelegenen Aiki-Schrein, der *Hayatakenushi No O Mikoto, Sarutahiko No O Kami* und verschiedenen anderen Göttern geweiht ist. Die Zahl derer, die diesem Schrein ihre Verehrung zollen, wird immer größer. Ich bin sicher, auch viele Leser würden gerne unter ihnen weilen. (Der Schrein liegt im Ort Iwama in der Präfektur Ibaraki und ist mit der Joban-Linie von Tokio nach Iwama zu erreichen. Von der Station aus sind es nur noch 7 bis 8 Minuten Fußweg.)

Zusammenfassend sei bemerkt, daß die Menschen deshalb eine schwächliche Konstitution haben, weil sie nichts von der Wahrheit wissen, daß die Menschheit mit Himmel und Erde eine Einheit bildet. Erst wenn sie das Prinzip des Einseins mit dem universellen Ganzen *(Tenchi)* erfaßt und ins tägliche Leben übertragen haben, können sie die »heilige Technik der Götter« weitertragen.

Kisshomaru Ueshiba

Ein Gespräch mit Doshu

Im folgenden wird ein Gespräch mit Kisshomaru Ueshiba, dem Aikido-Doshu *des Hombu-Dojo, wiedergegeben. Anwesend waren die Aiki-Mitarbeiter Stanley Pranin, Ikuko Kimura und Mayumi Kudo; die Gesprächsleitung hatte Stan Pranin.*

Pranin: Warum ist es so wichtig für angehende Aikido-Schüler, sich mit O Senseis Biographie oder, anders ausgedrückt, mit dem Weg vertraut zu machen, den der Begründer gegangen ist?
Doshu: Ich halte es für eine gute Sache, Aikido zu lernen oder sich zum Aikido-Studium zu entschließen und zu üben, ob man sich nun einfach für Aikido begeistert oder ob es genau den eigenen Bedürfnissen entspricht. Und ich meine auch, daß es richtig und notwendig ist, den Ursprung des Aikido fest im Sinn zu behalten. Heutzutage laufen viele Leute schon nach dem ersten Vorgeschmack davon. Sie haben keine Ahnung, worum es beim Aikido eigentlich geht. Wenn Aikido so gesehen würde, als handle es sich nur um bestimmte Arm- und Beinbewegungen, und wenn es sich so entwickelte, daß es kaum noch Ähnlichkeit mit dem ursprünglichen Aikido aufwiese, wäre das schlimm. Es würde Aikido verstümmeln. Deshalb ist es wichtig, sich die Anstrengungen zu vergegenwärtigen, die Morihei Ueshiba unternommen hat, um diese seine Kunst zu schaffen. Natürlich ist der physische Aspekt des Aikido nicht minder bedeutend. Aber es kommt nicht in erster Linie auf die Arm- und Beinbewegungen an. Aikido ist eine Sache des Geistes und des Herzens. Wenn in den Körperbewegungen nicht das geistige Training zum Ausdruck kommt, stimmt etwas nicht. Es zeugt von einer falschen Geisteshaltung, wenn man meint, Aikido zu machen, nur weil man dadurch stark wird und einen Gegner zu Boden werfen oder niederzwingen kann. Im Judo und Karate gibt es durchaus starke Menschen, so auch im Sumo. Aikido hat ebenfalls seine starken Leute. Aiki bedeutet jedoch nicht allein, einen starken Körper oder einfach nur Muskelkraft zu besitzen. Es ist

die Vereinigung von Körper und Geist. Wer nicht seinen Geist darin übt, bei jeder Krise und unter allen Umständen gelassen zu bleiben, kann nicht stark genannt werden. Wer hingegen zu begreifen sucht, wie O Sensei seinen Weg gebahnt hat, von welchen Gesichtspunkten des Menschlichen, des Lebens selbst er ausging, der wird den wahren Aikido-Weg, wie er sein sollte, nicht mißverstehen. Darum rege ich jeden dazu an, Bücher wie etwa seine Biographie zu lesen. Da ist noch etwas, von dem ich sprechen möchte. Viele Leute idealisieren Morihei Ueshiba zum »Allmächtigen« oder einem Kami (einem göttlichen Wesen). Dagegen ist meines Erachtens nichts einzuwenden, wenn es zu hartem Training anspornt. Aber solange er ein Mensch ist, kann er nicht allmächtig sein. Am allerwichtigsten beim Aikido ist es deshalb meiner Meinung nach, die eigene Individualität zu entwickeln bzw. sich durch das Aiki-Training charakterlich zu vervollkommnen, indem man sich einen Begriff von den Mühen macht, die der Begründer bei der Entwicklung des Aiki auf sich genommen hat.

Pranin: Im ersten Kapitel Ihrer Biographie haben Sie ebenfalls erwähnt, daß es gefährlich sei, O Sensei als Kami und seine Techniken als göttlich zu betrachten.

Doshu: Bis zu einem gewissen Grad war seine Technik eine »göttliche«. Sie war wirklich unglaublich. In Japan glaubt man, daß allem und jedem ein Kami innewohnt. Die japanische Shinto-Religion ist nicht monotheistisch. In diesem Sinne ist O Sensei natürlich ein Kami des Kampfsports, ein Aiki-Kami. Das ist schön, und so kann man es auch ruhig sehen. Aber ich halte es für äußerst gefährlich, irgend jemanden als »allmächtig« anzusehen. So etwas kann bis ins Extrem gehen, wie sich im »großen ostasiatischen Krieg« (dem zweiten Weltkrieg) gezeigt hat, als Japan sich für eine »göttliche Nation« hielt. Doch nicht diese Art der Einstellung ist von Bedeutung, sondern die Einsicht in das wahre Wesen des Aikido und die Erinnerung an die Widrigkeiten, denen der Begründer, Morihei Ueshiba Sensei, auf seinem Weg ausgesetzt war und wie er diesen Weg für uns geebnet hat.

Pranin: O Sensei hat im Laufe seiner langen Erfahrungen mit dem Kampfsport eine Reihe von Wandlungen durchgemacht. Zu Anfang legte er besonderes Gewicht auf Macht und Technik; später legte er meines Wissens mehr Wert auf die spirituellen Aspekte. Inwiefern hat sich O Senseis Lehrmethode mit den Veränderungen gewandelt, die in seinem Kampfsport eintraten?

Doshu: In seinen späteren Lebensjahren hat mein Vater, statt zu lehren, lieber Bewegungen vorgeführt, die im Einklang mit dem Lauf des Universums standen und mit der Natur übereinstimmten. Die Schüler mußten seine Bewegungen beobachten, selbst lernen und auf diese Weise seine Technik begreifen. Er hatte keine besonderen Ambitionen, was das Lehren betraf . . .

seine Bewegungen waren vollkommen spontan und natürlich. An diesen Punkt müßten wir letzten Endes alle einmal kommen. Aber da wir Dojos haben, geben wir eher praktischen Erwägungen Raum, nämlich wie wir Mitglieder gewinnen können, wie wir starke Schüler heranbilden können usw., und all diese egoistischen, selbstsüchtigen Dinge sind für uns eine Selbstverständlichkeit. Bei Morihei Ueshiba war das ganz anders. Er war in seinen späteren Jahren die Unschuld in Person; er bewegte sich völlig spontan und war der Auffassung, daß diejenigen, die etwas lernen wollten, schon kommen und ihm folgen würden. So stand es mit seiner Technik. Ich glaube, das sollte man respektvoll anerkennen. Die Welt, in der wir heute leben, ist voller Eigennutz und besteht nur aus »Geben und Nehmen«. Sie ist eine berechnende Welt. Die Leute denken nur daran, welchen Gewinn sie aus dieser oder jener Sache ziehen können. Für ein Geistestraining der Menschen ist sie nicht aufgeschlossen. Alles wird immer animalischer. Unter solchen Umständen hat natürlich die Art von Bewegungen, die von innen heraus kommen wie bei Meister Ueshiba, ihren besonderen Reiz. Mein Vater war in seiner Jugend ein äußerst kraftvoller Mensch, obwohl er klein war. Ich meine, in seinen Dreißigern, Vierzigern und Fünfzigern. Er hatte einen viel weiteren Brustkorb als andere Leute, deshalb wirkte seine Technik furchteinflößend und machtvoll. Doch als er älter wurde, entzog sich seine Macht und Kraft mehr und mehr den Blicken, und seine Techniken wurden weicher und runder. Meiner Meinung nach ist das die richtige Technik. So sollte Aikido sein. Die Stärke sollte im Kern sitzen, statt an der Oberfläche sichtbar zu werden. In diesem Kern wird beständig ungeheure Energie frei, aber außen tritt nur die sanfte Bewegung in Erscheinung, die alle Menschen umfaßt. Andernfalls ist es kein echtes Aiki. Unter großen körperlichen und geistigen Anstrengungen hat der Begründer sein Aiki zu weichen, angenehmen Bewegungen entwickelt, die seine innere Härte verbargen. Das ist wohl der Grund, warum Aikido so viele Menschen anzieht. Wenn es sich nur um Gewalt handelt, kommt keiner. Das meine ich jedenfalls.

Pranin: Sie hatten vorhin erwähnt, O Sensei habe seine Technik in späteren Lebensjahren den Schülern vorgeführt, und die Schüler hätten durch das Zuschauen gelernt und sich von seinen Bewegungen mitreißen lassen, statt von seiner Persönlichkeit als O Sensei. Hat O Sensei von Anfang an auf diese Weise gelehrt?

Doshu: Nein. Zu Anfang hat er die Techniken Punkt für Punkt erklärt; allerdings hatte er offenbar kein bestimmtes Lehrziel. Er legte jedoch Wert darauf, daß man in allem ganz genau ist und eins nach dem anderen tut, damit keine Fehler auftreten. In jüngster Zeit besteht die Tendenz, daß das Aikido-Training zu sanft, zu fließend wird, so daß sich manche Anfänger einfach

um ein hartes Training drücken können. So sollte es nicht sein. Wer Aikido machen will, muß die Grundübungen sehr gewissenhaft ausführen. Das hat er mir noch im Alter häufig gesagt, wortwörtlich: Wenn man die Grundübungen nicht vollkommen beherrscht, um eine Geschmeidigkeit jenseits aller Technik zu erreichen, wird man keine echte Stärke entwickeln. Wer von Beginn an einen »tofuartigen« (bohnenquarkartigen) weichen Stil übt, wird leichter angreifbar. Darum ist ein solides Anfangstraining notwendig. Mit der Zeit vervollkommnet man durch diese Art des Übens seine Technik und lernt, auf sanfte Weise wirksam zu sein.
Pranin: Würden Sie uns einmal erzählen, wie es war, als Sie vor dem Krieg mit Ihrem Aikido-Studium begannen?
Doshu: Es wäre richtiger zu sagen, daß ich von Geburt an Aikido geübt habe und nicht erst vor dem Krieg. Ein japanisches Sprichwort lautet: »Ein Ladenjunge in der Nähe eines Tempels wird ohne entsprechenden Unterricht ein Sutra singen.« Genauso habe ich bereits als Junge mit dem Üben begonnen, ohne es zu wissen. Eigentlich war ich sogar schon im Mutterleib dabei. 1921 hat mein Vater zum ersten Mal den Ausdruck »Aiki« gebraucht. Das geht eindeutig aus den Aufzeichnungen hervor. 1919 zog er nach Ayabe, und im darauffolgenden Jahr bin ich geboren. Im Jahre 1919 erbaute mein Vater einen kleinen, 18 Matten großen Dojo, der in Ayabe »Ueshiba Juku« genannt wurde. Dort fanden die ersten Übungen mit Schülern statt, die in der Mehrzahl Omoto-Anhänger waren. Im Grunde diente der Dojo hauptsächlich meinem Vater als Raum für sein *Shugyo*, seine persönliche Übung und Askese. Etwa um 1921 tauchte Sokaku Takeda dort auf. Er blieb drei, vier Monate bei uns. In dieser Zeit beredete er sich mit meinem Vater, und dann beschlossen sie, dem Namen seiner Schule *(Ryuha)* »Aiki« beizufügen, also *»Daito-Ryu Aiki Jujutsu«* zu sagen. Bis dahin waren zwar hier und da »Aiki«-Techniken angwandt worden, aber es gab keine solchen Schulen. Damals wurde aus *Daito-Ryu »Daito-Ryu Jujutsu«*. Vor Sokaku Takeda Sensei gab es anscheinend keine *Daito-Ryu-Jujutsu*-Schulen. Man spricht zwar von der Entstehung und Geschichte des *Daito-Ryu*, aber bezüglich der Namen gibt es offenbar Mißverständnisse.

Um den Faden wiederaufzunehmen: 1927 zogen wir nach Tokio. Zu diesem Zeitpunkt war das »Daito-Ryu« bereits aus dem Namen des Budo meines Vaters verschwunden. Von 1926 bis zum Beginn der Showa-Periode (Ende 1926) nannten die Leute diese Kunst bereits *»Ueshiba-Ryu Aiki Jujutsu«*, *»Aiki Jujutsu«* oder *»Aiki Budo«*. Daß wir die Gelegenheit wahrnahmen, nach Tokio zu gehen, lag an der Verbindung zu einer Reihe von Marineoffizieren, die mein Vater in der Omoto-Zeit geknüpft hatte. Besonders ein Mann hat durch seinen unermüdlichen Einsatz daran mitgewirkt, meinem

Vater seinen Erfolg in Tokio zu sichern: Admiral Isamu Takeshita. Wir können nicht von der Entwicklung dieses Kampfsports in der damaligen Zeit sprechen, ohne ihn zu nennen. Isamu Takeshita war stets um Morihei Ueshiba. In jener Epoche besaßen die japanischen Admirale oder Oberbefehlshaber der japanischen Flotte große Macht, mehr als die heutigen Ministerpräsidenten. Außerdem gehörte Admiral Takeshita zum Satsuma-Clan. Im Volksmund hieß es, aus dem Satsuma-Clan rekrutierten sich Marineoffiziere und aus dem Choshu-Clan die Offiziere der Armee. So war es anscheinend auch zu meines Vaters Zeit. Admiral Takeshita stellte meinen Vater Admiral Gombei Yamamoto vor. Kein Gespräch über die Geschichte der japanischen Marine, bei dem dieser Name nicht fiele. Admiral Yamamoto war tief beeindruckt von den Vorführungen meines Vaters und führte ihn im Aoyama-Kaiserpalast ein. Dort unterrichtete mein Vater einen Kreis von Personen, die dem Kaiser nahestanden, allerdings nur sehr kurze Zeit.

Als mein Vater 1927 nach Tokio kam, unterrichtete er die verschiedensten Leute. Damals hatte er nur wenige Schüler.

Obgleich ich 1920 geboren wurde, rief mein Vater meine Mutter und mich erst 1927 nach Tokio. Admiral Yamamoto hatte einen Sohn, Kiyoshi Yamamoto, der in Shirogane Saru-machi in Shiba wohnte. Durch ihn mietete mein Vater ein Haus. Morgens wurde im ersten Stock des angemieteten Hauses geübt, wo zu diesem Zweck die Türen zweier aneinandergrenzender Räume von 8 und 10 Matten entfernt worden waren. Eine ganze Reihe von Leuten trainierte damals, aber da nur zwei Räume zur Verfügung standen, konnten nur etwa drei bis fünf Personen gleichzeitig üben. Auch in einem umgebauten Billardzimmer, das vormals in Herrn Shimazus Besitz gewesen war, wurde trainiert. Unter den Schülern waren etliche Damen, meist Studentinnen der Universität. Dazu gehörte zum Beispiel Makiko Yamamoto, deren Namen im Zusammenhang mit Kuba berühmt geworden ist. Es gab einmal eine Zeit, in der die Kubaner zu sagen pflegten, ohne sie gäbe es nichts Verbindendes zwischen Japan und Kuba. Sie war die Enkelin von Admiral Gombei Yamamoto. Das nur als Beispiel dafür, welche ungewöhnlichen Leute damals trainierten.

Obgleich ich seinerzeit nicht viel trainierte, hatte ich doch schon Grifftechniken wie *Ikkyo* und *Nikyo* ausgeführt. Ende 1930 wurde schließlich der Dojo gebaut. Wir wohnten dort in einer Ecke, denn es gab nur Säulen, keine Zimmer. Als der Dojo 1931 fertig war, hielten wir eine Eröffnungszeremonie ab. Ein Dojo mit 80 Matten war damals etwas Unerhörtes. Unser Wohnbereich war sogar noch größer, er hatte mehr als 80 *Tsubo* Bodenfläche. Von den bei der Eröffnungszeremonie Anwesenden leben heute noch Hajime Iwata, derzeit *Shihan*, Hisao Kamata und Hoken Inoue. Herr Inoue ist mein

Vetter und schon sehr lange dabei. Soweit ich weiß, lebte er bei uns, seit er 13 Jahre alt war; meine Mutter zog ihn groß. Ich glaube, er war ein *Uchideshi*, bis er 45 oder 46 wurde. Dann verließ er uns. Jetzt leitet er die Shinwa-Taido-Schule. Ich finde es ganz richtig, daß er eine eigene Schule unter anderem Namen leitet. Ich selbst fing ganz allmählich an zu üben. Die Schwerttechniken *(Ukemi)* lagen mir mehr als *Taijutsu*, die Körperübungen. Etwa um 1936 war mir die Aufgabe zugefallen, meinen Vater im Schwert-*Ukemi* zu vertreten, wenn er sein Können andernorts demonstrieren mußte. Ich hatte ein wenig Kendo geübt. Ich trainierte in dem alten Stil *Kahima Shinto-ryu*. Aus diesen verschiedenen *Ken*-Stilen ist der heutige Aiki-Schwertkampf hervorgegangen. Ich lege nicht allzuviel Gewicht auf das Schwert. Meister Ueshiba hatte es lieber, wenn Anfänger sich nicht mit den Schwertkampfbewegungen befaßten. Es ist besser, zuerst die Grundtechniken zu meistern, um dann, wenn man das Schwert mit dem Körper zu schwingen lernt, entsprechend in Übung zu sein und zu bleiben. Ich hingegen bin mit dem Schwert aufgewachsen. Ich habe in der Welt des Kendo viele alte Bekannte. Deshalb bin ich wahrscheinlich der einzige, der immer Kendo und Aikido miteinander verbunden hat. Unterricht im Schwertkampf gab mir überwiegend mein Vater.

Der Dojo wurde mir um 1942 anvertraut, und zwar, weil mein Vater mit der übrigen Familie nach Ibaraki zog. Mit Rat und Tat zur Seite stand mir der heutige Hauptausbilder des Dojo, Osawa Sensei, damals noch ein junger Mann. Ich glaube, außer mir weiß keiner, was in jenen Jahren einschließlich Vor- und Nachkriegszeit los war. Andere kennen sich nur in bestimmten Zeitabschnitten aus. Niemand war so hautnah dabei wie ich. Mein Vater hat den Kleinkram anderen Leuten überlassen und nur wenige statt einer breiten Öffentlichkeit unterrichtet. Die paar, die ich erwähnt habe, sind natürlich sehr hochstehende Persönlichkeiten. Meines Wissens gibt es außer mir niemanden, der über den Gang der Ereignisse bis zum Jahre 1938 Bescheid weiß. Nach dem Krieg habe ich ernsthaft zu üben begonnen, weil ich es für meine Pflicht hielt. Wenn Aikido der Öffentlichkeit zugänglich gemacht wird und viele Menschen die Gelegenheit bekommen, zu trainieren, wird es nach meiner Auffassung immer eine gewisse Zahl von Leuten geben, die diese Kunst sehr gut beherrschen. Wir müssen aber auch an die allgemeine Verbreitung von Aikido denken. Es ist zwar vielleicht schön, ein paar hervorragende Leute heranzubilden, doch wenn sie verschwunden sind, ist es auch mit dem Aikido vorbei, und das wäre schlimm. Deshalb müssen wir nach Möglichkeiten suchen, Aikido populär zu machen. Ich bin zu der Überzeugung gekommen, daß die wichtigste Aufgabe von Aikido nach dem Krieg darin liegt, unsere Denkungsart, Lehre und Philosophie der modernen Zeit anzupassen. Es war 1937 oder 1938, als ich ernsthaft Aikido zu üben anfing. Techniken kannte ich schon. Die Griffe kann man in zwei bis drei Jahren lernen. 1940 verschlechterte sich mein Gesundheitszustand. Ein bis zwei Jahre lang hatte ich Beschwerden und mußte mich eine Weile schonen. Dann war der Krieg beendet.

Es ist ganz gut, daß Aikido dieses Stadium erreicht hat. Meines Erachtens ist Aikido, obwohl es in der alten Jiu-Jitsu-Tradition wurzelt und sich deutlich von anderen noch bestehenden *Kobudo* (traditionellen Kampfsportarten) unterscheidet, stark von den Nachkriegsverhältnissen und -anschauungen beeinflußt worden. Wenn wir Aikido zu einem zeitgemäßen Budo machen wollen, müssen wir mit einigen Schwierigkeiten fertig werden. An den Veränderungen im Denken liegt es, daß Aikido mittlerweile wie Judo, Kendo, Karate, Kyudo und Shorenji als moderner Budo betrachtet wird.

Pranin: Aus der Kriegszeit wird berichtet, daß Sie bei Luftangriffen nur unter großen Anstrengungen den Dojo vor dem Niederbrennen schützen konnten. Wollen Sie uns davon erzählen?

Doshu: Ja, wenn ich nicht dagewesen wäre, wäre der Dojo niedergebrannt. Die Gebäude, die den Dojo von drei Seiten umgaben, sind durch Feuer zerstört worden. In ganz Wakamatsu-cho sind nur 30 oder 40 Häuser verschont geblieben. Die Häuser unserer Nachbarn und das gesamte Gebiet hinter uns sind verbrannt. Die ganze Gegend dort bestand nur noch aus verkohlten Feldern. Alles von hier bis Shinjuku war in Flammen aufgegangen. Ich war damals gerade Student an der Waseda-Universität. Außer mir waren nur die Empfangsdame und Herr Hirai da. Er war ein gewiefter Bursche. (Gelächter) Ich glaube, er ist jetzt um die achtzig. Am 10. März desselben Jahres war ein Luftangriff, der jedoch bei uns keinen Schaden anrichtete. Ich war ja Student und voller Energie, darum schlief ich ungeachtet der Bomben seelenruhig. Aber am nächsten Tag kamen viele Leute, die fast nichts mehr am Leibe trugen, darunter auch Frauen, bar jeglicher Scham. Ich fand das ganz schrecklich. Von der darauffolgenden Nacht an trug ich dann beim Schlafen einen Schutzhelm. Die Menschen sind doch wirklich einfältig. (Gelächter) Ich glaube, das gesamte Gebiet ist bei einem Luftangriff im April zerstört worden. Als ich von Iwama am Bahnhof von Nippori ankam, war gerade ein Angriff. Nach Durchquerung Kandas und der niedergebrannten Viertel kam ich an eine Straßensperre. Ich sagte: »Ich bin auf dem Weg nach Hause!« Dann marschierte ich hierher und sah, daß der Dojo unversehrt war. Doch inzwischen begann sich das Feuer auszubreiten. Mitten in der Nacht rannte ich herum und schleppte Wasser herbei. Zu diesem Zeitpunkt waren nur alte Leute und Frauen da. Aber als ich Befehle brüllte: »Dorthin! Hierher!«, liefen sie voller Eifer hin und her. Damit war der Dojo gerettet, und ich war sehr erleichtert. Doch dann rief jemand: »Herr Ueshiba!« Ich fragte zurück: »Was ist?« »Da quillt Rauch aus Ihrem Dach!« Glühende Funken entzündeten das ganze Dach. Auf der Rückseite des Hauses war ein Brunnen. Ich schöpfte probeweise Wasser, und er war gottlob nicht trocken. Also bat ich alle Leute, sich am Brunnen einzufinden, und mir Eimer voll Wasser aufs Dach hinaufzureichen. Ich stand dort oben und goß das Wasser in die Flammen. Dann riß ich das Dach auf und näßte auch innen alles durch, bis das Feuer schließlich gelöscht war. Sonst wäre der Dojo vollkommen niedergebrannt, und es wäre nach dem Krieg ganz anders um Aikido bestellt gewesen. Kurz darauf landete eine Granate auf einem steinernen Vorratsraum an der Hinterseite unseres Hauses, der nicht verbrannt war, jedoch ohne zu explodieren. Sie zerstörte allerdings das Dach, das wir mit so großer Mühe gerettet hatten. Das Loch im Dach wurde immer größer. Schließlich brauchten wir einen Regenschirm, um trockenen Fußes ins Badezimmer zu kommen. Gegen Ende des Krieges dachten wir alle nur noch ans Essen. Kein Gedanke an eine Dachreparatur! Alle waren ausgebombt. Bis Kriegsende blieb der Dojo geschlossen. Nach dem Krieg eröffnete ich ihn wieder, und etwa 100 Leute fanden dort ihr Obdach. Leider besaßen sie keinen Anstand. Sie stellten einen Herd auf und kochten darauf, als hätten sie ein Recht dazu. Von dem Rauch all der Kocherei wurde der Dojo ganz schwarz. Einen hölzernen Zaun brachen sie auch auseinander und machten Feuerholz daraus. Das war zuviel. Ich wollte die Leute hinauswerfen, aber sie weigerten sich zu gehen. Es dauerte bis 1955, bis sie endlich alle heraus waren. Eine schreckliche Zeit für mich! Dann renovierte ich den Dojo; er erwies sich jedoch bald als zu klein, und so errichteten wir das neue Gebäude.

In meinen Büchern schildere ich meist eine öffentliche Vorführung in Takashimaya etwa 1956. Dieses Ereignis markiert eine einschneidende Veränderung unserer normalen Vorführungsweise. Bis dahin bestand die absolut strenge Regel, daß ausschließlich mein Vater etwas vorführte. Ich bat nun meinen Vater nachdrücklich, er möge doch erst alle anderen *Deshi* Beispiele zeigen lassen und selbst nur zum Schluß erscheinen. Und so ging es dann auch. Danach demonstrierte praktisch jeder sein Können. Die Takashimaya-Demonstration setzte die Norm für alle weiteren typischen Aikido-Vorführungen. Und sie machte die Tatsache überall bekannt, daß ein Aikido-Lehrer namens Morihei Ueshiba noch immer zu den Aktiven gehörte. Damit war der Lauf bestimmt, den Aikido nehmen sollte. Alles ging seinen natürlichen Gang, und im Hombu-Dojo herrschte ein reges Treiben.

Pranin: Sie haben nach dem Krieg im Hombu-Dojo mit dem Training angefangen, als noch Familien dort wohnten?

Doshu: Ja. 1949 habe ich ernsthaft mit dem Training begonnen. 1948 kam

Herr Otake aus Kamishi. Er besaß wirklich außergewöhnliche Kräfte. Er gehörte früher zum Kendo-Club der Waseda-Universität. Als er als Ehemaliger an einem *Gasshuku* teilnahm, brach er zwei Junioren die Handgelenke. Man bedeutete ihm einmal, daß er beim Training nicht gern gesehen sei. Herr Tada nahm sein Training 1949 auf, nachdem er bereits zwei Jahre lang Aikido geübt hatte. Herr Arikawa fing 1948 an. Herr Yamaguchi begann meines Wissens 1951. Sie können die Daten nachprüfen. Herr Okumura fing 1940 an der Kenkoku-Universität in der Mandschurei an. Herr Oshawa erschien 1941. Er begann im selben Jahr wie Herr Tohei. Und Herr Iwama stieß 1946 dazu.

Pranin: Nach dem Krieg widmeten Sie sich der Aufgabe, eine große Organisation aufzubauen. Würden Sie uns etwas über die Schwierigkeiten erzählen, vor denen Sie standen, als die Zahl der Schüler allmählich zunahm?

Doshu: Schwierigkeiten sind kein Hindernis mehr, wenn sie einmal überwunden sind. Ich bin Schritt für Schritt soweit gekommen, ohne etwas Außergewöhnliches zu tun. Bis 1955 habe ich für meinen Lebensunterhalt in einer Firma gearbeitet. Gleichzeitig habe ich den Dojo geleitet. Es gab eine Zeit, wo ich Geld von meiner Firma leihen mußte, um das Dojo-Dach zu reparieren. Das waren schwere Zeiten. Anfang der fünfziger Jahre verdiente man 7000 oder 8000 Yen monatlich. Davon mußte unsere vierköpfige Familie leben. Außerdem mußten wir noch mehrere *Uchideshi* mit durchfüttern. Können Sie sich vorstellen, wie das war? Darum können die Leute, die damals bei uns waren, noch immer nicht meiner Frau in die Augen schauen.

Pranin: Hat die Demonstration, die Sie eben erwähnten, zur Verbreitung von Aikido beigetragen?

Doshu: Diese Vorführung war nur eine von vielen Aktivitäten. Kurz nach dem Krieg, am 9. Februar 1948, wurde die »Kobukai-Stiftung« vom Erziehungsministerium als gemeinnütziger »Aikikai-Verein« anerkannt. Mit anderen Worten: Es wurde akzeptabel, Aikido zu praktizieren. Anfang 1949 ließ ich mich in Tokio nieder und sorgte dafür, daß die, die nach dem Krieg hier geblieben waren, verschwanden; dann wurde der Dojo unser Hauptsitz. Damals gab es noch keine Zweigstellen. 1954/55 entstand schließlich ein weiterer Dojo in Tokio. Das war der Kuwamori-Dojo in Sakuradai, der älteste in Tokio. Nach einiger Zeit wurde auch in Kawasaki ein Dojo eingerichtet. Der nächste war der Dojo in Asamamachi, Yokohama, dem Herr Nishio vorstand. Ich hatte Herrn Nishio die Leitung dieses Dojo übertragen. Er eröffnete den Dojo ein Jahr nach der Eröffnung des Sugino-Dojo. All diese Dojos sind sehr alt. Ich habe an vielen Universitäten Zweigstellen und Clubs eingerichtet, aber viele Leute übten in den Dojos, als gehörten sie ihnen. Ich wünschte, sie hätten der Tatsache mehr Anerkennung gezollt, auf welche

Weise die Dojos entstanden sind und wie sie sich zu dem entwickelt hatten, was sie waren. Wenn nur ans Hier und Jetzt gedacht wird, gibt es immer Differenzen.
Pranin: Können Sie uns einmal die ersten internationalen Aktivitäten des Hombu-Dojo beschreiben?
Doshu: Wie es sich ergab, waren Leute mit unterschiedlichen Auffassungen über Aikido die ersten, die ins Ausland gingen . . . Ich mußte gleich daran denken, wie schlecht es japanischen Studenten gegangen war, die nach dem Krieg ins Ausland gegangen waren. Das lag daran, daß Japan den Krieg verloren hatte. Sie wagten sich kaum zu bewegen. Wenn sie Amerikaner kommen sahen, wichen sie ihnen mit gebeugten Schultern aus. Es war ein echtes Problem. Ich war der Meinung, wir sollten jungen Leuten Mut machen, um zu erreichen, daß es künftig mit Japan nicht wieder abwärts ginge. Meines Erachtens war es besser, Studenten zum Studium ins Ausland zu schicken, die stolz darauf waren, Japaner zu sein. Deshalb habe ich Leute, die zu diesem Dojo kamen, angespornt, ins Ausland zu gehen. Schließlich ist dieser edle *Budo* Teil der japanischen Tradition. Wer Aikido recht erlernte und ins Ausland ging, konnte zwar von anderen Nationen sagen, daß sie Japan in manchem überlegen seien, aber auch, daß wir diesen wunderbaren *Budo* besitzen, auf den wir stolz sein können. Wenn Ausländer ihn studieren wollten, konnten sie von uns lernen. Meinem Empfinden nach mußte unsere Jugend bei dieser Vorgehensweise mit ihrem Menschsein zufrieden sein. Ich nahm mir vor, Schüler zum Wohle des japanischen Volkes auszubilden. Zu Anfang dachte ich gar nicht daran, ein Kampfsportler oder so etwas zu werden.

Kurz nach dem Krieg sann ich darüber nach, wie ich wohl mein Leben führen sollte. Am meisten nach meinem Herzen war mir die Idee, Aikido, wie es mein Vater entwickelt hatte, in der ganzen Welt zu verbreiten. Dann käme es nicht nur den Japanern, sondern auch Menschen im Ausland zugute. Darüber hinaus würde es sich positiv auf die Entwicklung der Menschen auswirken. In alter Zeit hieß es einmal, Japan sei die ethisch fortschrittlichste Monarchie des Ostens. Ich dachte mir, unsere Zukunftsaufgabe könnte es sein, Japan zum spirituell höchstentwickelten Land zu machen, dem kein anderes in diesem Punkt gleichkäme. Ich ermutigte junge Leute dazu, die Initiative zu ergreifen und ins Ausland zu gehen. Es gab zwar keinen freien Kulturaustausch zwischen Japan und dem Ausland, aber das konnte sich meines Erachtens ändern, wenn wir selbst aktiv wurden und an fremde Länder herantraten. In der Folge gingen einige Aikido-Anhänger ins Ausland. Ich glaube, Aikido erfreut sich großer Wertschätzung als *Budo*, weil es, obwohl es im Vergleich zu Judo, Kendo und Karate geschichtlich sehr jung ist, relativ einheitlich und weitverbreitet ist. Etwa 1952 oder 1953 ging Herr Mochizuki zusammen mit Nyoichi Sakurazawa (George Oshawa von der Makrobiotik) nach Europa. Ungefähr zur gleichen Zeit, 1953, sandten wir Herrn Tohei auf Empfehlung von Herrn Fujioka, Professor für Aikido und westliche Kultur an der dortigen Staatsuniversität, nach Hawaii. Er war der erste, den der Hombu-Dojo als offiziellen *Shihan* entsandte. Des weiteren schickten wir in den fünfziger Jahren Herrn Murashige und Herrn Kuroishi aus Kyushu nach Burma. Ich glaubte Herrn Kuroishi aufs Wort, daß er mit einem Tigerfell zurückkehren würde.(Gelächter) Damals hätte er wirklich eins mitbringen können.

Pranin: Wie steht es mit Ihren eigenen Reisen ins Ausland?

Doshu: Zu Anfang bin ich nicht sehr viel ins Ausland gereist. Ich habe alles Herrn Tohei überlassen. 1963 etwa bin ich zum ersten Mal ins Ausland gegangen. Ich habe Hawaii, Los Angeles und San Francisco in Kalifornien besucht und war ungefähr drei Monate unterwegs. Danach bin ich sehr häufig ins Ausland gefahren, wohin, weiß ich nicht mehr genau.

Pranin: Aber ich erinnere mich noch gut. Ich habe Sie in einem kleinen CVJM-Haus südlich von Los Angeles zum ersten Mal gesehen.

Doshu: Herr Akira Tohei war ebenfalls da, nicht wahr?

Pranin: Außerdem noch Mariye Yano (Takahashi) und Isao Takahashi aus Los Angeles.

Doshu: Ach ja, Herr Takahashi . . . Es waren noch viele andere Leute dabei, darunter Herr Hirata und Herr Sekishiro. Er kam aus San Diego, oder? Hatten Sie schon mit dem Training begonnen?

Pranin: Ich übe seit 21 Jahren.

Doshu: Großartig! Gut gemacht! So ist die Geschichte. (Gelächter)

Pranin: Da dieses Jahr (1983) das Jahr des hundertsten Geburtstags Meister Ueshibas ist, bin ich sicher, daß jeder eine Weiterentwicklung des Aikido erwartet. Würden Sie sagen, wie Sie die Zukunft dieser Kunst einschätzen?

Doshu: Wie ich meine, ist das Hauptcharakteristikum des Aikido das Fehlen von Sieg und Niederlage. Vorgestern bei der Vorführung im *Budokan* war Minoru Genda Sensei zugegen. Er sagte: »Aikido hat eine monistische Philosophie geschaffen, derzufolge man mit seinem Gegner eins ist und Sieg und Niederlage in einem einzigen Augenblick entschieden werden. Ich finde das wunderbar!« Beim Aikido übt man nicht, um mit einem Gegner zu kämpfen. Indem man sich in Einklang mit dem Gegner bringt, verschmilzt man Körper und Geist zu einer Einheit und schafft durch das Einswerden mit der Natur eine monistische Welt. Darum gibt es bei diesem *Budo* keine *Shiai* (Wettkämpfe). Aus diesem Grund fehlt vielleicht manches, was junge Leute für Aikido interessieren würde, aber je mehr man übt, um so mehr Gefallen findet man daran. Es ist wie bei getrocknetem Tintenfisch: Je länger man ihn kaut, um so schmackhafter wird er. Was das betrifft, so nennen manche Leute Aikido auch »Zen in der Bewegung«. Es hat tatsächlich seine religiösen und künstlerischen Seiten. Es besitzt die Schönheit der Harmonie, des Natürlichen — eine natürliche Schönheit, die vom Körper ausgeht und eine Folge des Einsseins mit dem Fließen der Natur ist. Leute wie Kiku Goro oder Enosuke, Kabuki-Schauspieler, oder Sumi Hanayagi, ein japanischer Tänzer, hatten eine künstlerische Auffassung von ihrem Beruf. Gegenwärtig gibt es zwar bahnbrechende wissenschaftliche Technologien auf höchstem Entwicklungsstand, aber um so schlechter ist es um unser spirituelles Selbst bestellt. Im Hinblick darauf wird der Weg des Aikido, davon bin ich fest überzeugt, im 21. Jahrhundert eine breite Öffentlichkeit finden. Beim Aikido geht es nicht um Stärke oder Schwäche. Leute, die die alten *Budos* üben, sprechen stets von Stärke und Schwäche, darüber, wer stärker und wer schwächer ist. Ehrlich gesagt finde ich die Einstellung solcher Leute ein wenig problematisch. Wahrscheinlich ist das ganz in Ordnung, aber wenn die höheren Ebenen dieser Kunst außer acht gelassen werden, entwickelt sich Aikido nicht. Alles ist in Entwicklung begriffen. Auch spirituelle Übungen müssen sich weiterentwickeln. Es ist, als wären wir noch in der kriegerischen *Sengoku*-Periode, wenn jemand sagt: »Ich bin stark! Ich bin der beste Aikido-Praktizierende von Japan!« Das stimmt nicht, und wer das sagt, gibt nur an. Wie wir die Herzen aller Menschen erheben können, ist das Wichtigste überhaupt. Wir müssen uns wirklich überlegen, wie wir eine Organisation schaffen und erhalten können, die diesem höheren Ziel dient. Die Bewegungen des Aikido sind vollkommen im Einklang mit den Bewegungen des Geistes. Wer über spirituelle Dinge redet, nachdem er gerade seinen Partner geschlagen und getreten hat, ist nicht überzeugend. Im Aikido werden Körper und Geist durch weiche Bewegungen gestärkt, die mit der Natur harmonieren. Wenn wir in dieser Weise vorgehen, wird auch Aikido sich weiter entwickeln. Wollen wir weiterhin Fortschritte machen, lassen sich Widersprüche in organisatorischen Dingen nicht vermeiden. Sofern wir das im Sinn behalten, wenn wir an eine Fortentwicklung denken, wird es auch in Zukunft vorangehen. Zum Aikido gehört eine eigene Denkweise, eine hochentwickelte Philosophie, die sich von denen anderer Budos unterscheidet — nicht, daß andere Budos keine hochentwickelte Philosophie hätten —, aber Aikido hat seine ganz eigene. Darum, denke ich, wird Aikido eine sehr bedeutende Rolle für die kommende neue Generation spielen.

Pranin: Sensei, eine Frage wollte ich Ihnen lange schon stellen. Glauben Sie, daß wir das Aikido, das wir auf der Matte lernen, ins Gesellschaftsleben und die Politik übertragen können?

Doshu: Das Training auf der Matte ist mit der Denkungsart verbunden, durch die wir mit unserem Konkurrenten eins werden, statt geschäftlich mit ihm zu streiten. Nach dem Krieg redeten die Leute ständig von Revolution und dergleichen. Nach und nach verflüchtigt sich dieses Denken jedoch zugunsten einer friedlicheren Atmosphäre. Ich glaube, das liegt daran, daß es Japan heute wirklich gutgeht. So gesehen stimmt die spirituelle Struktur des Aikido mit der Umgebung überein, und das finde ich gut. Genda Sensei hat neulich gesagt: »Ich habe an der Marine-Universität *Irimi* und *Tenkan* von O Sensei gelernt. *Irimi* und *Tenkan* sind Techniken, mit denen wir den Gegner in die Position bringen, die wir selbst vorher innehatten, indem wir uns rasch bewegen, ohne ihn zu verletzen. Hätten wir rechtzeitig darum gewußt, hätte es so einen dummen Krieg wie den großen ostasiatischen nicht gegeben. Wir hätten im Gleichklang mit dem Gegner agieren sollen. Da haben wir einen Fehler gemacht, nicht wahr? Wer die Einstellung hat, den Gegner bekämpfen und über ihn siegen zu müssen, wird sich nie einigen können. Natürlich müssen wir stark sein. Wir müssen starke Arme und einen starken Geist haben. Alles muß stark sein, aber sich nur auf diese Aspekte zu konzentrieren heißt, das Menschliche zu verleugnen. Einer, der sich in den Bergen versteckt und seine Fäuste übt, gilt als stark. Wenn er einen Schlag austeilt, geht jeder zu Boden. Doch in gesellschaftlicher Hinsicht hat das keinerlei Wert. Da ist Aikido ganz anders, es ist den Menschen in Politik und Wirtschaft, überhaupt jedem, der eine Führungsposition hat, von Nutzen.

Pranin: Zur Zeit ist Aikido im Ausland sehr beliebt, und aus vielen Ländern kommen Schüler nach Japan. Manche üben überaus ernsthaft und sprechen sogar fließend Japanisch. Besteht für Ausländer eine Möglichkeit, am Hombu-Dojo ausgebildet und ausgesandt zu werden?

Doshu: Meinen Sie, ob Ausländer Experten auf diesem Gebiet werden können? Das denke ich schon.

Pranin: Nehmen wir zum Beispiel Christian Tissier, der sehr konzentriert Aikido übt und fließend Japanisch spricht. Wenn ein Ausländer wie er ein Leben als *Uchideshi* führen könnte und dadurch die japanische Kultur noch besser verstünde, könnte seine Heimkehr meines Erachtens dazu beitragen, die Beziehungen zwischen Japan und dem Ausland zu verbessern.

Doshu: Herr Tissier war zwar kein *Uchideshi*, aber er hat sehr fleißig im Dojo trainiert. Manche Ausländer üben fleißig, und manche davon kehren in ihr Heimatland zurück, um dort zu lehren, während andere nach ihrer Heimkehr mit dem Training aufhören. Die einen trainieren, weil sie später lehren wollen, und die anderen nur zu ihrem eigenen Nutzen. Wenn nicht nur Japaner, sondern auch Amerikaner, Franzosen und Afrikaner den wahren Weg des Aiki verstehen und ernsthaft üben, können sie natürlich überall lehren, solange sie die vertikale Struktur nicht mißverstehen. Wie bereits erwähnt, ist Aikido ein Weg, der aus dem Osten stammt. Wenn von diesem Weg abgewichen wird, ist das kein Aikido-Weg mehr. Es ist schwierig, ihn effektiv für die Strukturierung der Organisation zu nutzen. Da es keine Wettkämpfe gibt, glaube ich, daß Aikido nur als vertikale Struktur bestehen kann, in der es auf den Weg ankommt. Wir unterhalten die Organisation nicht zu dem Zweck, festzustellen, was wir mit starken oder schwachen Leuten anfangen können, sondern in der Absicht, die Entwicklung des Weges als Geistestraining voranzutreiben. Wie die Organisation gesehen wird, hängt vom Verständnis des einzelnen ab.

Pranin: Wie denken Sie über die Ausbildung der *Shihan*, die vom Hombu-Dojo ins Ausland geschickt werden?

Doshu: Ich habe mir schon meine Gedanken zu diesem Thema gemacht, aber die Sache ist gar nicht so einfach. Es ist leichter gesagt als getan. Wir müssen nicht nur die *Shihan* ausbilden, die wir ins Ausland senden, sondern auch die in Japan Bleibenden. Da stellen sich viele Aufgaben.

Pranin: Meine letzte Frage betrifft die Zukunft des Aikido. Ich wüßte gerne, wie Sie die internationale Zukunft des Aikido sehen. Meines Wissens hat es sich der Internationale Aikido-Dachverband derzeit zum Ziel gesetzt, eine standardisierte Lehrmethode zu verbreiten, die als Grundlage dessen dienen soll, was »wahres Aikido« genannt werden könnte. Am Hombu-Dojo sind viele ausgezeichnete Lehrer tätig, von denen allerdings jeder seine eigene Technik hat. Wie kann sich Ihrer Meinung nach unter diesen Umständen das wahre Aikido in Verbindung mit einer entsprechenden Lehrmethode in der ganzen Welt verbreiten?

Doshu: Ich glaube, die Verbreitung einer Lehrmethode oder dergleichen kommt erst an zweiter Stelle. Hauptziel sollte sein, durch Aikido Freundschaften zu begründen. Jemanden mit den Worten anzugreifen: »Was du machst, ist grundverkehrt!« oder: »Das solltest du nicht tun, denn es ist kein wahres Aikido!« oder: »Dein Weg ist falsch!«, ist etwas, das wir unterlassen sollten. Es hat den Begründer unsägliche Mühe gekostet, den Aiki-Weg zu entwickeln, und fest steht, daß wir alle Aikido üben. Wenn Leute sich in etwas üben, das Aikido genannt wird, sind sie sich einer Verbindung zu uns hier (im Hauptsitz) bewußt. In diesem Fall hoffe ich, daß alle einander trotz bestehender Unterschiede in Technik und Nationalität um dieses Zentrum herum im Geiste des Aiki die Hand reichen, sich in der Kunst üben und täglich trainieren. Um die Techniken zu verfeinern, müssen wir die Lehrmethode Schritt für Schritt verändern, doch werden wir sicher nicht so unvernünftig sein und ein starres System schaffen, in das wir alles hineinzwängen. Das sollten wir meiner Auffassung nach keinesfalls tun. Der Aikido-Weg sollte die Spontaneität und Natürlichkeit selbst sein. Aikido besteht in den geordneten Bewegungen des göttlichen Prinzips und damit der Natur. Die Aiki-Techniken sind verschiedenartig und haben vielerlei Gesichter. Auch wenn sie scheinbar nichts miteinander zu tun haben, sind sie doch in einer Einheit, unter einer einzigen Ordnung zusammengefaßt. Darin liegt meines Erachtens der Vorzug von Aikido. Deshalb haben wir auch nicht die Absicht, ihm einen Rahmen zu geben, sei er nun politischer, ideologischer oder wirtschaftlicher Art, und damit eine Organisationsstruktur zu schaffen, der sich alles einzugliedern hat. Der Aikido-Bund soll wachsen, um vor allem die Freundschaft unter den Menschen zu fördern.

Bob Aubrey

Aikido und der neue Krieger

Wenn ich von dem eigentlich ziemlich provokativen Begriff des »neuen Kriegers« sprechen will, muß ich zuerst darauf hinweisen, daß die jungen Leute in Amerika, Europa und Japan, die das Gros der über eine Million Aikidoübenden von heute darstellen, in einer seltenen Epoche des Friedens leben. Seit gut 30 Jahren finden unsere Zivilisationen, die im gleichen Maße auf Krieg wie auf Industrie und Kultur aufgebaut worden sind, keinen rechten Gefallen mehr am Krieg. Die amerikanische Ausnahme des Vietnamkriegs bestätigt diese Regel nur. Aus dem gleichen Grunde ist auch der *Krieger auf dem Schlachtfeld* außer als Inbegriff einer romantisch verklärten Vergangenheit kaum noch gefragt.

Er existiert trotzdem.

Es gibt heute über 25 Millionen Soldaten auf der Welt. Für jeden Kämpfer, ob Mann oder Frau, sind drei Leute angestellt, die dabei helfen, ihn oder sie auf die Schlacht vorzubereiten. Jährlich werden auf der Erde mehr als 600 Milliarden Dollar für die Kriegsbereitschaft ausgegeben, obwohl 500 Millionen Menschen unterernährt sind.

Sind diese Verhältnisse daran schuld, daß wir bei dem Begriff »Krieger« ein schlechtes Gewissen bekommen? Oder liegt es daran, daß wir über 30 Jahre in Angst vor einem *letzten* Krieg gelebt haben, bei dem an einem einzigen Tag nicht allein wir selbst, sondern auch alles Leben auf dem Planeten vernichtet wird?

Die Antwort lautet, daß der Krieger durch die Art der modernen Kriegführung eine Absurdität geworden ist. Seit langem schon besteht eine Situation, bei der nur 20 Prozent der Weltbevölkerung 80 Prozent der Reichtümer dieser Erde genießen. Ein Krieger wird nicht aus moralischen Gründen verurteilt. Er ist so etwas wie ein Don Quichotte geworden: Nur muß er nicht mehr gegen Windmühlenflügel, sondern gegen Weltraumsatelliten kämpfen. Jeder Militärexperte seit Clausewitz wird mir zustimmen, daß ein Atomkrieg überhaupt kein Krieg mehr ist; er setzt nicht mehr die Politik mit anderen Mitteln fort. Als Mittel ist er ohne jeden Sinn und Zweck. Bedeutet die Bombe das Aus für den Krieger? Oder bringt sie einen neuen Krieger hervor, dessen Bestimmung nicht länger der Krieg ist?

Von der Zeit an, wo der Krieger erstmalig Kanonenfutter wurde, bis zu dem Zeitpunkt, wo er den Knopf für den Holocaust drückt, bestand die Geschichte des Krieges darin, die Waffen immer vernichtender, die Atmosphäre immer tödlicher werden zu lassen. Auf dem Schlachtfeld gibt es kein Entkommen, keine Atempause, keinen Unterschied mehr zwischen Kriegern und Zivilisten. Es stellt nicht länger die Bühne dar, auf der der Krieger seine Fähigkeiten beweisen könnte, seine Kraft, seinen Mut und seine Kühnheit. Die Kriege von heute töten mit ihren entsetzlichen neuen Waffen mehr Zivilisten als Soldaten.

Meister Morihei Ueshiba hat der Welt mit seinem Aikido einen neuen Weg für den Krieger verkündet, einen Ausweg aus der Sackgasse des Krieges:

> Da *Ai* (die Harmonie) mit *Ai* (der Liebe) einhergeht, habe ich mich dafür entschieden, meinen einzigartigen Budo »Aikido« zu nennen, obwohl das Wort »Aiki« schon alt ist. Die Bedeutung, in der dieses Wort früher von den Kriegern benutzt wurde, unterscheidet sich allerdings grundlegend von der meinigen. *Aiki* ist keine Technik, um einen Feind zu bekämpfen oder zu schlagen. Es ist ein Weg, die Welt zu versöhnen und die Menschen zu einer Familie zu machen.[1]

Der zweite Weltkrieg war die letzte selbstmörderische Schlacht der japanischen Samurai im modernen Kriegsgeschehen. Morihei Ueshiba hat sich, statt den Krieg zu unterstützen, still auf eine kleine Farm in Iwama zurückgezogen und das Ende des Wahnsinns abgewartet. Er hat seinen Standpunkt nicht durch Analysieren der Geschichte oder durch Philosophieren gefunden; er war ein Mann des Budo, ein Krieger, dem klar geworden war, daß für ihn kein Platz in diesem Krieg war. Spätestens als die Bomben auf Hiroshima und Nagasaki fielen, erkannten alle japanischen Krieger diese Wahrheit.

Aber was kann ein Krieger tun, wenn der Krieg keinen Sinn mehr für ihn hat?

Japan war wahrscheinlich das erste Land, das sich mit dieser Frage beschäftigte, und sie war dort besonders bedeutungsschwer, weil die Kriegerethik das gesamte japanische Leben bestimmte. Japans Antwort ist uns allen eine Lehre gewesen. Der Kriegsgewinner, der so großspurig behauptete: »Amerikas Geschäft ist das Geschäft«, mußte nun selbst mitansehen, wie der japanische Samurai den »Krieg mit anderen Mitteln« austrug.

Diese Umwandlung der japanischen Kriegerethik ist für sich genommen eine faszinierende Geschichte, die hier jedoch nur den Hintergrund für das weltweite Dilemma des Kriegers und die Verheißung des Aikido als neuen Weg bilden soll.

Morihei Ueshiba hat mehr getan, als nur einen Ausweg zu ersinnen. Der neue Weg des Aikido bietet die Möglichkeit, ein *Krieger ohne Gewalt* zu werden.

Was heißt das?

Nichts macht meines Erachtens den Unterschied zwischen östlichem und westlichem Denken deutlicher als die Frage, was eigentlich das Kriegersein beinhaltet.

Die östliche Tradition der Kriegskünste hat den Krieger stets dazu angehalten, die Gewaltlosigkeit zu einer inneren Tugend zu machen und den Frieden zu bewahren — mit anderen, aber insbesondere auch mit sich selbst. »Bushido«, der Weg des Kriegers, heißt in seiner ursprünglichen Bedeutung »Weg, um den Waffengebrauch zu unterbinden«.

Andererseits sind im Westen die Worte »Krieger«, »Warrior« (engl.) oder »Guerrier« (franz.) untrennbar mit dem Begriff Krieg (engl. *war*, franz. *guerre*) verbunden. Der Westen hat trotz seiner langen Geschichte der Ethik nie eine bedeutende Tradition zur Ausbildung eines gewaltlosen Kriegers hervorgebracht. Der Krieger kämpft, verteidigt, straft, leidet, unternimmt Kreuzzüge oder dient der Revolution, und wenn er die Gewaltlosigkeit auf sein Schild geschrieben hat, hält er die andere Wange hin und ist kein Krieger mehr, sondern ein Märtyrer.

Ueshiba hat die östliche Tradition noch einen Schritt weitergeführt und eine Kunst des physischen Kampfes entwickelt, die sich gewaltfreier Mittel, in einer Geisteshaltung des »Gutseins« oder »Großzügigseins« wurzelnder Techniken bedient, dessen, was die Japaner »Jin« nennen. Auf Aikido übertragen heißt das, angesichts von jemandem, der einem übel will, in der Lage zu sein, diesen »in sein Herz aufzunehmen« und den »Sieg des Friedens« davonzutragen.

Diese Art von Gewaltlosigkeit ist etwas anderes als die christliche Sanftmut oder Gandhis *Ahimsa*.

Ueshibas Ideal der »Liebe zu allen Dingen« ist der Zustand höchster Klarheit bei einem Krieger. Ueshiba nimmt damit eine 2000 Jahre alte fernöstliche Kriegerphilosophie wieder auf, die auf Mo-ti zurückgeht.

Dieser General und Philosoph lebte in der Zeit der streitenden Reiche in China (er starb um 381 v. Chr. und war ein Zeitgenosse von Sokrates). Er lehrte:

> Rechtschaffenheit besteht in der Entschlossenheit, die Welt zu lieben und ihr mit Geschick zu dienen.[2]

Mo-tis Schule stellte mit 300 Krieger-Schülern zu seiner Zeit die Hauptalternative zum Konfuzianismus dar, aber nach seinem Tode sind keine Philosophen, die seine Tradition fortgeführt hätten, mehr in Erscheinung getreten. Geschichtsforscher können nur Vermutungen darüber anstellen. Wing-tsit Chan schreibt:

> . . . das Jahrhundert des Krieges, in dem Mo-tis Philosophie blühte, war keine Zeit für Haarspaltereien und Spitzfindigkeiten, und die Verurteilung des Krieges machte die Mohisten bei den Herrschenden unbeliebt. Ihr Asketentum und Utilitarismus war zu extrem, um noch praktizierbar zu sein. Aber warum hat ihre hochfliegende Lehre von der universellen Liebe nicht fortbestanden? War sie den Chinesen zu idealistisch? Oder war sie in sich selbst schwach, weil sie sich weitgehend auf die Vorteile gründete, die sie mit sich bringen sollte? Über diese Frage läßt sich nur spekulieren.[3]

Die Zeit, in der wir leben, ist eindeutig keine »Zeit der streitenden Reiche«; sie ist eine Epoche, in der wir uns über die Auswirkungen des Krieges auf den ganzen Planeten bewußt werden.

In diesem Kontext erscheint Mo-tis Philosophie weder als »hochfliegende Lehre« noch als »in sich selbst schwach« durch ihren Utilitarismus. Vielmehr definiert sie das Ideal des neuen Kriegers, da sie sich an die klassische Bedeutung des östlichen Kriegerbegriffs hält: »den Waffengebrauch zu unterbinden«.

Morihei Ueshiba erkannte klar, daß sein neuer Weg des Kriegers über die reine Philosophie hinausgehen mußte. Andererseits sollte er als Kampfsport doch nicht von dem Ideal abweichen, das als eigentliche Bedeutung dem *Wort* Aikido zugrunde liegt: Er sollte kein Wettkampfsport, keine Selbstverteidigungstechnik und kein Fitneßprogramm werden. Er mußte Mo-tis doppelten Zweck erfüllen: »die Welt zu lieben und ihr mit Geschick zu dienen«.

Eine Besonderheit, an der die meisten gewaltlosen Wege kranken, ist die Tendenz ihrer Anhänger, eher passive Idealisten als Krieger zu werden. Ueshiba hat bei der Entwicklung seines Aikido sorgfältig den Keim der Gewaltlosigkeit in die Aikido-Techniken gelegt und sich darauf konzentriert, aus seinen Schülern Krieger zu machen — was ihm auch gelang, denn heutige Aikido-Meister zählen zu den besten Kampfsportlern der Welt. Die Spirale im Aikido-Emblem ist einerseits ein Symbol für die Harmonie und zum anderen für die Wirksamkeit der Bewegung, die gegensätzliche Kräfte miteinander in Einklang bringt. Die Geisteshaltung des »Go-no-sen«, bei der man der Möglichkeit eines Angriffs durch eine »Verteidigungsinitiative« zuvorkommt, indem man das Ki vergrößert, ist sowohl Symbol als auch Strategie. Im Aikido reift die höhere Bewußtseinsklarheit des Kriegers durch die regelmäßige Übung im ritualisierten Kampf. Die Ideale heißen Harmonie und universelle Liebe, aber gleichzeitig erhält Aikido durch die Erziehung zu Geistesgegenwart, energischem Einsatz, Anpassungsfähigkeit und Entschlußkraft auch die Qualitäten des Kriegers.

Aikido wurzelt zwar in der östlichen Kampfsporttradition, geht jedoch einen Schritt weiter, aber nicht aufgrund der Genialität seiner Technik, sondern weil es eindeutig feststellt, daß Krieg nicht mehr die Essenz des Kriegerweges ist; Ziel des neuen Weges ist es, die universelle Liebe zu verwirklichen und dem Wohl der Menschheit geschickt zu dienen.

Die Philosophie des Aikido enthält folglich neben ethischen auch spirituelle Elemente. Betrachten wir uns diese beiden Dimensionen einmal näher und fragen wir uns, wie genau Aikido heute seine Ideale verwirklicht.

Jeder Aikido-Anfänger hört irgendwann einmal die Geschichte von Meister Ueshibas Erleuchtung, die zum Anlaß für die Entwicklung dieses Weges wurde. Sie ist in Kisshomaru Ueshibas Buch *Aikido* nachzulesen und ist eine der klarsten Aussagen über die Transzendenz im Aikido. In allen Dojos der Welt wird die Geschichte immer wieder in fast dem gleichen Wortlaut erzählt, und so will ich sie nun ebenfalls noch einmal anführen:

> Im Frühjahr des Jahres 1925 besuchte ein Marineoffizier, der auch ein Fechtlehrer war, den Meister und bat ihn, sein Schüler werden zu dürfen. Im Laufe des Gesprächs gerieten sie über irgendeine belanglose Sache in Streit. Die Gemüter erhitzten sich. Schließlich einigten sie sich auf einen Kampf. Der Offizier stürmte vor und holte mit seinem Holzschwert zum Schlag aus. Aber da der Meister seinen Streichen jedes Mal mit Leichtigkeit auswich, setzte sich der Offizier endlich nieder, ohne ihn auch nur einmal berührt zu haben. Der Meister sagt, daß er die Bewegungen seines Gegners schon spürte, noch ehe sie überhaupt ausgeführt waren, ähnlich wie bei seinem Aufenthalt in der Mongolei.
>
> Nach diesem Wettkampf ging er in einen nahegelegenen Garten, wo er sich unter einem Kakipflaumenbaum ein wenig erholen wollte. Als er sich den Schweiß vom Gesicht wischte, überwältigte ihn ein Gefühl, das er noch nie zuvor erlebt hatte. Er konnte weder gehen noch sitzen. Er stand einfach wie angewurzelt in tiefster Verwunderung da.
>
> Der Meister erinnert sich an sein Erlebnis so:
>
> »Im Alter von 15 Jahren etwa begann ich, mich für Budo zu interessieren, und besuchte Fecht- und Jiu-Jitsu-Lehrer in verschiedenen Landesteilen. Ich meisterte die Geheimnisse der alten Schulen alle innerhalb weniger Monate. Aber niemand konnte mich die Essenz des Budo lehren und so meine Wißbegier stillen. Darum klopfte ich bei verschiedenen Religionen an, bekam jedoch keine konkreten Antworten.
>
> Wenn ich mich recht entsinne, machte ich im Frühling des Jahres 1925 gerade allein einen Spaziergang im Garten und hatte auf einmal das Empfinden, als bebe das Universum und als entströme der Erde ein goldener Geist, hülle meinen Körper ein und verwandle ihn zu Gold.

> Gleichzeitig wurden mein Geist und Körper leicht und hell. Ich konnte das Gezwitscher der Vögel verstehen und nahm ganz klar den Geist Gottes wahr, des Schöpfers des Universums.
> Im selben Augenblick war ich erleuchtet: Die Quelle des Budo ist die Liebe Gottes — die Geisteshaltung, allen Wesen liebevollen Schutz zu gewähren. Tränen der Freude strömten ohne Unterlaß über meine Wangen.«[4]

Das Erlebnis Ueshibas ist eine für den Osten typische Satori-Erfahrung und gleicht darin mystischen Erfahrungen in aller Welt, wie William James sie im 19. Jahrhundert in seinem Werk *Die Vielfalt religiöser Erfahrung* geschildert hat. Die in den sechziger Jahren aufgekommene Transpersonale Psychologie hat seither Tausenden von Menschen die Möglichkeit gegeben, mit Hilfe von traditionellen oder auch ganz neuen Methoden ebenfalls solche Erfahrungen zu machen: mystische Erlebnisse, Geburts- und außerkörperliche Erfahrungen, Telepathie, Traumerlebnisse, Halluzinationen, Trancezustände usw.

Der Wert solcher Erfahrungen liegt weniger in dem Erlebnis selbst als vielmehr in seiner Ursache und in dem, was man damit anzufangen weiß; daß Ueshiba Aikido entwickelte, ist in keiner Weise ein Ursache-Wirkung-Resultat seiner Erleuchtung.

Was Ueshiba mit seinem Aikido schuf, hätte keiner leisten können, der nicht Lernen, Trainieren und die spirituelle Suche miteinander vereinte wie er.

Leider ist Ueshibas Erleuchtung eine Art Aikido-»Schöpfungsmythos« geworden, statt von seinen Anhängern als Erfahrung gewertet zu werden, die eine notwendige Dimension bei der Entstehung des neuen Kriegers darstellt. Ich weiß nicht, warum das so ist, außer vielleicht, weil es dem japanischen Denken näherliegt, Aikido auf eine Sache festzulegen und das andere den Religionen wie dem Zen zu überlassen. Dabei ist beides ein Teil des Kriegerweges, und meiner Meinung nach sollte die transpersonale Dimension unbedingt in die Aikido-Lehre aufgenommen werden.

Daß die Möglichkeit besteht, zeigen eindeutig die Bücher von Carlos Castaneda, in denen er seine Initiation als Krieger-Zauberer durch den Yaqui-Indianer Don Juan schildert. (Einen ähnlich starken Einfluß auf Ueshiba hatte der Priester Deguchi von der Omoto-kyo-Sekte, die viele schamanistische Elemente enthält.) Castanedas Erzählung ist der faszinierende Erfahrungsbericht in einer Tradition, die als primitiv oder verloren galt, jedoch die Tür zu wahren Schätzen der Weisheit geöffnet hat, wie sie das Kriegertum aller amerikanischen Indianerstämme in sich birgt. Castaneda beschreibt, wie er gelernt hat, zu träumen, Verbündete zu suchen, persönliche Macht zu gewinnen und die Feinde des Kriegers Furcht, Klarheit, Macht und Alter zu überwinden. Er führt uns in das *Nagual* ein, in eine andere Wirklichkeit transpersonaler Erfahrung, irrational und unerklärlich, wo der Krieger kooperieren und sich so heimisch fühlen muß wie in der normalen Aktionswelt, dem *Tonal*.

> »Unsere Augen sind die Augen des *Tonal* oder genauer gesagt, unsere Augen sind durch das *Tonal* geschult, daher erhebt das *Tonal* Anspruch auf sie. Eine der Ursachen für deine Verwirrung und deinen Verdruß ist, daß dein *Tonal* deine Augen nicht loslassen will. An dem Tag, da es dies tut, wird dein *Nagual* eine große Schlacht gewonnen haben. Du bist oder besser: wir alle sind zwanghaft besessen von der Idee, die Welt nach den Gesetzen des *Tonal* zu arrangieren. Jedesmal, wenn wir dem *Nagual* gegenüberstehen, strengen wir uns daher ungeheuer an, unsere Augen starr und unnachgiebig zu machen. Ich muß den Teil deines *Tonal* ansprechen, der dieses Dilemma versteht, und du mußt dich bemühen, deine Augen frei zu machen. Es kommt darauf an, das *Tonal* davon zu überzeugen, daß es noch andere Welten geben kann, die sich vor den gleichen Fenstern abspielen. Dies hat das *Nagual* dir heute morgen gezeigt. Also befrei deine Augen! Laß sie echte Fenster sein! Die Augen können Fenster sein, durch die man in den Stumpfsinn glotzt oder in diese Unendlichkeit späht.«
>
> Don Juan wies mit einer kreisförmigen Bewegung des linken Armes auf die Umgebung. In seinen Augen war ein Glitzern, und sein Lächeln war furchterregend und entwaffnend zugleich.
>
> »Wie kann ich das?« fragte ich.
>
> »Ich sage dir, das ist ganz einfach. Vielleicht sage ich, es sei einfach, weil ich es schon so lange praktiziere. Du brauchst nichts anderes zu tun, als deinen Vorsatz wie einen Grenzschlagbaum einzusetzen. Immer wenn du in der Welt des *Tonal* bist, dann sollst du ein makelloses *Tonal* sein. Keine Zeit für irrationalen Quatsch! Aber immer, wenn du in der Welt des *Nagual* bist, dann sollst du ebenso makellos sein. Keine Zeit für rationalen Quatsch! Für den Krieger ist sein Vorsatz wie ein Schlagbaum zwischen beiden. Er schließt sich vollständig hinter ihm, wenn er das eine oder das andere Reich betritt.«[5]

Mehr als jeder andere und vielleicht sogar stärker als die östlichen Kampfkünste hat Carlos Castaneda Einfluß auf die Bedeutung des Wortes Krieger genommen und ihm die weite Dimension der spirituellen Selbstverwirklichung gegeben. Heutige Aikido-Lehrer täten gut daran, einmal über die Möglichkeit eines »Nagual-Trainings« nachzudenken, denn Ueshiba war ganz offensichtlich selbst ein Meister darin. Überdies hat er seine fortgeschrittensten Schüler darin unterrichtet. Meister Gozo Shioda weiß davon zu erzählen, wie O Sensei Ueshiba mehrfach eine Gruppe von vier oder fünf Schülern auf einen Berggipfel führte und ihnen spezielle Unterweisungen gab. Damit waren unter anderem nächtliche Übungen verbunden, bei denen O Sensei sich die Augen zuzubinden pflegte und seine Schüler anwies, ihn nun mit ihren Holzschwertern anzugreifen. Ueshiba selbst hatte ein blankes Schwert in Händen. Shioda erinnert sich noch, daß er jedesmal, wenn er mit seinem Holzschwert zum Schlag ausholte, durch die Spitze von Ueshibas Schwert vor seinen Augen gestoppt wurde, ein furchterregendes Erlebnis: »Das Sausen des Schwertes klang wie der Tod selbst, und das Blut gefror mir in den Adern bei dieser Übung.«

Die zweite Dimension der Aikido-Philosophie betrifft die Ausführung ethischer Grundsätze und damit die Frage, wie man sein Leben am besten lebt. Das ist ein traditionelles Anliegen aller Kriegerwege und ein Grundelement des japanischen Bushido. Auch hier stehen wir vor einem Bedeutungswandel des Kriegerbegriffs. Beim traditionellen Krieger bestimmte der Krieg die Lebensweise. Der neue Krieger hingegen sieht seine Lebensweise als seinen Krieg an.

Unsere Lehrer sprechen häufig davon, wie wichtig Aikido für das Alltagsleben ist, etwa mit den Worten: »Es ist genauso wichtig, auch außerhalb des Dojos zu üben.« Hierin liegt die Gemeinsamkeit von Aikido und anderen modernen Kampfsportarten; so hat denn auch vom ausgehenden 19. Jahrhundert ab bis ins 20. Jahrhundert hinein das Wort »do« (Weg) bei Judo, Karate-do, Kendo und Aikido das Wort »jutsu« (Technik) verdrängt und aufgezeigt, daß der Hauptzweck nicht länger der Kampf ist, sondern das geistige Training. Leider ist angesichts der Komplexität und der wechselnden Werte des modernen Lebens kein Kampfsportlehrer mehr bereit, sich auch außerhalb des Dojos mit Schülern abzumühen, und überläßt es lieber den Therapeuten, Ratschläge zu erteilen.

Vor kurzem ist ein weiterer Kriegerweg außerhalb der Kampfkünste aufgekommen: Shambhala, ein tibetischer Weg des Kriegers, den Chögyam Trungpa lehrte. Obwohl der tibetische Weg mystisch bis hin zu geheimnisvollem Dunkel ist, hat Trungpa deutlich gemacht, daß der Weg zur transzendentalen Klarheit des Kriegers zu Hause beginnt.

> Sich nur theoretisch um andere zu sorgen ist nicht genug. Der gangbarste und unmittelbarste Weg, an anderen Anteil zu nehmen und ihnen zu dienen ist der, mit der eigenen häuslichen Situation zu beginnen und von dort auszugehen. Wer Krieger werden will, muß deshalb erst einen wichtigen Schritt tun und ein häuslicher Mensch werden, jemand, der das alltägliche Leben in Haus und Familie achtet und sich der Verbesserung dieses Lebensalltags widmet.[6]

Trungpa hat sich nicht nur in Büchern zu diesem Thema geäußert; das auf Meditation gegründete Shambhala-Übungsprogramm beinhaltet ein fünfstufiges Krieger-Training und wird in verschiedenen Ländern angeboten. Wenn das Thema »neuer Krieger« weiterhin soviel Interesse bei Leuten findet, die den Kriegerweg ins praktische Leben übernehmen wollen, besteht kein Zweifel, daß noch andere Wege mit Übungsprogrammen hervortreten werden, zum Beispiel der Yoga oder der Sufismus, um die naheliegendsten zu nennen. Zudem ist die Ausbildung zum neuen Krieger nicht ausschließlich an östliche Traditionen gebunden. Mittlerweile werden immer mehr Seminare abgehalten, die traditionelle Praktiken mit Methoden der humanistischen Psychologie verbinden; solche Programme heißen zum Beispiel »Spirituelles Kriegertraining«, »Der Weg des Kriegers«, »Krieger-Bewußtsein« oder, bei einer mehr psychologischen Ausrichtung, »Selbst-Bejahung«, »Aus Konflikten zur Kreativität«, »Von Angst zu Macht«. Sie haben sich inzwischen zu Seminaren und Workshops für Manager und Geschäftsleute ausgeweitet und sollen den »Umgang mit Macht« usw. lehren.

Eine Folge unseres wechselnden Lebensstils ist der zunehmende Streß: Der Mensch wird immer mehr in die Isolation getrieben, der Wert der Familie wird in Frage gestellt, das Rollenverständnis wandelt sich, und der Leistungsdruck wird immer stärker. Laut Statistik sind zwei von drei Arztbesuchen auf streßbedingte Symptome zurückzuführen. Herzerkrankungen sind in hochindustrialisierten Ländern die Todesursache Nr. 1, gefolgt von Krebs: Beide haben einen direkten Bezug zum Streß. Der Personentyp, der am ehesten dem Streß zum Opfer fällt, ist die Kriegerpersönlichkeit, von Streßexperten Typ A genannt. Wenn man die folgende Beschreibung des Typ-A-Verhaltens liest, wird einem sofort klar, welchen Beitrag Aikido bei Streßbewältigungs-Seminaren leisten könnte, da es eine Art Körpertraining in gewaltlosem Handeln ist.

> Das Typ-A-Verhaltensmuster ist ein Handlungs-Gefühls-Komplex, der bei jeder Person festgestellt werden kann, die auf *aggressive* Weise in den *chronischen, unaufhörlichen* Kampf verwickelt ist, immer mehr in immer kürzerer Zeit zu leisten, wenn es sein muß sogar gegen den Widerstand von Dingen oder Menschen. Es handelt sich nicht um eine Psychose, eine Sorgenlast, um Ängste, Phobien oder Zwangsvorstellungen, sondern um eine gesellschaftlich akzeptierte — oft sogar geschätzte — Art des Konflikts.[7]

Worauf ich hinaus will, ist der zunehmende Bedarf an Lehrangeboten für das, was als »neues Kriegertum« bezeichnet werden könnte, ein Bedarf, den Aikidolehrer noch nicht so recht erkannt haben.

Im Gegenteil, wir waren nur zu glücklich darüber, daß sich die Schüler auf der Matte oder für sich allein austobten. Wir waren damit zufrieden, einen neuen Schüler aufzunehmen und keine Fragen gestellt zu bekommen; dabei wäre es gut, darüber hinaus ihn oder sie dazu anzuhalten, einmal darüber nachzudenken, warum man eigentlich ein Krieger und welche Art von Krieger man sein möchte. Wir lehren Aikido, als wollte jeder so werden wie wir selbst, obgleich es durchaus möglich wäre, über das pyramidenförmige Lehrer-Schüler-Verhältnis auf der Matte hinauszugehen und eine andere Art von Kriegertraining mit eher kreisförmigen Beziehungen, die nicht an die Matte gebunden sind, aufzubauen. Der moderne Aikido-Unterricht hat sowieso nur noch wenig Ähnlichkeit mit dem Unterricht im traditionellen japanischen Dojo. Und wie ich begreiflich zu machen versucht habe, ist ein Großteil des Trainingsmaterials für den neuen Krieger bereits verfügbar.

Andererseits glaube ich, daß »Neue-Krieger«-Programme, wie sie derzeit angeboten werden, kurzlebig sind, wenn sie nicht die östlichen Kampfkünste mit einbeziehen. Langfristige Übung in der Konfliktbewältigung durch Körperarbeit auf einem dieser Wege ist eine solide Grundlage für das Kriegerbewußtsein.

Wenn ich die Aikido-Lehrer dazu aufrufe, bei ihrem Kriegertraining über den Kampfsport hinauszugehen, greife ich auf einen Grundsatz des japanischen Bushido zurück, »bun — bushi«, Studium und Kampfkunst, die Hand in Hand gehen. Bleibt noch hinzuzufügen, daß auch die transpersonale Dimension in die Ausbildung des neuen Kriegers einbegriffen werden sollte.

Bis jetzt habe ich den Begriff des »neuen Kriegers« so verwendet, als verstehe er sich von selbst, aber das entspricht wohl keineswegs den Tatsachen.

Der neue Krieger ist nur so neu wie der heutige Kontext, in dem sich das Wort ständig neu definiert. Selbstbewußtheit im Handlungsbereich ist absolut nichts Neues, auch nicht in der westlichen Kultur, wie der französische Historiker Michel Foucault aufgezeigt hat. Die Beschäftigung mit dem Selbst hat ihre eigene Geschichte, die bis auf die alten Griechen zurückverfolgt werden kann, bei den römischen Stoikern ihren Höhepunkt erreichte, sich dann in christliche Sittenstrenge verwandelte und schließlich in die heutige Auffassung von Geist und Körper überging. Foucaults Unterscheidung der drei Arten von Individualismus, deren eine die Hinwendung zum Selbst ist, gibt uns einen Schlüssel in die Hand, um die Beziehung zwischen dem neuen Krieger und Aikido zu verstehen.

> ... die *individualistische Einstellung*, die gekennzeichnet ist durch den absoluten Wert, der dem einzelnen in seiner Einzigartigkeit beigemessen wird, und durch das Maß an Unabhängigkeit, das ihm im Verhältnis zu der Gruppe, der er angehört, oder den Institutionen, deren Teil er ist, zugewiesen wird; *der Wert des Privatlebens*, das heißt das Gewicht, das den familiären Beziehungen, den häuslichen Aktivitäten, dem Erben und Vererben gegeben wird; und schließlich die Intensität der *Hinwendung zum Selbst*, zu der Art also, in der man sich selbst als Erkenntnisgegenstand und Handlungsraum sehen

> muß, um sich zu wandeln, zu korrigieren, zu läutern und endlich Erlösung zu finden.[8]

An dem Zusammenhang, in den Morihei Ueshiba seinen neuen Kriegerweg gestellt hat, läßt sich ablesen, daß vieles schon im traditionellen japanischen Bushido vorhanden war, was sich auf die dritte Art des Individualismus bezieht, also auf die Hinwendung zum Selbst. Allerdings werden weder die individualistische Einstellung noch der Wert des Privatlebens im Aikido berücksichtigt. Es ist allseits bekannt, daß in der japanischen Gesellschaft der einzelne außerhalb des dichten Sozialgefüges als Individuum nicht existiert, es sei denn, er bezahlt dafür mit dem Preis sozialer Entfremdung. Japan ist das beste Beispiel für eine moderne Industrienation, die ihr soziales Netz nach dem Vorbild familiärer Beziehungen knüpft. Dagegen ist die neue Kriegermentalität ein Individualismus, der alle drei von Foucault beschriebenen Arten einbezieht. Das heutige Interesse an einem »kreativen Lebensstil« macht sowohl das Vorherrschen als auch die wechselseitige Durchdringung der ersten beiden Arten deutlich, mit denen der neue Krieger eine ethische Dimension bekommen hat.

Es wird vielleicht nützlich sein, wenn ich zum Schluß einmal die Hauptcharakteristika dessen zusammenfasse, was ich unter der Ethik des neuen Kriegers verstehe.

Der neue Krieger ist ein Mensch, der im Handeln die Selbstverwirklichung sucht. In der Bhagavadgita ermahnt Krishna den Krieger Arjuna, zu *handeln*, aber nicht den Früchten des Handelns verhaftet zu sein.

> Nur zu handeln hast du ein Recht, doch niemals die Früchte zu ernten; laß nie die Früchte des Handelns dein Beweggrund, noch in dir irgendeine Neigung zur Untätigkeit sein.[9]

Aggression ist für den Krieger eine Kraft, die er zu integrieren und zu meistern trachtet, statt sie zu vermeiden: Er ist dazu fähig, wütend zu werden oder ruhig zu bleiben, seine Stellung zu halten oder mit dem Strom zu gehen und dabei ganz spontan und unverkrampft zu sein.

In einer spannungsreichen Konfliktsituation wird der Krieger unter Umständen Partei ergreifen, aber seine Wahl völlig frei treffen. Das unterscheidet ihn von einem Soldaten, der nur eine Loyalität kennt und Befehlen gehorcht, die er gar nicht versteht. Im Streben nach dem rechten Handeln übt der Krieger seinen Geist darin, die Komplexität zwischenmenschlicher Beziehungen zu durchdringen und das rechte Handeln daraus abzuleiten, sei es nun im engeren Bereich des täglichen Lebens oder in einem weiteren Rahmen mit Blick auf die gesamte Menschheit.

Im Falle eines Konflikts vermag der Krieger zu handeln, weil sein Mut geübt ist und weil er die Stufe erreicht hat, auf der er es wagt, er selbst zu sein. Durch seine Übung im Handeln hat der Krieger strategisches Vorgehen gelernt und fürchtet auch die voraussichtlichen Konsequenzen des Erfolgs nicht. Mit den Worten Miyamoto Musashis:

> Der Krieger ist nicht wie andere, denn das Studium des Weges der Kriegskunst beruht auf der Tatsache des Sieges über den Menschen.[10]

Wenn er verliert — und Verlieren ist unvermeidlich —, nimmt der Krieger den Tod als Freund an, der ihm seine eigene letzte Niederlage vor Augen führt, so daß er sich, statt sich entmutigen zu lassen, durch seine Fehler zu verbessern sucht. Er ist unvoreingenommen, weil er weiß, daß er nicht unverletzlich ist. Er betrachtet sich nicht als Opfer und sucht keinen Sündenbock. Folglich bringt er auch keine Gewalt über Unschuldige.

Der neue Krieger ist ein Mensch, der sein Ideal verwirklichen will und auf seinem Schild trägt. Er ist über das strategische Denken hinaus in das Reich des Unbewußten vorgedrungen und tanzt nun zum Rhythmus unsichtbarer Trommeln. Sein Streben nach Wahrhaftigkeit zeigt sich in der Lauterkeit seines Handelns, er denkt nicht »wahr«, sondern handelt »wahr«.

Der neue Krieger ist auf sich selbst gestellt, das heißt, er ist der Schöpfer seiner eigenen Verhaltensregeln. Im Wissen um Disziplin und die traditionellen Tugenden macht er es sich zur Pflicht, seine Fähigkeiten weiterzuentwickeln, immer mit Blick darauf, die eigene Mitte zu finden.

Der neue Krieger kann deshalb mit Nietzsches Zarathustra sagen: Das ist nun *mein* Weg, wo ist der eure?

Quellenangaben

1 Kisshomaru Ueshiba: *Aikido*, Anhang
2 Fung Yu-lan: *History of Chinese Philosophy*, Princeton University Press, Bd. 1, S. 250
3 Wing-Tsit Chan: *A Source Book in Chinese Philosophy*, Princeton University Press, S. 212
4 Kisshomaru Ueshiba: *Aikido*, Anhang
5 Carlos Castaneda: *Der Ring der Kraft. Don Juan in den Städten*, Fischer TB, S. 191 f.
6 Chögyam Trungpa: *Shambhala, The Sacred Path of the Warrior*, Shambhala, S. 92
7 Friedman, M./Rosenman, R. H.: *Rette dein Herz*, Rowohlt TB, (engl. Ausgabe S. 68)
8 Michel Foucault: *Le Souci de Soi*, Gallimard, S. 56
9 Radhakrishnan und Moore: *A Sourcebook in Indian Philosophy*, Princeton University Press, S. 110
10 Miyamoto Musashi: *Das Buch der fünf Ringe*, Econ 1983

Terry Dobson

Ein freundliches Wort vertreibt den Zorn

Mein Leben kam an einen Wendepunkt, als ich gerade im Zug durch die Vororte Tokios fuhr. Es war ein lauer Frühlingsnachmittag, und der Waggon war verhältnismäßig leer — ein paar Hausfrauen auf Einkaufsbummel, ihre Kinder im Schlepptau, einige wenige alte Leute, ein paar Barkeeper, die ihren freien Tag hatten und eifrig eine Rennzeitung studierten. Der wackelige alte Zug klapperte monoton die Schienen entlang, während ich abwesend auf die eintönigen Häuser und staubigen Hecken hinausblickte. Auf einem verschlafenen kleinen Bahnhof öffneten sich die Türen, und dann zerriß die lärmende Stimme eines Mannes, der aus voller Brust schrie, die schläfrige Stille des Nachmittags. Laute, unflätige, grobe Flüche füllten die Luft. Die Türen begannen sich eben wieder zu schließen, als der Mann, noch immer brüllend, in den Waggon gestolpert kam. Er war stämmig, ein betrunkener, unglaublich schmutziger japanischer Arbeiter. Seine Kleidung starrte vor eingetrocknetem Erbrochenem, sein Haar war verfilzt und voller Dreck. Seine Augen waren rot und blutunterlaufen, und er platzte fast vor Haß und Wut. Unverständliches Zeug vor sich hinschreiend, holte er zum Schlag aus auf den ersten Menschen, der ihm unter die Augen kam — eine Frau mit einem Baby im Arm. Der Schlag traf ihre Schulter nur halb, reichte jedoch aus, um sie quer durch den Waggon in den Schoß eines älteren Paares zu schleudern. Es war ein Wunder, daß dem Kind nichts zustieß. Das Paar sprang auf und hastete zum hinteren Ende des Waggons. Jetzt wollte der Arbeiter die davoneilende betagte Großmutter in den Rücken treten. »Du verdammte alte Hure«, grölte er, »ich tret dich in den Arsch!« Er verfehlte sie, und die alte Dame konnte sich in Sicherheit bringen. Außer sich vor Wut, packte der Betrunkene nun den Metallpfosten in der Mitte des Waggons und versuchte, ihn aus seiner Verankerung zu drehen. Ich konnte sehen, daß er sich geschnitten hatte, denn seine Hand blutete. Der Zug ratterte weiter; die Fahrgäste waren starr vor Angst. Ich stand auf.

Ich war damals noch jung und ziemlich gut in Form. Ich maß über 1,80

Meter, wog 2 Zentner und hatte drei Jahre lang täglich acht Stunden Aikido trainiert. Ich ging vollkommen im Aikido auf. Ich konnte gar nicht genug üben. Besonders das härtere Konditionstraining mit den hartgesottenen College-Sportlern hatte es mir angetan, bei dem es nur so Zähne auf den Boden hagelte. Ich hielt mich für einen zähen Brocken. Üblerweise hatte ich mein Können noch nie in einem echten Kampf erproben können. Uns war streng untersagt worden, Aikido-Techniken in der Öffentlichkeit anzuwenden, außer wenn es zum Schutz anderer unbedingt nötig sein sollte. Mein Lehrer, der Begründer des Aikido, lehrte uns jeden Morgen, daß Aikido gewalt*los* sei. »Aikido«, wiederholte er immer wieder, »ist die Kunst der Versöhnung. Vom Aikido Gebrauch zu machen, um sich selbst zur Geltung zu bringen oder sich über andere Leute zu erheben heißt, den Zweck des Übens vollkommen zu verkennen. Unsere Aufgabe ist es, Konflikte zu *lösen*, statt sie zu verschärfen.« Ich lauschte natürlich seinen Worten und ging sogar ein paar Mal auf die andere Straßenseite, um herumlümmelnden Punkerscharen auszuweichen, mit denen ich in eine hübsche Schlägerei hätte verwickelt werden und meine Fähigkeiten unter Beweis stellen können. Dabei sehnte ich mich im Grunde meines Herzens nach einer Situation, in der ich mit Recht Unschuldige verteidigen und Schuldige fertigmachen konnte. Und genau diese Situation war jetzt eingetreten. Ich war überglücklich. »Meine Gebete sind erhört worden«, dachte ich im stillen, als ich mich erhob. »Dieser . . . dieser . . . Schweinekerl ist betrunken und gemein und gewalttätig. Er stellt eine Bedrohung der öffentlichen Ordnung dar und wird noch jemanden verletzen, wenn ich ihn nicht hinausbefördere. Hier werde ich wirklich gebraucht. Moralisch habe ich grünes Licht.«

Als er mich aufstehen sah, warf mir der Betrunkene trübe einen prüfenden Blick zu. »Aha!« brüllte er, »ein haariger Weichling aus dem Ausland braucht eine Lektion in japanischem Benimm!« Ich griff zur Halteschlaufe über mir, als hätte ich das Gleichgewicht verloren, und mimte Unbekümmertheit. Dann sah ich ihn mit einem scharfen, verachtungsvollen Blick an, der ihm in sein besoffenes Hirn drang wie glühende Kohle in nassen Sand. Diesen Kerl würde ich auseinandernehmen. Er war vierschrötig und bösartig, aber betrunken. Ich war kräftig gebaut und dazu noch durchtrainiert und absolut nüchtern. »Du willst 'ne Lektion, du Arschloch?« grölte er. Ich blickte ihn kühl an, ohne ein Wort zu sagen, und spitzte dann die Lippen, um ihm einen netten kleinen Tuntenkuß zuzuwerfen. Er sammelte sich zum Sturm gegen mich. Er würde gar nicht merken, was ihn eigentlich umlegte.

Einen Sekundenbruchteil, bevor er losstürmte, rief jemand: »He!« Es war ein lauter Schrei, fast ohrenbetäubend, und doch, wie ich mich erinnere, mit einem seltsam heiteren, lockeren Unterton — als hättest du mit einem

Freund zusammen eifrig etwas gesucht und er wäre plötzlich fast darüber gestolpert. Ich wandte mich nach links, der Betrunkene schwang nach rechts. Wir starrten beide einen kleinen alten Mann an. Er muß über siebzig gewesen sein, dieser winzige Herr in makellosem *Kimono* und *Hakama*. Er übersah mich völlig und strahlte nur vergnügt den Arbeiter an, als hätten sie ein höchst wichtiges, angenehmes Geheimnis miteinander.

»Komm mal her«, sagte der alte Herr mit jovialem Ton und winkte den Betrunkenen zu sich. »Komm her und erzähl ein bißchen mit mir.« Auf sein Handzeichen hin folgte ihm der große Mann wie eine Marionette am Faden. Er war etwas unsicher, aber immer noch voller Wut. Er pflanzte sich vor dem kleinen alten Mann auf und reckte sich drohend über ihm. »Was zum Teufel willst *du* denn, du alter Scheißer?« röhrte er und übertönte damit das Klappern der Räder. Er kehrte mir jetzt den Rücken zu. Ich beobachtete seine Ellenbogen, die wie zum Zuschlagen gebeugt waren. Wenn sie sich auch nur einen Millimeter bewegten, würde ich ihn auf die Bretter schicken. Der alte Herr strahlte den Arbeiter weiterhin an. Nicht die Spur Angst oder Unmut war ihm anzusehen. »Was hast du getrunken?« fragte er harmlos mit vor Interesse funkelnden Augen.

»Ich hab' *Sake* gesoffen, mach doch deine gottverdammten Triefaugen auf«, erklärte der Arbeiter lauthals, »aber was geht dich das an?!« »Das ist ja wundervoll«, sagte der alte Mann erfreut, »ganz wundervoll! Denn, weißt du, *Sake* mag ich gar zu gern. Jeden Abend wärmen meine Frau (sie ist 76, mußt du wissen) und ich uns ein Fläschchen *Sake* und nehmen es mit in den Garten hinaus, und da sitzen wir dann auf der alten Bank, die der Schüler meines Großvaters für ihn angefertigt hat. Wir schauen zu, wie die Dämmerung fällt, und sehen nach unserem Kakipflaumenbaum. Mein Urgroßvater hat diesen Baum gepflanzt, weißt du, und wir machen uns Sorgen, ob er sich wohl von den Hagelstürmen erholt, die wir letzten Winter hatten. Kakipflaumenbäume gedeihen nach Hagelstürmen nicht besonders gut, obgleich ich sagen muß, daß unserer sich besser gemacht hat als erwartet, und das trotz des schlechten Bodens. Nun, wie dem auch sei, wir nehmen unser kleines Fläschchen *Sake* mit hinaus und genießen den Abend bei unserem Baum. Sogar wenn es *regnet!*« Er sah den Arbeiter strahlend an und zwinkerte mit den Augen, glücklich darüber, sich so gut zu unterhalten.

Bei der Anstrengung, den detaillierten Ausführungen des alten Mannes zu folgen, nahm das Gesicht des Betrunkenen allmählich weichere Züge an. Langsam öffneten sich seine Fäuste. »Tja«, sagte er, als der alte Herr geendet hatte, »ich mag *Sake* auch . . .« Und er hielt nachdenklich inne.

»Ja«, bestätigte ihm der alte Mann lächelnd, »und ich bin sicher, du hast eine wunderbare Frau.«

»Nein«, entgegnete der Arbeiter und schüttelte traurig den Kopf. »Keine Frau.« Er ließ den Kopf hängen und schwankte leise im Rhythmus des Zuges. Und dann fing der große Kerl ganz sacht zu schluchzen an. »Keine *Frau*«, stieß er klagend hervor, »kein *Heim*, keine *Kleidung*, kein *Werkzeug*, kein *Geld*, und jetzt auch keinen Platz zum Schlafen. Ich *schäme* mich so!« Tränen kullerten ihm die Wangen hinab, und reine Verzweiflung erschütterte seinen Körper. Oben über dem Gepäcknetz pries ein Plakat in Vierfarbdruck die Vorzüge des luxuriösen Vorortlebens an. Diese Ironie war schon fast zuviel. Und auf einmal schämte *ich* mich. Ich fühlte mich in meinen sauberen Kleidern und in meiner großspurigen demokratieverbrämten Selbstgerechtigkeit schmutziger, als der Arbeiter je sein konnte.

»O je o je«, sagte der alte Mann nun beschwichtigend und voller Mitgefühl, aber offenbar mit ungebrochener Heiterkeit, »das ist in der Tat eine mißliche Lage. Warum setzt du dich nicht hierher und erzählst mir alles?«

Gerade da hielt der Zug an meiner Station. Der Bahnsteig war gedrängt voll, und die Menschenmenge quoll in den Zug hinein, sowie sich die Türen öffneten. Ich suchte mir einen Weg nach draußen und warf dabei einen letzten Blick zurück. Der Arbeiter hing wie ein Sack auf dem Sitz, den Kopf auf dem Schoß des alten Mannes. Der alte Herr schaute gütig auf ihn herab, mit seligen Augen voller Freude und Mitleid, und eine Hand streichelte den filzigen, dreckigen Haarschopf.

Als der Zug aus dem Bahnhof fuhr, setzte ich mich auf eine Bank und versuchte, mir das Erlebnis noch einmal zu vergegenwärtigen. Ich sah, wie das, was ich mit Muskelkraft hatte bewältigen wollen, mit einem Lächeln und ein paar freundlichen Worten beigelegt worden war. Ich erkannte, daß ich endlich praktisches Aikido gesehen hatte und daß das Wesentliche dabei wirklich Versöhnlichkeit gewesen war, wie der Meister gesagt hatte. Ich kam mir dumm, brutal und roh vor. Ich wußte, daß ich Aikido mit einer vollkommen anderen Geisteshaltung üben mußte. Und ich wußte, daß es sehr lange dauern würde, bis ich wirklich als Wissender über Aikido oder Konfliktlösung reden konnte.

Susan Stone

Mit dem Tod verschmelzen

> Ich habe sagen hören, da sei ein Fenster,
> das sich öffnet von Geist zu Geist,
> aber wenn keine Wand da ist,
> braucht man kein Fenster und keinen Riegel.
>
> *Jelaluddin Rumi*
> Vers 511

Bei mir hat alles mit einem Traum angefangen — einer nächtlichen Vision. Allerdings ist der Sinn dieser Botschaft erst einige Zeit später zutage getreten . . .

Mein Vater und ich sitzen in seinem Aluminiumboot und treiben ruhig mit dem Strom auf dem Sacramento River dahin. Daran ist nichts Besonderes, denn das Angeln ist seine liebste Freizeitbeschäftigung. Aber ich darf nur an besonderen Festtagen mit. (Festtage für mich, weil für meine sieben Jahre die Einladung, mit meinem Vater mitzukommen, ein hochgeschätztes Ereignis ist. Ich glaube nicht, daß er je gemerkt hat, was für eine wilde Göre ich bin; meine Vorstellung vom Leben ist die, vollen Einsatz bei Spiel und Arbeit zu bringen. Puppen kann ich nicht ausstehen. Seine dauernden Ermahnungen, »eine Dame zu sein«, treffen auf taube Ohren, nicht, weil ich mich nicht damenhaft benehmen könnte, sondern weil ich mich unverstanden fühle. Wie kann ich eine Dame sein und auf Bäume klettern?)

Dieser Nachmittag auf dem Fluß ist in vieler Hinsicht bemerkenswert. Der kleine Außenbordmotor von sechs PS fehlt, und statt dessen sind zwei Ruder da. Ich sitze am Steuer, aber die Ruder liegen still. Wir haben zwei Angelschnüre im Wasser, doch kein Fisch beißt an.

Die Fluten des Sacramento sind trügerisch glatt. Wer darauf fährt, tut gut daran, vorsichtig zu sein. So mancher Schiffer ist durch eine Unachtsamkeit im Nu stromabwärts getragen oder gar von einem der vielen Wirbel und

Strudel in die Tiefe gezogen worden. Das Ufer ist an vielen Stellen übervoll mit Wurzelwerk, mit dem Geäst umgefallener Bäume und überwuchert von Gebüsch. Strände sind selten entlang der zahlreichen Flußbettwindungen. Vielleicht ist er deshalb so gut zum Fischen.

Gute Angler beherzigen eine strenge Regel — im Boot kein Wort zu reden, da sonst die Fische verscheucht werden. Unsere Unterhaltung beschränkt sich folglich auf leises Flüstern. Darüber hinaus sind wir von vollkommener Stille eingehüllt. Kein Luftzug, keine Wellenbewegung, Zeitlosigkeit.

Und dann, ohne eine Warnung, ohne viel Wirbel, ist mein Vater im Wasser, hält sich am Bootsrand fest und blickt ruhig nach vorn, während wir weiter flußabwärts treiben. Sein Gesicht drückt keinerlei Beunruhigung oder gar panische Angst aus. Er mustert das Ufer, sucht nach etwas, von dem er weiß, daß es da ist.

Und dann auf einmal, als fehlten ein paar Bilder im Film, hält er sich nicht mehr am Boot fest. Er ist weg. Er hat losgelassen. Ich spähe nach allen Seiten, durchdringe mit meinen Augen und meinem Verstand die Tiefen des Wassers, ohne ihn zu finden. Er ist verschwunden.

Ich beginne zu rudern. Immer diesen Flußabschnitt hinauf und hinab rudere ich. Vor und zurück, eintauchen, ziehen, ruhig gleiten, durchs Wasser schneiden, ohne die Spiegelglätte zu stören. Ich strenge meine Augen an, spanne meine Muskeln an, versuche zu begreifen. Ich suche, rudere vor und zurück, wieder und wieder. Rudern, rudern. Die Ruder machen meine Hände gefühllos, der Rhythmus betäubt meinen Geist. Schließlich kehre ich zum Bootsplatz zurück und treibe an die Anlegestelle mit dem alten Holzsteg, der über das seichte Wasser hinwegführt. Vertraute Gesichter empfangen mich. Man hat ihn gefunden, heißt es. Er ist tot, sagen sie mir. Das Begräbnis findet morgen statt.

Ich öffne meine Augen langsam, um dem feinen Übergang zwischen Traum und faßbarer Welt Raum zu lassen. Von der Schwerelosigkeit zur Schwerkraft zurückgekehrt, bin ich wieder in meinem dunklen, kühlen Zimmer und weiß, daß ich eine nie zuvor erprobte Strecke zurückgelegt habe. Ich habe keine Vorahnungen. Ich habe Klarheit. Ich bin so ausgeruht wie lange nicht mehr.

Für Vater hat alles viel früher angefangen, vermute ich. Aber mit dem Zeitfaden ist es so eine Sache, und es gibt oft eine schmerzhafte Trennung der Zeitfäden in den Familien. Seiner und meiner sind schließlich zusammengekommen. Wenige Tage nach meinem Traum rief er mich an. Ja, da war ein Knoten; eine Gewebeprobe sollte entnommen werden. Es sah nicht gut aus.

Der Krebs hat meinen Vater allmählich getötet, aber er hat uns auf seinem

Weg unerwarteten Segen gebracht. Es war eine Krankheit mit großen Schmerzen. (Er hatte auch zehn Jahre lang unter multipler Sklerose gelitten.) Die Aufgabe, die vor uns lag, bestand darin, mit diesen Schmerzen zurechtzukommen und dem Tod ins Auge zu sehen. Morphium verschaffte dem Körper Erleichterung. Akzeptierenlernen machte das Herz leichter. Seins, meins, das meiner Mutter und das meines Bruders. Der Tod, das, was ein Leben lang täglich gegenwärtig ist, das wir nur verstohlen anschauen, dem wir gerade noch einen Seitenblick gönnen, wenn es uns in unserem ständigen Tun und Meiden aus dem Spiegel anblickt, ist das, was uns geradewegs ins Auge springt, wenn wir eben um die Straßenecke biegen. Es ist ein Gefühl, als ständen wir auf einmal von Angesicht zu Angesicht etwas gegenüber, zu dem wir vorher nur unverbindlichen Kontakt hatten, und als nähme es uns wie ein alter Freund an die Hand. Es ist spürbar. Es ist sogar eine Erleichterung, ihm ins Gesicht zu sehen. Eine Tür öffnet sich, und wir treten ein in das Unbekannte. Die Angst mag weiter da sein — sich vielleicht sogar verstärken —, und doch wird nun ein lebenslanger Schatten zu einem wegweisenden Licht. Ein Tor zum »anderen Ufer« tut sich auf.

Dieses Tor läßt sich ganz leicht durchschreiten, wenn man sich in das Unvermeidliche schickt und es akzeptiert, vielleicht auch in dem Bewußtsein, daß der Tod mehr ist als das letzte Kapitel eines Lebens, das einen rationalen, konsequenten Verlauf genommen hat. Wir machen jeden Tag die Erfahrung des Todes, wenn wir unsere Verluste leugnen, unseren Kummer begraben oder ärgerlich jemanden wegstoßen, der uns verletzt hat. Das erzeugt Angst und Verwirrung in uns, die unseren Geist abstumpfen gegen die Chance der Veränderung und der Freude. Gehen wir indessen auf unsere Gefühle ein, dann überlassen wir uns damit der Energie und dem Strom unseres Lebens und gestalten sie mit. Wir geben unseren Widerstand auf und nehmen bereitwillig an. Statt in Hoffnungslosigkeit und Resignation zu versinken, loten wir unsere Erfahrungen aus und verschmelzen mit ihnen, so daß wir an unserem Leben voll und ganz beteiligt sind. Wir sind wie neubelebt. Die Begegnung mit dem eigenen Tod verschafft einem das Privileg, sein Leben zu erkennen.

Die eben beschriebenen Prinzipien des Eintretens und Verschmelzens sind auf wunderschöne Weise in der japanischen Kampfkunst Aikido verkörpert. Sie bilden die Grundlage aller Bewegungen und sind der Ausgangspunkt aller Techniken. Darüber hinaus sind sie einprägsame Metaphern des täglichen Lebens. Das Eintreten und Verschmelzen kann nur aus einer starken Mitte und mit positiver Bewegung geschehen. *Irimi*, das Eintreten, ist der kritische Augenblick des Sich-Ausliefern und entschiedenen Handelns, in dem der Schüler das Wesen des bevorstehenden Angriffs wahrnimmt und direkt dahinein vorstößt. Der Eintritt geschieht nicht aggressiv oder zu dem Zweck, zurückzuschlagen, sondern vielmehr in der Absicht, sich der Richtung und Kraft des Angreifers anzunähern und mit ihr zu verschmelzen. Das Verschmelzen ist das einfache und doch manchmal schwierige Übergangsstadium von Körper und Geist, das es dem Schüler ermöglicht, die Welt vom Standpunkt seines Gegners aus zu sehen. Aus dem Überblick heraus, den die neue Perspektive gewährt und der unter Umständen Mitgefühl weckt, kann die Energie dann in eine gewaltlose Lösung einfließen.

Im Alltagsleben kann der Angreifer eine physische Bedrohung sein, eine verbale Beleidigung oder eine emotionale Krise. Es heißt, ein Problem trage den Keim der Lösung schon in sich; es geht also darum, diesen Keim zu finden, damit zu verschmelzen und ihn als Ausgangspunkt zu nehmen.

Hier eine einfache Aikido-Übung, die diese Prinzipien veranschaulicht: Auf einer Matte stellen sich zwei Partner(innen) (*Uke* und *Nage* genannt) einander gegenüber auf. *Uke* ergreift *Nages* Handgelenk. *Nages* Aufgabe ist es, die Öffnung, den Punkt des geringsten Widerstandes zu finden, der ihr den Eintritt und damit den Schritt zu *Ukes* Seite hinüber ermöglicht. Von dort aus sieht und erlebt sie den Moment des Angriffs mit und kann dadurch seine Kraft ermessen und umlenken. Er hat keine Macht mehr über sie.

Man stelle sich eine dieser großen Drehtüren vor, die oft den Eingang zu einer Hotelhalle bilden. Die Tür dreht sich langsam, und man wartet, bis man sich gut einfädeln kann. Man tritt an einer Seite ein, paßt sich der Geschwindigkeit und Kreisbewegung an und verläßt die Tür auf der anderen Seite wieder. Die Kunst besteht darin, seine Bewegungen mit dem Rhythmus der Tür zu koordinieren. Geschlossen, offen, geschlossen, offen, geschlossen, offen, JETZT. Eintreten, verschmelzen, bewegen, hinaus. Andernfalls gerät man mit der Tür aneinander.

Im Aikido ist es genauso. *Uke* nähert sich *Nage*, um einen starken Schlag oder Hieb auszuteilen oder einen Griff anzuwenden. *Nage* stellt sich darauf ein und akzeptiert den Angriff. Sie verschmilzt mit *Ukes* einströmender Energie, indem sie sich so bewegt, daß beide unweigerlich eine spiralförmige Bewegung beschreiben. Der Ausgang für beide ist die andere Seite. Wenn *Nage* sich nicht völlig darauf einläßt oder keine harmonische Verbindung herstellt, kann die Begegnung zu Mißtrauen, gegenseitiger Feindschaft oder gar Körperverletzung führen. Bei einer wirklichen Verschmelzung jedoch wird keiner verletzt, und einen Augenblick lang sind die beiden eins. Durch den Willen zur Vereinigung entsteht eine Eleganz und Anmut, die beide Partner bewegt und stärkt.

Ebenso verhält es sich mit dem Leben und mit zwischenmenschlichen Beziehungen aller Art. Bei Vater und mir war *Irimi* eine gegebene Tatsache. Er lag im Sterben, und ich war verpflichtet, ihm bis zum »Tor« das Geleit zu geben. Mir kam gar nicht in den Sinn, es nicht zu tun. Die ganze Familie war daran beteiligt. Es gab Augenblicke, ja Tage, an denen ich einfach entsetzt, bestürzt und wütend war. Zu anderen Zeiten mußte ich vorübergehend aus der Situation ausbrechen, das Haus für ein paar Stunden verlassen, um mit neuen Kräften zurückzukehren und weiter in seiner Nähe zu sein. Einmal fuhr ich für zwei Tage fort zu meiner 190 Meilen weit entfernten Wohnung. Ich schaffte den Weg, für den man normalerweise vier Stunden braucht, in 2 Stunden 20 Minuten. Die Angst trieb mich. Aber ich mußte zurück. Mit Pflichtgefühl hatte das nichts zu tun, vielmehr bestand bei mir eine innere Notwendigkeit, mich mit diesem Unbekannten auseinanderzusetzen, mit meinem Vater, mit mir selbst.

Schwerer war für uns alle der Kampf, mit der Situation und miteinander zu verschmelzen. Wir verbrachten den Sommer mit langen Besuchen und damit, unsere Angelegenheiten zu ordnen, eine Vater-Tochter-Beziehung in Ordnung zu bringen. Wir wollten beide einen »sauberen« Schlußstrich. Ob wir das wohl erreichen konnten? Wir sprachen über seinen Tod und mein Leben. Wir unterhielten uns über Arbeit, Werte, Beziehungen, andere Menschen, Fotografie, Reinkarnation und den Geist. Manchmal waren wir einer Meinung, manchmal auch nicht. Wir schwelgten in Erinnerungen. Wir redeten über alles und jedes. Es war uns neu, dieses Warten auf den Tod. Wir befanden uns auf unbekanntem Gebiet. So wanderten wir gemeinsam weiter und nutzten die Zeit dazu, uns einander begreiflich zu machen und ein anderes Band als das der Blutsverwandtschaft zu finden, das uns vereinte.

Obgleich fünf Monate von der Diagnose bis zum Tod schon eine kurze Zeitspanne sind, waren wir beide überzeugt, daß sie noch kürzer wäre. Uns überkam sogar eine nervöse Unruhe, als der letzte Monat anbrach. Er hatte seine Angelegenheiten geregelt, Abschied genommen und nun nichts mehr zu »tun«. Seine Schmerzen und das Fernsehen waren unsere ständigen Begleiter. Selbst die Pflegeschwestern konnten nicht begreifen, warum er nicht losließ. In dem Maße, wie seine Schmerzen und seine Angst zunahmen, wuchs auch meine Ungeduld. Er wollte sterben und tat es nicht. Ich wollte leben und konnte es nicht. Ich stumpfte allmählich ab und wurde gleichgültig. Der Tod hielt uns mit eiserner Faust fest, und keiner von uns wußte weiterzukommen, keiner von uns vermochte lockerzulassen.

Eines Tages war es dann soweit: Wir sahen einander von Angesicht zu Angesicht. Ich sah endlich ganz deutlich, wer mein Vater eigentlich war. Von innen. Es war mein erstes inneres Erlebnis des »Verschmelzens«.

Dies war das Szenarium: Der Krankenservice auf Rädern hatte gerade ein spezielles Sauerstoffgerät gebracht. Es handelte sich um einen einfachen

Apparat für den Gebrauch bei der häuslichen Krankenpflege. Man brauchte ihn nur an den Strom anzuschließen, einen Knopf zu drücken, und schon lief er. Ich war für alle Pflegemaßnahmen zuständig und stürzte mich sofort auf diese neue Aufgabe. Es würde nur eine Minute dauern, das Gerät an seinen Platz zu rollen und den Stecker in die Steckdose zu stecken. Ich wußte genau, was zu tun war.

Um verstehen zu können, was als nächstes geschah, muß man etwas mehr von diesem sterbenden Mann wissen. Sein Körper war geschwächt, sein Herz gebrochen, aber sein Geist war immer noch habgierig. Er hatte sein Leben lang die Kontrolle behalten — über sich selbst, seine Familie, seine Umgebung. Das Leben richtete sich nach Vater. Im Verlauf seines Krankseins verlor er diese Kontrolle langsam. Jetzt war er von seiner Familie und der Hilfsbereitschaft anderer abhängig. Ein Großteil seiner Todesangst rührte von diesem Kontrollverlust her, den er miterlebte. Aus diesem Grund wurde er nörgelig, bitter und schwierig. Wir, die ihm am nächsten standen, konnten ihm nichts recht machen.

Vaters Welt war auf auf die Größe eines kleinen Zimmers zusammengeschrumpft. Das Wohnzimmer war in ein Pflegezimmer umgewandelt worden, mit elektrisch verstellbarem Bett, einem Krankenstuhl, Sauerstoffflaschen und Kästen voller Pillen, Morphiumfläschchen und Dutzenden von Injektionsmitteln. Das war alles, was ihm noch geblieben war. Es war seine Lebensgrundlage. Sobald ein neues Gerät hinzukam, wollte und mußte er unbedingt bestimmen, wo sein Platz sein sollte.

Das war der Strohhalm, an dem wir beide zerbrachen. Er sagte, ich solle es an die Wandsteckdose anschließen; ich sagte, ich wüßte selbst, was ich zu tun hätte, und er solle aufhören, mir Vorschriften zu machen. Da hatte ich es endlich ausgespuckt. Und das Unheil, das es anrichtete, öffnete mir die Augen und das Herz. Langsam und beherrscht, aber mit tränenerstickter Stimme sagte er: »Wenn es mir doch hilft, dir anzugeben, wo du es anschließen sollst, dann laß mich doch bitte machen.« Und da sah ich ihn zum ersten Mal richtig. Ich sah seine Schmerzen, sein Leid, seinen Kummer, das Schwert, das über seinem Leben hing. Einen einzigen lichten Augenblick lang war ich er. Ich war überwältigt. Meine Augen füllten sich mit Tränen. Das war also die Aikido-Verschmelzung, die ich so lange auf der Matte geübt hatte.

Im Umsehen waren meine Ungeduld und Unruhe wie weggeblasen. Mein Kopf wurde ganz klar. Ich war mit Vater und mir selbst in Einklang. Ich änderte mich. Er änderte sich. Die Situation veränderte sich. Mein Leben hatte nur noch einen einzigen Zweck — bei meinem Vater zu sein und ihm seine Schmerzen zu erleichtern. Das wurde meine Meditation, mein Aikido-

Training. Ich entspannte mich. Ich spürte eine innere Lebendigkeit. Wir fanden einen gemeinsamen Rhythmus, der von einem Geist und einer Gegenwart erfüllt war, die vorher gefehlt hatte. Spritzen alle vier Stunden, rund um die Uhr. Meine Mutter und ich widmeten uns vom Morgengrauen bis zur Schlafenszeit der Pflege. Nachts kam eine Krankenschwester. Freunde und Nachbarn sorgten für die täglichen Mahlzeiten. Wir taten nichts anderes mehr. Wir verschmolzen mit ihm und seinem Leiden. Ruder eintauchen, rudern, heben, gleiten. Er gab den Takt an. Seine Würde kehrte wieder. Meine Liebe kehrte wieder. Sogar Humor kehrte wieder. Es war keine Last mehr, nach dem Essen aufzuräumen, die Medikamente zusammenzustellen, ihn zu baden, ihm Rücken und Beine zu massieren, mit ihm zusammen fernzusehen oder einfach nur abends im lauen Sommerwind auf der Veranda zu sitzen. Wir waren *Uke* und *Nage*, Vater und Tochter. Trotz der Vorahnung des drohenden Verlustes, trotz aller Traurigkeit herrschte nun eine friedvolle Atmosphäre, die fast an Freude grenzte.

In der letzten Woche fiel er ins Koma. Kurze Augenblicke lang tauchte er daraus wieder empor und redete schläfrig von den guten alten Zeiten. Von den Jagdausflügen in Montana, dem Brachvogel, den er vor der Küste in Baja California erwischte, dem anderen, der entkam. Alles schöne Erinnerungen. Schmerz und Bitterkeit der letzten Jahre waren verblaßt.

Eines Nachmittags jedoch, als wieder Erinnerungen aus den Tiefen seines Geistes aufstiegen, änderte sich der Tonfall seiner Stimme, daß mir das Blut in den Adern gefror. Mit geschlossenen Augen und angstverzerrtem Gesicht rief er: »Zieh mich ins Boot zurück, hilf mir ins Boot zurück! Ich habe Angst, daß mir die Fische die Zehen abbeißen!« Einen Augenblick lang war ich fassungslos, doch dann spürte ich, wie eine kraftvolle Energie meinen Körper durchströmte und eine Erinnerung aufblitzte — mein Traum! Warum war mir eine Vision seines Todes zuteil geworden? Wo war dieses Fenster jetzt? Warum hatte er Angst? Seine Atmung war beschleunigt, die Atemzüge kurz und flach. Ich hielt seine Hand und sagte ihm, ich sei bei ihm, die Fische würden heute nicht beißen, er solle noch ein wenig durchhalten, er sei fast dort. Meine Erinnerung trug mich selbst fort zu jenem Fluß in das Boot, an dessen Rand er sich festhielt. Ich betrachtete sein Gesicht, ich beschützte ihn mit meinem Herzen. Aber ich konnte ihn nicht ins Boot zurückziehen. Es war sein Weg, sein Hinübergehen. Daran konnte ich nichts ändern, ich konnte nur seine Angst lindern und seine Sterblichkeit bezeugen. Das hatten wir gemeinsam. Erst nach einer ganzen Weile wurden seine Züge weicher, ging sein Atem wieder ruhig und gleichmäßig. Ich hielt seine Hand, bis er wieder eingeschlummert war.

Er starb zwei Tage später, nachdem er noch einige Male kurz das Bewußtsein wiedererlangt und verloren hatte. Seine letzten Atemzüge waren sanfte Seufzer, ohne Anstrengung, ohne Angst. Meine Mutter, mein Bruder und ich waren bei ihm, als er seinen letzten Atemzug tat. Es war ganz leicht. Er hörte einfach zu atmen auf und wurde still, während sein Geist davonschwebte. Er hatte endlich das andere Ufer erreicht.

Auch ich fand endlich meinen Weg zum »anderen« Ufer. Nicht in den Tod, sondern zu einem tieferen Leben. Meines Vaters Sterben mitzuerleben war eine einschneidende Erfahrung für mich. Sie zeigte mir die Kraft und Fähigkeit des Herzens, sich kontinuierlich zu öffnen. Mein Aikido-Training bereitete mich auf die Reise vor und war mein steter Begleiter.

Aikido lehrt, daß wir einen Energiekörper besitzen, der wie ein Organ gekräftigt werden kann. Er ist der Mechanismus, durch den wir mit unserem Lebendigsein in Berührung kommen und geläutert werden. Durch ihn stellen wir die Verbindung zu anderen, zu unserer Umwelt, zu den Ereignissen unseres Lebens her.

Wenn wir auf der Matte bei unseren täglichen Übungen einmal eine Technik vergessen oder nicht verstehen, können wir dennoch auf diesen Energiekörper zurückgreifen und mit unseren Partnern und uns selbst in Fühlung bleiben. Das Alltagsleben fern von der Matte ist voller Wandlungen, so daß sich keine bestimmte Technik anwenden läßt. Aber ob wir nun arbeiten, uns dem Straßenverkehr anvertrauen, Geschirr abwaschen oder in einer Krise stecken, in allen Dingen können wir Vitalität und Bewußtheit beweisen.

Ich glaube heute, daß dieser gutentwickelte »sechste Sinn« in Zeiten großer emotionaler Anspannungen oder Schocks ein Eigenleben entwickeln und uns leiten kann. Ihn zu entwickeln heißt, den Geist zu üben. Durch ihn erschließen wir uns unsere inneren Möglichkeiten, entdecken wir unsere innere Weisheit, gewinnen wir Selbstvertrauen und kommen in Harmonie mit dem Universum. Er befähigt uns dazu, uns selbst und andere zu heilen und aus ganzem Herzen zu lieben.

George Leonard

Mit 52 den schwarzen Gürtel

Es war die längste, dunkelste Nacht des Jahres. Durch die weit offenen Fenster hinter mir strömte die kalte Abendluft in den *Dojo.* Ich saß auf einem der Besucherstühle, aber an diesem Feiertagabend waren ausnahmsweise nicht die sonst üblichen Scharen von Zuschauern da und nur wenige Schüler — einzig der harte Kern — auf der Matte. Wer seine gesunden fünf Sinne beisammen hatte, saß jetzt zu Hause in einem warmen Zimmer mit flackerndem Feuer und Weihnachtsbaum und genoß Essen und Trinken. Ich hingegen war hier, weil ich in knapp sieben Wochen meine Prüfung für den schwarzen Gürtel ablegen sollte. Schweißtropfen trübten mir die Sicht und perlten von meiner Nasenspitze herab. Obwohl mein Gesicht brannte, war mein Körper kalt und klamm. Ich zog meine gesteppte *Gi*-Jacke fester um mich, aber sie war völlig durchnäßt und fühlte sich an, als würde sie zu Eis erstarren. Na und, was machte das schon! Was mich wirklich bewegte — und obwohl ich nach Luft japste, konnte ich die Sache einigermaßen objektiv betrachten —, war die Frage, ob ich die nächsten zwei Minuten lebend überstehen würde.

Nach dem, was ich gelesen habe, ist der Puls eines Menschen in seinen Fünfzigern selten höher als 175. Mein Herz muß mindestens 200mal pro Minute geschlagen haben. Noch beunruhigender aber war der wiederkehrende Schauer, der mich irgendwie von innen her überlief. War das der Anfang von Herzflimmern? Und was zum Teufel war Herzflimmern denn überhaupt?

Ich rutschte auf meinem Stuhl hin und her und schnappte nach Luft. Das Licht im Dojo kam mir auf einmal sowohl viel zu grell als auch zu matt vor. Warum schlug mein Herz nicht endlich langsamer? Oder raste es jetzt noch schneller? An diesem Punkt angelangt erinnerte ich mich an meine *Mitte*: seine Mitte zu finden, darauf kommt es im Aikido an, nicht wahr? Wenn ich also schon sterben mußte, dann wenigstens auf meine Mitte gesammelt. Ich konzentrierte mich auf einen Punkt etwa einen Zoll unter meinem Nabel und ließ meine linke Hand dort ruhen. Es war keine sofortige Erleichterung zu verspüren, aber ich fühlte mich trotzdem besser. Mein Puls verlangsamte sich. Das Atmen fiel mir wieder leichter. Das Licht normalisierte sich allmählich.

Als die Trainingsstunde vorbei war, folgte ich meinen Mitschülern in den Umkleideraum. Zwei von denen, die in der letzten Runde meine Angreifer gewesen waren, hatten ein paar Dinge anzumerken: Meine *Atemi* oder Verteidigungshiebe seien zu hart und aggressiv gewesen, meine aus den Hüften aufsteigende Wurfkraft hingegen zu unbestimmt. Dieses Mißverhältnis habe bei den Angreifern Aggression und Entschlossenheit bewirkt und mir das Werfen erschwert. Ich war ihnen dankbar für ihre Hilfe und ihr Interesse, fühlte mich aber doch ein wenig gedemütigt. Schließlich hatte ich den höchsten Grad von allen im Umkleideraum Anwesenden. Zugleich aber war ich der von allen gehetzte Hase, Freiwild für die Schikanen meines Lehrers sowie irgendwelcher Mitschüler, die zum Angriff gegen mich aufgerufen wurden.

Diese Schinderei, diese drei Monate intensiver Vorbereitung, waren das Geschenk meines Lehrers für jeden Anwärter auf den schwarzen Gürtel. Nach fünf Jahren Aikido-Training war der Zeitpunkt für meine Feuerprobe gekommen. Ich hatte, ohne Rücksicht auf finanzielle Verluste, alle Vorträge, Workshops und anderen Verpflichtungen abgesagt, um vom 1. November bis zum 8. Februar, dem Prüfungstag, fünf bis sechs Tage wöchentlich üben zu können.

Da ich das Vorbereitungstraining anderer Schüler miterlebt hatte, wußte ich, was auf mich zukam. Der Kandidat wurde von den Mitschülern getrennt. Während sie ihr reguläres Training absolvierten, zogen er und ein erfahrener *Uke* (Angreifer) auf die hinterste Matte und nahmen sich die Techniken vor, die bei der Prüfung wahrscheinlich angewandt werden mußten. Eine Viertelstunde vor Ende der Trainingsstunde wurde der Kandidat dann in die Mitte gerufen. Die anderen Schüler mußten ringsum knien, und der Lehrer kündigte verschiedene Angriffsformen an. Der Abend pflegte mit einer Serie von Angriffen auf den Kandidaten zu Ende zu gehen. Die Angriffe wurden solange fortgesetzt, bis der Kandidat völlig erschöpft war.

Als ich in dieser Nacht nach Hause ging (und auch die nächsten zwei Tage lang), war ich so kaputt, als ob etwas in meinem Innern gesprungen sei. Auf der Waage sah ich, daß ich von 176 auf 169 Pfund herunter war, Pfunde, die ich bei meiner Größe von über 1,90 Meter nur schwer entbehren konnte. »Du brauchst das ja nicht zu machen«, sagte ich mir und stellte mir das Schauspiel vor, das ein Mensch meines Alters und meines Körperbaus bieten mußte, der sich bis an seine Grenzen mit Männern und Frauen maß, von denen die meisten seine Kinder sein konnten. Es war tatsächlich verrückt. Doch selbst in jener dunkelsten aller Nächte hatte ich nicht die Absicht, aufzuhören, Herzflimmern hin und her. Ein schwarzer Gürtel wäre schon eine feine Sache bei meinen Workshops, sowohl als Stärkung für das eigene Ego wie auch als Qualifikation — eine Art Reifezeugnis der Körperbeherrschung.

Aber es war im Grunde mehr als das. Es war weder der schwarze Gürtel noch das Zeugnis, nicht einmal die Prüfung, was mich Abend für Abend in den Dojo zog, sondern ein dunkler Trieb. Es war die Tortur selbst, die mich in ihrem Bann hielt, die Möglichkeit, innerhalb eines bestimmten Rahmens mit Schwierigkeiten und Gefahren fertig zu werden. Ein Initiationsritus, und das im Alter von 52 Jahren!

Wie ich dazu kam, war von Anfang an eine unwahrscheinliche Geschichte. Im Oktober 1970 hatte ich gerade bei der Zeitschrift *Look* gekündigt, um, abgepolstert durch einen Honorarvorschuß, ein ziemlich schwieriges Buch zu schreiben. Nach 17 Jahren hektischen Reisens, harter Termine, Essen im Stehen und anderen journalistischen Freuden war mir endlich klar geworden, daß ich auch körperlich in Form bleiben mußte, wenn ich intellektuell mein Bestes leisten wollte. Angesichts von zwei vor mir liegenden Jahren der Forschungsarbeit und des Schreibens war ich in einen Tennisclub in der Nachbarschaft eingetreten und hatte mich für Trainingsstunden angemeldet. Ich hatte eben den Scheck für die Aufnahmegebühr abgeschickt, als mich mein guter Freund Michael Murphy vom Esalen-Institut anrief.

Ehe ich noch recht wußte, worum es eigentlich ging, ließ Mike sich schon breit über einen japanischen Kampfsport namens »Aikido« aus. Ich hatte noch nie davon gehört. Auch Judo, Karate, Kung-Fu und andere sogenannte Kampfsportarten hatten mich noch nie interessiert. Doch jetzt erzählte Mike mir, diese neue Kampfkunst sei höchst anspruchsvoll und esoterisch orientiert. Ihre geheimnisvolle Macht liege in der Verschmelzung oder Vereinigung mit der gegnerischen Angriffskraft. Des weiteren gäbe es ein noch geheimnisvolleres Element, *Ki* genannt, und durch die Kontrolle dieser hypothetischen Kraft, die dem *Elan vital* oder der Lebensenergie vergleichbar sei, könne der Aikido-Meister offenbar seine Arme eisenhart machen, sich im Boden verankern, Angriffe von hinten spüren und praktisch jede Gestalt und Größe annehmen.

Ich hörte nur mit halbem Ohr zu; Mike ist ein wandelndes Lexikon östlicher Weisheit. Dann kam er zum Kern der Sache. Er hatte einen Aikido-Lehrer entdeckt, der in einem Ort südlich von San Francisco einen kleinen Dojo hatte, eine Aikido-Schule. Dieser Lehrer kam auf seine Veranlassung zweimal die Woche in die Stadt, um für die Mitarbeiter des Esalen-Instituts von San Francisco einen Testkurs abzuhalten. Die Übungsstunden sollten Dienstag und Donnerstag nachmittags von vier bis sechs sein.

»Ich rufe eigentlich nur an«, sagte Murphy, »weil ich dich zu diesem Kurs einladen möchte. Laß uns das doch zusammen machen, George. Versuchen wir mal, bis zum schwarzen Gürtel durchzuhalten. Komm, sag zu.«

Ohne viel darüber nachzudenken, willigte ich ein, an dem Kurs teilzunehmen. Wie sich herausstellen sollte, wartete der Tennisclub vergeblich auf mich. Ich bin nicht ein einziges Mal dort gewesen. Ich bezahlte lediglich ein paar Monate lang die Gebühren, bis ich mir eingestehen mußte, daß mich meine neue Freizeitbeschäftigung vollkommen in Beschlag genommen hatte.

Unser Aikido-Kurs fing unrühmlich genug an. Traditionalisten hätten mit den Zähnen geknirscht angesichts unserer Disziplinlosigkeit, unserer Geschwätzigkeit, unseres rundum zwanglosen oder sogar schlechten Benehmens. Die Leute kamen zu spät, schwatzten beim Üben, kamen und gingen, wie sie wollten. Es gab keine *Gi* (Kampfsportanzüge). Es gab keine Verbeugungen.

Unser Lehrer sträubte sich offensichtlich hartnäckig, unserer Schar von Trampeln fortgeschrittenen Aikido vorzuführen, aber immerhin forderte er gelegentlich einen seiner Schüler zum Angriff auf. Das war meistens eine 23jährige junge Frau, feingliedrig und langbeinig, mit einem Engelsgesicht. Sie pflegte zum Beispeil auf ihn loszugehen, um ihm einen scharfen Hieb in die Bauchgegend zu geben. Im selben Augenblick, man konnte es gar nicht sehen, war er auch schon an ihrer Seite und schien sie irgendwie zu umfassen. Und dann gab es stets zwei Wirbelbewegungen, eine Art *sssssst* und *wwwusch*, wobei die beiden ihre Positionen wechselten, aber immer noch perfekt miteinander verbunden blieben — und plötzlich sauste die junge Frau durch die Luft.

Bei derlei trat meist ein Augenblick verblüffter Stille ein, woraufhin schließlich jemand fragte: »Könnten Sie das noch einmal machen?« Doch dann lächelte unser Lehrer nur und fuhr mit seiner Unterweisung fort.

Erst nach einem Besuch in einem richtigen Dojo verstand ich die Widerwilligkeit meines Lehrers. Er lud mich eines Abends nach dem Kurs ein, ihn und einige seiner Schüler zu einer Aikido-Schule auf der anderen Seite der Bay zu begleiten. Wir fuhren zu einem Laden auf halber Strecke zwischen Berkeley und Oakland, stiegen aus dem Auto und gingen hinein, und da lag er vor uns: ein hellerleuchteter, ganz mit Matten ausgelegter Raum, in dem vierzig Schüler in weißen *Gi*-Anzügen in der japanischen Meditationshaltung knieten. Ich hatte bereits selbst einen Gi und trug meinen weißen Gürtel (das Markenzeichen des blutigen Anfängers) voller Stolz. Ich kniete mich steif mit den anderen zusammen am Rand nieder und versuchte diesen Abend eine Stunde lang, mit den viel besser trainierten weißen Gürteln, mit meisterhaften blauen und braunen Gürteln zu üben und holte mir überall blaue Flecken. Das anstrengende Training, die Disziplin, die schwierigen Griffe und vor allem die furchterregenden, sensationellen Würfe brachten mich völlig aus der Fassung.

Wenn ich gleich zu Anfang mit derart »fortgeschrittenem« Aikido konfrontiert worden wäre, hätte ich wahrscheinlich das Weite gesucht und mich sofort in den Tennisclub begeben. Aber jetzt, nach sechs Monaten, saß ich an der Angel. Also tat ich etwas gegen meinen Muskelkater und meine Prellungen und übte weiter mit der immer rascher zusammenschrumpfenden Gruppe blutiger Anfänger, die mein Freund Murphy organisiert hatte. Alle phantasiebeflügelten Hoffnungen auf den schwarzen Gürtel waren längst dahin. Ich trainierte, weil es mich fesselte und zutiefst befriedigte. Mit meinem Buch ging es recht gut voran. Aikido hatte mich in seinen Bann geschlagen, war mein Weg und meine Disziplin geworden.

Unser Lehrer wies uns an, uns selbst und unsere Mitübenden als »Energie«-Felder oder besser »Bewußtseins«-Felder zu begreifen (das Wort »Energie« hat einen allzu fragwürdigen Beigeschmack der Macht). Wir übten uns darin, die Annäherung eines Trainingspartners von hinten zu erspüren und sowohl die Art als auch die Richtung der Bewegung zu erkennen. Wir stellten uns vor, unsere Arme seien mit Energie- oder Bewußtseinsstrahlen verbunden, die bis ans Ende des Universums reichten und die Arme geschmeidig und zugleich stark, buchstäblich unbiegsam, machten. Wir konzentrierten uns darauf, uns als leichter oder schwerer zu empfinden. Einmal brachten wir eine halbe Stunde damit zu, unseren »Energiekörper« in Granit zu meißeln. Ein Schüler vermochte tatsächlich seinen Oberkörper in Granit zu verwandeln, aber nicht seinen Unterkörper; durch seine Topplastigkeit knickten schließlich seine Knie unter ihm weg.

Gelegentlich gab uns der Lehrer Einzelunterricht darin, wie man sein Gleichgewicht findet. Ich erinnere mich noch, daß ich vor ihm auf einem Stuhl saß; wir hatten beide die Augen geschlossen, und er hielt meine Hände in den seinen. Während er sich ein paar Minuten lang einstimmte, versuchte ich, einen Spannungsknoten in meinem rechten Schulterblatt aufzulösen.

»Dein rechtes Schulterblatt ist verspannt«, sagte er. »Konzentriere dein Bewußsein auf die Stelle. Laß es fließen.«

Woher wußte er das bloß?

»Da ist überschüssige Energie in deinem Kopf, besonders in den Augen«, sagte er einen Augenblick später. »Du gleichst einer aufgeblasenen Gummipuppe mit all der Luft im Kopf. Laß sie nach unten strömen.«

Ich saß still da, mit geschlossenen Augen, und wurde mir bewußt, daß mein Kopf wirklich lebendiger zu sein schien als alles Übrige an mir. Nach etwa fünf Minuten fühlte ich eine Art Kribbeln und Fließen bis hinunter zum Herzen.

Gleich sagte mein Lehrer: »Gut. Jetzt ist sie bis zu deinem Herzen gedrungen.«

So ging es weiter. Ich erhielt Feedback und Ermutigung, bis ich von Kopf bis Fuß wie neubelebt und völlig ausgewogen war. Ich hatte keine Ahnung, wieso mein Lehrer genau sagen konnte, was in mir vorging. Es wäre mir sogar wesentlich angenehmer gewesen, wenn ich meinen Sinnen nicht hätte zu trauen brauchen. Gleichwohl war das Experiment einfach nicht wegzuleugnen, und folglich leugnete ich auch nichts.

Niemand *sagte*, er wolle aufhören, und doch wurde die Klasse nach einem Monat allmählich immer kleiner. Bei den Übriggebliebenen nahm die Begeisterung keineswegs ab. Wir demonstrierten unsere rudimentären Aikido-Kenntnisse mit rohen Gelenkgriffen an jedem, der seine Handgelenke dazu hergab. (Aikido-Anfänger können eine gesellschaftliche Plage sein. Sowie sie sich nähern, schreien Freunde und Verwandte bald schon von weitem auf: »Keinen Schritt näher!«)

Doch mit der Zeit kamen meine Trainingsgenossen immer unregelmäßiger zum Kursus. Statt zweimal die Woche erschienen sie nur einmal, dann nur noch alle zwei Wochen, und schließlich ließen sie sich höchstens einmal im Monat blicken. Sie alle versicherten mir, dem treuesten Schüler, sie fänden das Training einfach wundervoll und würden auf jeden Fall in der folgenden Woche wieder regelmäßig üben. Noch Monate nach ihrem Verschwinden pflegten sie mir zu erzählen, sie planten, das Training wiederaufzunehmen. Nach acht Monaten war unsere Gruppe von 14 auf 3 Teilnehmer zusammengeschrumpft. Selbst Mike Murphy war fort. Ich fragte mich, was zum Teufel eigentlich los war. Manche Typen waren einfach zu schwer oder zu ungelenk, um die Würfe gut zu überstehen. Andere hatten mehr Interesse an anderen Sportarten. Murphy beispielsweise wurde ein Sportler der Meisterklasse und bestritt alles von 100-Meter- bis Marathonrennen. Aber es war noch etwas anderes im Spiel. Wie ich später erfuhr, ist der Teilnehmerschwund unserer Klasse charakteristisch für alle Aikido-Kurse im Lande.

Das Problem besteht darin, daß es einfach keine amerikanische Tradition langfristiger, anstrengender Übung gibt, die weder etwas abwirft noch Erfolg verspricht. Unsere führenden Köpfe haben sich verschworen, alles schmerzlos, schnell und leicht für uns zu machen — »Erleuchtung in zehn einfachen Lektionen«. Ständig werden einem Belohnungen vor Augen gehalten: Wenn du *dies* tust, bekommst du *das*. Sogar das Fernseh-Kolleg versucht verzweifelt, eine unterhaltsame Zerstreuung zu sein. Wenn sich die Zuschauer auch nur vier Sekunden langweilen, dann muß, um Gotteswillen, etwas *getan* werden! Nachdem wir alles nur Mögliche getan haben, um die Aufmerksamkeitsspanne von Kindern zu verkürzen, untersuchen wir die Kinder und kommen zu dem Schluß, daß sie — wer hätte das gedacht! — nur kurze Aufmerksamkeitsspannen haben.

Daß die Aufmerksamkeitsspanne ein Leben dauern kann, ist uns fremd. Fleißig zu üben und letztlich nach vielen Wochen noch immer keine sichtbaren Fortschritte gemacht zu haben ist irgendwie völlig unamerikanisch. Später merkt man, daß man doch die ganze Zeit über etwas dabei gewonnen hat und daß der Lohn der Mühe das Üben selbst war. Aber es wird einem nichts garantiert, und schon gar nicht in »zehn einfachen Lektionen«. Kein Wunder, daß so viele Leute das Handtuch werfen.

Gegen Ende des Jahres waren tatsächlich nur noch zwei von der ursprünglichen Gruppe übrig, ich und mein Freund Leo, im gleichen Alter wie ich, Schriftsteller und früher einmal Philosophieprofessor. Wir waren glücklich mit unserem Training. Wir wurden nicht müde, uns (während unsere Freunde sich grenzenlos langweilten) über Aikido zu unterhalten — über Aikido-Literatur, Aikido als Philosophie, Aikido zur Selbstverteidigung. Auf das Drängen meiner Frau hin verwandelte ich unser Eßzimmer mit einer knallblauen Sportmatte in einen Miniatur-Dojo. Leo und ich wandten noch mehr Zeit ans Training. Wir versäumten nicht eine Übungsstunde.

Aber es ging uns einfach zu gut. Das Esalen-Institut brach den Kurs schließlich ab, an dem nur noch zwei Nicht-Esalener teilnahmen. Die letzte Stunde wurde festlich begangen. Viele der ehemaligen Schüler kamen, um noch einmal auf der Matte zu stehen. Mike Murphy mußte ein paar schmerzhafte Würfe aushalten. Unser Lehrer ließ Leo und mich alles vorführen, was wir gelernt hatten. Zum Schluß überreichte er uns ohne jedes Zeremoniell unsere blauen Gürtel. Es war ein Ende und ein Neubeginn zugleich.

Angesichts der schwindenden Teilnehmerzahl bei unserem Nachmittagstraining hatte unser Lehrer einen Abendkurs für die Allgemeinheit eröffnet. In stiller Verzweiflung über den Verlust unserer Übungsprivilegien schlossen Leo und ich uns dieser Klasse an.

Trainingsort war das Unitarier-Zentrum mitten in San Francisco, ein Ort, der nur so summte vor Betriebsamkeit. Betrunkene und Penner, angetörnte Hippies, Vorstadtrandalierer und andere Straßentypen pflegten hereinzuschneien und sich der Klasse anzuschließen. Frisch geschiedene Männer und Frauen kamen herein mit hungrigen Augen. Wilde Sportsfreunde benahmen sich auf der Matte wie auf einem Fußballplatz und legten sich mächtig ins Zeug, um alles an einem einzigen Abend zu schaffen. Ein mit seiner getönten Fliegerbrille düster wirkender junger Japaner erschien, angeblich im Besitz eines braunen Gürtels aus Tokio. Mehrere Wochen lang schmetterte er die Leute auf die Matte, um dann wieder in die Nacht zu verschwinden. Manchmal hatte ich das Gefühl, eine Nebenrolle in einem Fellini-Film zu spielen.

Diese Trainingszeit erwies sich als unschätzbar für mich. Nach ein paar Monaten hatte ich das Empfinden, als könne mich nichts mehr erschüttern. Ich wiederholte im Geiste die Worte eines beliebten Liedes: *Erwarte nichts. Sei zu allem bereit.* Jene Abende auf der Matte mit den vielen Gesichtern, Körpern, Egos und Gesinnungen, die in mein Leben traten und wieder verschwanden, hatten etwas von einem Kaleidoskop an sich. Manchmal allerdings tauchte ein Gesicht, eine Gestalt über die Wochen und Monate immer wieder auf, wie in einer Traumprozession; langsam kristallisierte sich ein harter Kern von engagierten Aikido-Anhängern heraus.

Die meisten der Mitübenden hätten altersmäßig meine Kinder sein können, die jüngsten sogar Enkel. Wie sich herausstellte, spielte das Alter jedoch keine wesentliche Rolle. Wettkampf ist im Aikido verboten; heimliche Vergleiche werden vermieden. Der ältere Schüler kann sich in den gleichen Techniken üben wie alle anderen, er tut es nur langsamer und bedächtiger. Natürlich muß man letzten Endes körperlich fit sein. Jeder Schüler ist die halbe Trainingszeit über der Angreifer, der geworfen wird; sich Hunderte von Malen wieder von der Matte zu erheben macht einem jedes Extrakilo Gewicht bewußt. Der ältere Schüler bleibt nur am Ball, wenn er sich in Höchstform bringt. Im Laufe meines Trainings gewöhnte ich mir an, an aikido-freien Tagen nach Möglichkeit zwei bis fünf Meilen — in der letzten Zeit sogar mehr — zu laufen und mich vor dem Üben eine Viertelstunde lang zu strecken und aufzuwärmen.

Das Ergebnis widerspricht so mancher kulturellen Klischeevorstellung. Ältere Leute sind angeblich steifer und weniger flexibel als jüngere Menschen, aber ich bin in den Jahren meines Aikido-Trainings immer biegsamer und flexibler geworden. Bei älteren Leuten sollen Wunden nicht mehr so schnell heilen, wogegen ich sagen muß, daß meine Verletzungen immer genauso schnell oder gar schneller als die der anderen im Dojo geheilt sind. Älteren Leuten wird nachgesagt, sie seien nicht mehr lernfähig und bewegten sich nur noch in eingefahrenen Geleisen, dabei kann ich meines Erachtens jetzt viel besser lernen als in meiner Jugend. Tatsache ist, daß ich jetzt alles tun kann, was ich als Zwanzigjähriger konnte, plus eine Menge Dinge mehr, die ich mir nie hätte träumen lassen.

Wir altern, vertrocknen und sterben. Ich bin jedoch überzeugt, daß die meisten Alterserscheinungen psychologischer und sozialer Natur und die Folge unseres wahrhaft schrecklichen modernen Lebensstils sind. Wir sitzen viel zu viel und sind so süchtig nach Süßigkeiten, fetten Speisen, Alkohol und Nikotin, daß das, was medizinisch als »normal« eingestuft wird, im Grunde auch schon ziemlich krank ist. Wir Amerikaner als reichste und mächtigste Nation der Geschichte sind nur auf unsere Bequemlichkeit, auf Luxus und Genuß aus und begnügen uns ganz offensichtlich mit einer bemitleidenswert beschränkten Definition der menschlichen Möglichkeiten — und das in jeder Altersstufe.

Unsere Klasse machte sich. Der harte Kern wuchs zu etwa vierzig Schülern an, und unser Lehrer eröffnete einen weiteren San-Francisco-Dojo in Mountain View, etwa 40 Meilen südlich der Stadt. Zusätzliche zwei Lehrer wurden eingestellt, um der wachsenden Schülerzahl Rechnung zu tragen, und unser Training bekam allmählich mehr Form und Struktur.

Einige Monate vor der Eröffnung des neuen Dojos nahmen Leo und ich an einem Wochenend-*Gasshuku* (einer mehrtägigen Übungszeit) in Mountain View teil. Die Schüler bringen zu solchen Trainingsprogrammen Schlafsäcke mit und verbringen die Nacht auf der Matte. Neben einem anstrengenden Training gibt es die Morgenmeditation, gemeinsame Mahlzeiten, ein schönes Gemeinschaftsgefühl und einen noch schöneren Muskelkater am Montagmorgen. Nach Beendigung des Kurses am Sonntagnachmittag rief unser Lehrer mich und Leo in sein Büro und überreichte uns Urkunden, die unseren Aufstieg in den zweiten *Kyu* bestätigten, sowie brandneue, dem höheren Rang entsprechende Gürtel.

Es war im Juni 1973 an einem milden, goldenen Nachmittag. Die neuen Gürtel waren eine echte Überraschung. Auf der Heimfahrt lehnten wir uns zurück und kosteten den Augenblick aus vollen Zügen aus — die Schmerzen in unseren Muskeln, die Wärme der alten Freundschaft, das angenehme Gefühl, sich gemeinsam einer harten, schönen Disziplin verschrieben zu haben. Bei Sonnenuntergang kamen wir in der Stadt an und beschlossen, in einer Bar noch ein wenig zu feiern. Wir bestellten große, schäumende Cocktails und tranken sie aus, als wären wir Teenager, die gerade ihr Abitur bestanden hatten.

Karate macht einen grimmigen, kraftvollen Eindruck — kurze Rufe und Schreie, zerhauene Ziegelsteine und Bretter. Aikido stellt sich sanft, fast träumerisch dar. Ich weiß nie genau, was ich meinem Freund George, einem Karate-Lehrer, sagen soll, wenn er mich mit den Gefahren meiner »gewaltfreien, kampflosen« Kunst aufzieht: »In den zwölf Jahren meiner Tätigkeit als Karate-Lehrer habe ich in meiner Schule weniger Verletzungen erlebt als ihr in einem Jahr«, sagt er.

Dieses scheinbare Paradox löst sich auf, wenn man die beiden Kampfsportarten einmal unter die Lupe nimmt. Bei Karate werden Faustschläge und Fußtritte im allgemeinen knapp vor dem Ziel gestoppt. Würfe gibt es kaum; manche Karate-Anhänger finden es sogar unter ihrer Würde, sich werfen zu lassen. Im Aikido hingegen müssen Angriff, Verteidigung und das Zurückgehen auf die Ausgangsstellung voll ausgeführt werden. *Ukemi*, die Kunst des Fallens, ist im Aikido so hoch entwickelt wie wohl in keinem anderen Kampfsport. Der vollendete Aikido-Übende weiß auf mannigfache Art meisterhaft zu fallen, er kann alles, von der leisen, runden Rolle bis hin zum aufsehenerregenden *Sutemi* (»Aufopferung des Körpers«), dem klatschenden Aufschlag auf die Matte mit offenen Handflächen.

Sobald man Ukemi gemeistert hat, verwandelt sich die Angst vor dem Fallen in die Freude des Fliegens. Durch die Luft zu segeln in eine mutmaßliche Katastrophe hinein und dann zu landen, ohne eine Beule davonzutragen oder sich weh zu tun, ist mit nichts zu vergleichen. Allerdings ist das Fliegen nicht risikofrei. Ein paar harte Landungen sind sicherlich nicht ganz auszuschließen. Und wer beim Flug aus dem Gleichgewicht kommt, macht unter Umständen eine schwere Bruchlandung.

Die meisten Verletzungen ziehen sich nach meiner Erfahrung Leute mit braunem Gürtel zu, die bereits mit schwierigeren Techniken arbeiten, sie aber noch nicht beherrschen. Auch hier ist man leicht versucht, eine Grundregel des Aikido außer acht zu lassen, derzufolge man sich einfach dem Bewegungsfluß des täglichen Übens anvertrauen soll, statt kontinuierlich »Fortschritte« machen zu wollen. Aikido bedeutet lebenslange Disziplin; da läßt sich nichts vorantreiben. Wenn man versucht, sich selbst anzutreiben, bekommt man prompt seine Quittung. So zogen sich innerhalb von drei Wochen ausgerechnet die vier fortgeschrittensten Braungürtel in unserem Dojo ernstliche Verletzungen zu — einen gebrochenen Zeh, einen Bänderriß im Ellenbogen, eine ausgerenkte Schulter (das war meine) und einen dreifach gebrochenen Arm. Danach kamen wir überein, daß wir offenbar angesichts der Möglichkeit, den schwarzen Gürtel machen zu können, vor Ehrgeiz zu brennen angefangen hatten. Die Verletzungen erwiesen sich als gute Lehrmeister. Nach unserer Wiederherstellung gewöhnten wir uns daran, gleichmäßig und ohne feste Zielvorstellung zu üben. Es sollte noch anderthalb Jahre dauern, bis wir alle vier den schwarzen Gürtel hatten.

Diese und andere Erfahrungen haben mich zu der Überzeugung gebracht, daß jeder Schüler selbst für seine Sicherheit auf der Matte verantwortlich ist und daß, wenn Verletzungen auftreten, daraus wichtige Lehren zu ziehen sind.

Schwere Verletzungen lassen sich wahrscheinlich vermeiden, leichtere wie Muskelzerrungen und allerlei Schmerzen hier und dort wohl kaum. Auch bei fortgeschrittenen Aikido-Schülern kommt es öfter vor, daß sie »den Verwundeten spielen« wie andere begeisterte Sportler. Ich fand es daher völlig normal, als mein Freund Leo von lästigen, dauernden Schmerzen in seinem linken Knie sprach. Leo trainierte zwar weiter, aber weniger regelmäßig als zuvor. Im Herbst nach unserer Beförderung in den zweiten Kyu wurde mir auf einmal schlagartig klar, daß mein Freund alle inzwischen vertrauten Symptome zeigte, die meist das Ende einer Aikido-Laufbahn ankündigen. Das Schicksal meinte es nicht gut mit ihm. Er hatte nicht nur die Beschwerden mit dem Knie, sondern auch Schwierigkeiten mit den ersten Etappen seines neuen Romans. Sein immer häufigeres Fernbleiben vom Training belastete unsere Beziehung. Ich merkte, daß ich ihn zu drängen begann. Je mehr er sich weigerte, mit mir zum Training zu gehen, um so stärker wurde mein Drängen. Und je mehr ich drängte, um so hartnäckiger weigerte er sich. Eines Tages beim Mittagessen kam das Gespräch auf diesen Teufelskreis.

»Ich mag mich nicht in dieser Rolle«, sagte ich ihm. »Ich werde allmählich zum Nörgler, und das will ich einfach nicht.«

»Aber George«, erwiderte er, »ich bin doch froh, daß du mich antreibst. Ich *zähle* darauf, daß du mich treibst.«

Ich blieb dabei, daß ich in dieser Hinsicht nichts mehr unternehmen wollte. »Ich wünsche wirklich, du kämst zum Aikido, aber ich halte mich da jetzt heraus. Du mußt selbst wissen, was du tust.«

Insgeheim hoffte ich, Leo würde sich selbst einen Ruck geben, wenn ich ihn nicht mehr drängte. Bestimmt würde er nicht ganz aufhören. Aber ich irrte mich. Im Januar 1974 wußte ich, daß Leo nicht wiederkommen würde. Von der ursprünglichen Gruppe war damit nur noch ich übrig. Ich trainierte weiter, eine Zeitlang jedoch ohne rechte Freude.

Zu unserem Dojo kamen mittlerweile über hundert Schüler, so daß die Lehrer nicht länger jeden einzelnen auf seine Eignung für einen Kyu überprüfen konnten. Schließlich hing ein Anschlag am Schwarzen Brett, daß fortan alle vier Monate Prüfungen abgehalten würden.

»Aikido ist kein Leistungssport«, erklärte uns einer unserer Lehrer. »Eine Prüfung abzulegen gibt euch die Gelegenheit, euer Können unter Druck zu beweisen, wenn euch alle Mitübenden zusehen. Betrachtet das als ein Geschenk.«

Mir stand als erste Prüfung die zum ersten Kyu (dem braunen Gürtel) bevor, das umfassendste Examen vor dem schwarzen Gürtel. Drei Monate vorher willigte ich ein, bei der Prüfung meines Freundes Arthur zum vierten Kyu Uke zu sein. Arthur ist ein durchtrainierter, sportlicher Mann Anfang vierzig, Psychiater sowohl Freudscher als auch Jungscher Schule, Absolvent der medizinischen Fakultät von Harvard, Autor und öffentlicher Redner. Die Prüfung zum vierten Kyu ist verhältnismäßig kurz und einfach, würde also sicherlich kein Problem für uns sein. Wir übten drei Wochen lang ein paar Mal, bis Arthur alle erforderlichen Techniken wie am Schnürchen konnte.

Wir wurden in die Mitte der Matte ins Blickfeld unserer Lehrer und einer langen Reihe von Mitschülern gerufen, die im *Gi* in der traditionellen japanischen Meditationshaltung auf dem Boden knieten. Der prüfende Lehrer forderte uns zur ersten Technik auf. Ich griff mit einem Kopfhieb an, und Arthur beförderte mich auf die Matte. In dem Augenblick, als ich dort lag, wurde ich mir auf einmal der drückenden Stille und unseres ungebührlich lauten Schnaufens bewußt. Als wir weitermachten, ging unser Atem noch lauter. Ich versuchte, geräuschlos zu atmen, aber dadurch wurde es nur noch schlimmer. Ich bemerkte, daß Arthurs Hände zu zittern anfingen. Bebten meine etwa auch?

Die Prüfung war Gott sei Dank kurz, und es stand außer Frage, daß Arthur bestanden hatte. »Weißt du«, sagte er mir, »ich habe schon des öfteren unter Druck gestanden — zum Beispiel bei meinen mündlichen Prüfungen an der Universität —, aber ich muß dir gestehen, daß ich noch nie so aufgeregt war.«

Ein anderer Freund, seines Zeichens Wissenschaftler auf einem sehr schwierigen Gebiet und bei öffentlichen Diskussionen ein Meister des coolen Comebacks, erzählte mir einmal, er habe sich bei seiner Prüfung für den braunen Gürtel plötzlich an nichts mehr erinnern können: »Als mein Lehrer die erste Grifftechnik aufrief, verstand ich absolut nicht, was er meinte. Ich hörte Worte in einer fremden Sprache, die mir überhaupt nichts sagten. Also stand ich einfach nur da, und als mein Uke angriff — mit einem Kopfhieb —, hielt ich doch tatsächlich seine Hand fest und versuchte es mit Klammergriffen. Das war kein Aikido. Hier ging's ums Überleben. Mein Lehrer schlug vor, ich sollte es noch einmal probieren, aber es kam nur noch schlimmer. Dann kündigte er die nächste Technik an. Ich hatte längst den Überblick verloren, wer ich war und wo ich war. Das Wort Aikido hatte ich noch nie gehört. Ich schaute umher und wunderte mich. Was sind das bloß für seltsame Leute in weißen Anzügen? Warum sitzen sie in so merkwürdiger Stellung herum?«

So vorgewarnt beschloß ich, mich vorsichtshalber *mehr* als gut auf meine Prüfung zum ersten Kyu vorzubereiten. Drei Monate lang übte ich fleißig, setzte mich selber unter Streß und trainierte, bis mir jeder Muskel schmerzte und jede Sehne brannte. Am Prüfungstag legte ich eiskalt eine absolut glanzlose Nummer auf die Matte, wie ich es empfand, und avancierte zum ersten Kyu.

An diesem Punkt angekommen mußte ich mir vor Augen führen, daß ich womöglich irgendwann für den schwarzen Gürtel in Frage kam. Ich war zwar schon 51, aber es kam durchaus vor, daß Leute meines Alters die Prüfung machten. Das Beste war wohl, ich trainierte einfach weiter, ohne daran zu denken, was noch kommen könnte oder auch nicht. Doch wenige Monate nach meiner Kyu-Prüfung rief mich mein Lehrer in sein Büro und schlug mir vor, in einer anderen Stadt eine Prüfung für den schwarzen Gürtel mitanzusehen, da ich vielleicht selbst eines Tages in diese Lage käme.

Zuschauer umrahmten die Matte. Am Mattenrand knieten die Schüler in ihrem Gi. Ein Prüferkomitee von fünf hochrangigen Schwarzgürteln aus verschiedenen Dojos saß an einem Ende zu Gericht. Ich mischte mich unter eine Menschenmenge, die sich an der Brüstung eines Balkons drängte, von wo aus man alles überblicken konnte. Es hatte noch nicht angefangen. Gedämpftes Stimmengemurmel, Begrüßungslächeln für Spätankömmlinge — wie auf einer Hochzeit vor dem Einsatz der Musik.

Der gastgebende Sensei klatschte in die Hände, und die Aikido-Anhänger machten alle eine tiefe Verbeugung. Das war das Zeichen, daß die Prüfung angefangen hatte. Der erste Kandidat bewegte sich fließend und ohne einen Fehler durch seine Techniken. Beim spannenden Drei-Personen-Angriff (*Randori*) wich er seinen Gegnern mit Leichtigkeit aus und wirbelte sie durch die Luft, daß die Zuschauer den Atem anhielten und begeistert applaudierten. Ich hatte mich schon immer gefragt, ob die Angreifer bei einer Prüfung für den schwarzen Gürtel wohl echte Ausfälle machen würden. Meine Zweifel zerstreuten sich bald; ich war tiefbeeindruckt von der Geschwindigkeit und Leidenschaftlichkeit der Angriffe.

Nach einer kurzen Pause trat der zweite Prüfling, ein stämmiger, zäh wirkender junger Mann Anfang dreißig, mit seinem Uke in die Mitte der Matte. Ich konnte sofort sehen, daß etwas nicht stimmte. Seine Bewegungen waren hölzern und unsicher.Mein Gott, dachte ich, *der verschmilzt ja gar nicht!* Die Sache wurde immer schlimmer. Die Prüfung wollte kein Ende nehmen, wie ein Alptraum, in dem man sich durch Schlamm hindurchkämpft. Der Zeitpunkt für *Randori* kam; die Angreifer stürmten herein, hart, ehrlich und einsatzfreudig. Wieder und wieder wurde der scheiternde Kandidat in die Enge getrieben. Er mußte einen starken Stoß in den Bauch, einen Nackenschlag einstecken. Zweimal ging er zu Boden.

Ich war zutiefst betroffen. Auf der Heimfahrt versuchte ich, mit meinen Gefühlen über diese Kunst, die auf einmal etwas Dunkles und Geheimnisvolles an sich hatte, ins reine zu kommen. Nein, anders wollte ich es auch nicht. Ohne das, ohne Mißerfolge oder sogar Tragödien wären diese Kunst und die Welt ärmer und freudeleer.

Monate vergingen, und nichts unterbrach den steten Rhythmus meines

Trainings. Die endlose Folge von Trainingsstunden war in sich selbst lohnend, denn sie war im Sinne des Zen »nichts Besonderes«. Manchmal hatte ich, wenn die Trainingszeit nahte, überhaupt keine Lust; dann hätte ich lieber alles andere getan, hätte lieber einfach nur herumgesessen oder ferngesehen, als wieder mir selber auf der Matte zu begegnen. Und manchmal gab ich dieser in der Natur des Menschen liegenden Abneigung gegen jede Art von Selbstverbesserung nach. Dabei wußte ich genau, daß ich, wenn ich meine Lethargie doch überwand, ein kleines Wunder erleben würde: Ganz gleich, wie ich mich beim Heraufsteigen der Dojo-Treppe auch fühlen mochte, wußte ich, daß ich zwei Stunden später — nach zigmaligem Werfen und Fallen — energiegeladen und voller Leben in die Nacht hinauslaufen würde, so vibrierend vor Lebenslust, daß die Nacht selbst Funken zu sprühen und zu schimmern schiene.

Zu diesem Zeitpunkt waren meine besten Gefährten am Dojo die drei anderen hochrangigen Braungürtel, zwei gut aussehende, sportliche junge Männer und Wendy, eine zerbrechlich und bescheiden wirkende junge Frau Anfang zwanzig, die eines Tages in den Dojo hereinspaziert war. Innerhalb von vier Jahren hatte sich das Mauerblümchen in aller Beharrlichkeit zur wohl besten Aikido-Schülerin unter uns gemausert. Wir vier übten zusammen, alberten herum und stellten uns Anfängern als *Sempai* (Assistenten) zur Verfügung.

Aikido nahm mehr und mehr Einfluß auf andere Bereiche meines Lebens. Mein Selbstverständnis bei Vorträgen änderte sich. Statt aufbegehrende Fragesteller mit schlagfertigen Antworten mundtot zu machen, verschmolz ich einfach mit ihren Worten und betrachtete die Sache einmal vom gegnerischen Standpunkt aus. Nach ein paar Monaten geschah wieder ein Wunder: Ich bekam keine feindseligen Fragen mehr zu hören — nicht eine einzige!

Mein Buch *The Ultimate Athlete* wurde weitgehend von Ideen und Informationen beeinflußt, die mir die Kunst des Aikido vermittelte. Ich begann, unter tätiger Mithilfe Wendys Workshops abzuhalten, die jeweils 20 bis 60 Teilnehmern den Geist des Aikido ohne das anstrengende Werfen und Fallen nahebringen sollten.

Es gab einige Marksteine. Wendy erhielt die Chance, an einer großen öffentlichen Schule Aikido zu lehren. Um ihre Qualifikation zu beweisen (sie besaß noch keinen schwarzen Gürtel), demonstrierte sie ihr Können vor der gesamten Schülerschaft. Vier männliche Aikido-Übende, darunter ich, fungierten als Uke. Vollkommen gelassen durchlief Wendy alle Schwierigkeitsstufen, die sie auch bei einer Prüfung für den schwarzen Gürtel hätte machen müssen, und das vor einem Publikum, das sie bei der ersten falschen Bewegung ausgebuht hätte. Sie führte die Grundgriffe gegen einen unbewaffneten Angriff vor und verteidigte sich gegen *Tanto* (Dolch) und *Bokken* (Holzschwert). Den Abschluß bildete, wie üblich, ein schwungvolles *Randori.*

Bei unseren wiederholten Angriffen auf sie bekam ich etwas von der Qualität des Aikido zu spüren, die so oft »magisch« oder »okkult« genannt wird: *Ich kam einfach nicht in ihre Nähe.* Es schien, als sei sie von einem besonderen Kraftfeld eingehüllt. Zweimal, als ich eben vorstürmte, warf Wendy mir einen der anderen Angreifer entgegen, genau in den Bauch, so daß wir gemeinsam zu Boden gingen. Sie tanzte, wirbelte herum, duckte sich, kurz: Sie war ständig in Bewegung — einer Bewegung, die auf das ungeübte Auge ziellos, bar aller Gesetzmäßigkeiten und verwegen wirken mußte. In Wirklichkeit war jeder überraschende Schritt der Versuch, auf einer anderen Ebene als der gedanklichen mitten im Zentrum des Geschehens zu bleiben, einem ruhigen, sicheren Ort, »dem Punkt, um den sich die Erde dreht«. Schließlich meinte ich doch eine ungeschützte Stelle für einen Angriff gefunden zu haben. Sofort stürmte ich vor und zielte genau auf ihren Kopf. Aber im allerletzten Augenblick verschwand Wendy einfach — genauso kam es mir jedenfalls vor —, und ich stürzte kopfüber auf die Matte. Als die Vorführung beendet war, standen die Zuschauer auf, jubelten uns zu, pfiffen und stampften vor Begeisterung mit den Füßen.

Das Üben ist selbst der Lohn. Die magischen Augenblicke sind wieder etwas anderes. Ich habe inzwischen selber einige solcher Augenblicke erlebt, aber mir fehlen die Worte, um dieses Zentrum der Bewegung, diesen Ruhepunkt, begreiflich zu machen. Ein Bewegungsphysiologe könnte so ein *Randori* vielleicht auf Videoband aufnehmen, es wissenschaftlich exakt analysieren und eine Abhandlung mit erklärenden Diagrammen und Vektoren veröffentlichen. Damit würde er jedoch die eigentliche Frage auch nicht beantworten.

Ich will es einmal anders auszudrücken versuchen: Im Ruhepunkt heftiger Bewegung zu sein heißt — wörtlich und per Definition — im Einklang mit dem Universum zu sein. Aber gilt das nicht für jede Kunst? Sicherlich kommt jeder, der eine Kunst ausübt — Malen, Musizieren, Schreiben, Tanzen, Skifahren, Gewichtheben — irgendwann mit der dem Universum zugrundeliegenden Struktur in Kontakt, mit der Art, »wie die Dinge sind«. Das sind begnadete Momente des Loslassens und Verschmelzens. Dennoch bleibt das alte Paradox bestehen: Den begnadeten Augenblick zu suchen heißt, ihn zu vertreiben. Er bietet sich nur nach Jahren der Übung dar, und selbst dann setzt er noch ein Entsagen und Aufgeben voraus — von alten Verhaltensmustern, vom Ego, sogar von der Persönlichkeit.

Um an das zu gelangen, was du nicht weißt,
mußt du den Weg des Nicht-Wissens nehmen.

Auf der Matte nahmen die Worte T. S. Eliots einen neuen Sinn für mich an — durch meine Erfahrungen, meine Muskeln. Es gibt keine »Antwort«. Es gibt keine »Lösung«. Nur das Üben.

Ich wurde als Kandidat für den schwarzen Gürtel benannt. Meine dreimonatige Feuerprobe hatte begonnen. Und es stimmte, daß mein Lehrer mich ziemlich hart in die Schule nahm. Er griff mich selbst an und widerstand dann meinem Wurf, bis mein Ki genau die Richtung nahm, die er guthieß — was unter Umständen mehrere qualvolle Minuten dauerte. Seine Anweisungen waren verschwommen und rätselhaft. Er wollte etwas von mir — ich wußte nur nicht genau was. Die Nächte wurden länger, der Dojo kälter. Irgendwie vertraute ich ihm trotz allem. Ich wußte, daß er mich mit der ganzen Sicherheit seiner Intuition in meinem schwächsten Punkt treffen würde, wie es allen Prüfungskandidaten ergangen war. Ein Kandidat zum Beispiel hatte vor Verlangen gebrannt, sich einen Namen zu machen. In den letzten zwei Wochen Zerreißprobe sah unser Lehrer diesen jungen Mann weder an, noch rief er ihn bei seinem Namen. »Sag Wie-heißt-er-doch-gleich, er soll auf die Matte kommen«, pflegte er ins Blaue hinein zu sagen, ohne jemanden direkt anzusprechen. Diese seltsame Taktik war offenbar sehr wirksam: Die Prüfung von Wie-heißt-er-doch-gleich war von Selbstlosigkeit gekennzeichnet und deshalb absolut hervorragend.

Nun wollte er also mich etwas zurechtstutzen. Wahrscheinlich war das auch nötig. Ohne im Besitz des schwarzen Gürtels zu sein, hielt ich überall im Lande Workshops ab, bei denen ich von den Einsichten und Methoden dieser Kunst Gebrauch machte. Ich schrieb Artikel und Bücher zu diesem Thema. Einmal war ich als kleiner Blaugürtel auf dem Titelblatt einer nationalen Zeitschrift zu sehen gewesen — schändlich, wenn man bedenkt, wie viele Aikido-Anhänger dieser Kunst ein ganzes Leben gewidmet haben.

In wenigen Wochen sollte ich vor Freunden, Mitübenden, Fremden und einem Prüfungskomitee auf der Matte stehen. Meine Bücher und Aufsätze konnten mir in diesem Rahmen nicht helfen. Unter dem Prüfungsdruck war eine schlechte Technik nicht zu verbergen. Ein armseliges Randori wäre eine Katastrophe, egal, was ich darüber geschrieben hatte.

Obwohl ich meinem Lehrer aus tiefstem Herzen vertraute, fing mein Geist an, verrückt zu spielen. Was ging eigentlich zwischen uns vor? Gab es in unserer Beziehung eine Spur von gegenseitigem Neid? Jedenfalls ersuchte ich schließlich einen anderen Lehrer unseres Dojos um zusätzliche Trainingsstunden. Wie mein eigener Lehrer war auch er ein Träger des schwarzen Gürtels vierten Grades (des vierten Dans), aber das war so ziemlich die einzige Ähnlichkeit zwischen den beiden. Dieser Lehrer hatte in Japan bei einem Meister geübt, der für seinen »strengen« Stil berühmt war. Er war technisch einwandfrei und nahm es mit den Grundkenntnissen peinlich genau. Als gelernter Ingenieur zerlegte er in seinem Unterricht eine Technik oft in ihre einzelnen Bestandteile. Sprach mein voriger Lehrer von Wasserfällen, Strudeln und Wolken aus Energie, redete er von Drehgelenken und Hebelkräften. Ich ging fortan in seine Klasse und nahm auch einige Privatstunden bei ihm. Die Aufmerksamkeit, die den Details geschenkt wurde, stärkte mir den Rücken. Ich merkte, wie ich mich technisch verbesserte.

Dennoch blieb ich auch meinem alten Lehrer treu und trainierte unter anderem jenen Heiligabend hindurch, an dem ich meinte, mein Herz mache nicht mehr mit, ebenso am letzten Abend des Jahres. Es war ein besonderes Silvestertraining von 23 bis 1 Uhr anberaumt worden. Als die Glocken erklangen und die Kracher hochgingen, übten wir einfach weiter, eine gute Art und Weise, das neue Jahr zu beginnen.

Drei Wochen vor meiner Prüfung war klar, daß meine Technik auf soliden Füßen stand. Aber irgend etwas fehlte. Eines Abends, nachdem ich ein Randori auf akzeptable Weise hinter mich gebracht hatte, kam mein Lehrer auf eine Idee.

»Technisch bist du in Ordnung«, sagte er. »Das einzige Problem ist dein *Auftreten*, die Art, wie du die Matte betrittst. Der Verlauf deiner Prüfung wird davon abhängen, wie du auf die Matte gehst. Um die Technik brauchst du dich nicht mehr zu kümmern.«

Er dachte einen Augenblick nach und trat dann von der Matte herunter.

»Versuch doch einfach mal das: Steig auf die Matte und sage dir dabei im stillen: ‚Das ist *meine* Matte.' Dehn dich aus, sei großzügig. Schau dir die anderen Leute auf der Matte an. Freu dich, daß sie da sind. Heiße sie willkommen. Heiße sie auf deiner Matte willkommen.«

Er zeigte mir, was er meinte, und bedeutete mir, es einmal zu versuchen. Ich betrat die Matte mehrere Male und sagte dabei leise vor mich hin: »Das ist meine Matte.« Es tat gut.

Er setzte hinzu: »Bist du bereit, die Verantwortung für diese Matte zu übernehmen, sie *in Besitz zu nehmen*? Das heißt nicht, daß sie nicht auch allen anderen gehörte. Wenn du Manns genug bist, diese Matte als dein Eigentum zu betrachten, bist du auch Manns genug, sie auch den anderen zu überlassen.«

Wieder und wieder übte ich das Betreten der Matte und fühlte mich von Mal zu Mal besser.

»Du kannst ruhig ein wenig großspurig sein, George. Das kann in dieser

Situation nichts schaden. Ich glaube, das wird von jetzt an bis zur Prüfung deine wichtigste Übung sein — nicht deine Technik, sondern die Art und Weise, wie du die Matte betrittst.«

Am nächsten Abend, als ich auf die Matte gerufen wurde, betrat ich sie nicht mehr mit dem Gefühl: »Komme, was da kommen mag«, sondern um mir die Matte *anzueignen*, davon Besitz zu ergreifen. Dieses neue Auftreten, und nur das, bewirkte einen Riesenunterschied bei meinem Randori. Ich ging großmütig auf die Matte und hielt wohlwollend nach meinen Angreifern Ausschau. Als sie hereinkamen, begrüßte ich sie und bewegte mich so flink, um sie einzeln willkommen zu heißen, wie sie auf mich losstürmten, daß ich sie mit Leichtigkeit auf die Matte beförderte.

Mein Lehrer nickte gedankenvoll. Er würde nie eine Bemerkung fallenlassen, die auch nur im entferntesten nach einem Kompliment klänge. Beim nächsten Randori forderte er drei ziemlich wüste Schüler, die am Mattenrand saßen, zum Angriff auf. »Attackiert wild drauflos«, sagte er, »es ist alles erlaubt.«

Die drei stürzten sich auf mich, griffen wahllos an und hieben auf mich ein wie bei einem Überfall auf offener Straße. Aber es war *meine* Matte, und folglich hieß ich diese Angreifer mit ihrem wüsten Durcheinander gerne willkommen. Der einzige Unterschied bestand darin, daß sie schneller und härter zu Boden gingen.

Die folgenden Abende waren sogar noch besser. Es war keine reine Zerreißprobe mehr, mitten auf der Matte unter Beschuß genommen zu werden, sondern eine Freude. Ich konnte gar nicht genug Randoris bekommen. Doch mein Lehrer gönnte mir den Spaß nicht. Die letzten Tage vor der Prüfung beschloß er, mich zu ignorieren. Statt mich im Randori zu trainieren, ließ er mich am Rand der Matte sitzen und meditieren.

Sonntag, den 8. Februar 1976, regnete es. Ich fuhr die einstündige Strecke zur Stanford-Universität allein; ich mußte rechtzeitig in der Encina-Turnhalle sein, um mich noch umziehen und aufwärmen zu können. Du lieber Himmel, praktisch jeder, den ich kannte, würde erscheinen — meine Frau, meine Kinder, Mutter, Schwester, Freunde, Bekannte, Verwandte und die Verwandten von Verwandten. Mike Murphy würde da sein, ebenso Leo, der seinen Gi wieder hervorgeholt und in den drei Monaten Vorbereitungszeit privat mit mir geübt hatte.

Es war ein feuchtkalter Tag, aber in der Turnhalle herrschte eine warme, lichte Atmosphäre, wie ich sie nie zuvor erlebt hatte. Acht Kandidaten standen vor ihrer Prüfung, und 150 Aikido-Übende von ganz Nordkalifornien waren gekommen, um die Prüfungen mitanzusehen und danach an einem Aikido-Workshop teilzunehmen, den ein japanischer Gast-Sensei und Inhaber des schwarzen Gürtels sechsten Grades (des sechsten Dans) abhalten wollte. Immer mehr Zuschauer strömten herein.

Als Prüfungs-Uke stand mir ein hochgewachsener, anmutiger 23jähriger Stanford-Student namens David zur Seite. Erst seit kurzem im Besitz des schwarzen Gürtels, war David fest entschlossen, diesem Kampfsport sein ganzes Leben zu weihen. Soweit das in dieser Kultur überhaupt möglich ist, führte er bereits das Leben eines *Samurai.* Als ich ihn gebeten hatte, mein Uke zu sein, hatte er in aller Form geantwortet: »Es wird mir eine Ehre sein, dir als Uke zu dienen. Ich werde tun, was ich kann, um deine Prüfung zu einer wahren spirituellen Erfahrung werden zu lassen.« David war ein erstklassiger Uke, von dem ich wußte, daß er mir starke, fließende Angriffe liefern würde. Mit einem halbherzigen, ziellosen Angriff tut man einem Aikido-Partner keinen Gefallen. Um auf die spirituelle Ebene zu kommen, müssen klare, echte Ausfälle gemacht werden.

Als der Prüfungszeitpunkt näherrückte, stieg die erwartungsvolle Spannung im Saal, wie immer bei solchen Anlässen; mir fiel auf, daß die Aikido-Freunde aus Nordkalifornien samt Freunden und Verwandten tatsächlich eine echte Gemeinschaft bildeten. Ich konnte spüren, daß diese ganze Gemeinschaft jedem Kandidaten nur das Beste wünschte. Ich kam mir vor, wie von Liebe und Wohlwollen eingehüllt. Beim Aufwärmen gaben wir Prüflinge unserem jeweiligen Uke die Hand, umarmten uns, lächelten den rund um die Matte versammelten Freunden und Verwandten zu und wünschten einander alles Gute für die Prüfung.

Der Gast-Sensei klatschte in die Hände, woraufhin wir uns alle formell verbeugten. Nach einem Sprechgesang und einer Einführungsrede begann die Prüfung. Ich war als erster auf der Matte, auf *meiner* Matte. Wie es der Brauch ist, führten David und ich zunächst knieend eine Reihe von acht Angriffs- und Abwehrtechniken aus, im Samurai-Stil, so fein und präzise wie eine japanische Teezeremonie. Weiter ging es mit *Hanmi handachi* (der Uke steht, der Nage kniet), dann kamen Griffe aus dem Stand, danach Angriffe von hinten, Messerstiche, Würfe, Freistilkämpfe und zuletzt Randori — ein intensives halbstündiges Erlebnis für Körper, Geist und Seele. Alles lief glatt. Gelegentlich lächelten David und ich, Angreifer und Verteidiger, einander zu. Daß er um mein Wohl besorgt war und mich achtete, zeigte er durch harte, aufrichtige Angriffe und elegantes Fallen.

Zehn Minuten nach Beendigung der Prüfung verlautete, daß alle bestanden hatten. Die Prüflinge gingen von einer fröhlichen Schar zur anderen und nahmen Glückwünsche entgegen. Ich sah den anderen Lehrer, mit dem ich zuvor geübt hatte, am Rand stehen. Er rief mich zu sich, ohne daß die anderen es gehört hätten.

»Es ist ein alter Brauch«, sagte er lächelnd und begann, seinen Gürtel aufzuknoten, »seinen Gürtel weiterzugeben. Wenn du mir also bitte deinen braunen geben würdest, damit ich meine Jacke zusammenhalten kann . . .«

Er überreichte mir seinen Gürtel — lang, zerknautscht, vielgetragen. Die Geste kam völlig unerwartet. Als ich den Gürtel nahm, wurde mir bewußt, daß ich mich nie so sehr als Anfänger empfunden hatte wie jetzt.

Ein paar Monate, nachdem ich den schwarzen Gürtel erhalten hatte, gaben Wendy und ich vor etwa hundert Leuten, die noch nie etwas von Aikido gesehen hatten, eine Probe unseres Könnens. Nachdem ich ungefähr zehn Minuten lang den Angreifer gespielt hatte und herumgewirbelt worden war, drückte ich Wendy ein Messer in die Hand und bat sie, mich anzugreifen. Sie stürmte auf mich los (genau wie bei meiner ersten Aikido-Vorführung die junge Frau auf meinen späteren Lehrer) und zielte mit dem Messer auf meinen Leib. Ich trat beiseite, drehte mich blitzschnell um und ergriff von unten ihre Hand. In zwei Wirbelbewegungen mit deutlich hörbarem *sssssst* und *wwwusch* wechselten wir unsere Positionen, ich bückte mich unter ihren Arm und warf sie in die Richtung, die sie ohnehin schon nahm. Beim Werfen drehte ich ihr Handgelenk so, daß sie die Hand öffnete und das Messer in meine Hand fallen ließ. Wendy segelte durch die Luft und landete mit lautem Klatschen in fünf Metern Entfernung, während ich mit dem Messer einen weiten Bogen beschrieb (wie ich es gelernt hatte) und es dann hochhielt.

Wie ich so dastand, merkte ich auf einmal, daß aller Augen auf Wendy gerichtet waren. *Keiner wußte, daß ich das Messer hatte.* Es war einer jener Augenblicke, wo einem die Wahrnehmung ein Schnippchen schlägt.

Ach du meine Güte, dachte ich im stillen, alles in Sekundenschnelle: Sie haben nicht gesehen, wie ich ihr das Messer abgenommen habe. Gleich werden sie alle zu mir herüberschauen, das Messer sehen und glauben, ich sei so etwas wie ein Meister und Aikido die reine Zauberei, und dann machen sie große Augen, es verschlägt ihnen den Atem, und sie jubeln los. Dabei war das doch nur eine ganz normale Aikido-Übung, die jeder Aikido-Schüler kann, ist es nicht fürchterlich und peinlich?

Und natürlich, sie blickten von Wendy zu mir herüber, sahen das Messer, machten große Augen, es verschlug ihnen den Atem, und schon jubelten sie los. Es war fürchterlich. Und es war peinlich. Ich fand's toll.

Richard Moon

Aikido und Heilen

Ich war bereits engagierter Yoga-Anhänger, als mich die Art der Bewegungen zu fesseln begann, wie sie im Kampfsport gelehrt werden. Daraufhin informierte ich mich über die verschiedenen Kampfsportarten und dachte daran, selbst ein solches Training aufzunehmen. Da ich jedoch damals in erster Linie an spiritueller Bewußtheit und am Heilen interessiert war und zudem für die Gewaltfreiheit eintrat, hatte ich Schwierigkeiten, eine Kampfkunst zu finden, die nicht mit meinen Wertvorstellungen kollidierte.

Viele meiner Freunde meinten, sich einem Kampfsport zu widmen verführe unweigerlich zur Gewalttätigkeit. Die Geschichte lehrt ja auch, daß Gewehre noch größere Gewehre nach sich ziehen und kein Krieg je einen Krieg beendet hat. Ein Kampfsport-Training schien mir keine Lösung für den Widerspruch zwischen dem Wunsch nach Frieden und dem wachsenden Verlangen nach verantwortungsvoller Macht zu sein. Aber sich total passiv und schwach zu verhalten oder einfach der Macht aus dem Wege zu gehen, empfand ich auch nicht als richtig.

Eines Abends ging ich zum örtlichen College, um wie immer Yoga zu unterrichten. Da schneite ein Mann in meine Klasse und fragte, ob ich für Aikido gekommen sei.

»Nein, ich bin der Yoga-Lehrer«, erwiderte ich.

»Dann haben wir hier ein Terminproblem«, sagte er, »denn ich soll heute abend in diesem Raum Aikido unterrichten.«

Ich bat ihn, mir etwas über Aikido zu erzählen.

»Aikido ist eine gewaltlose Kampfkunst«, sagte er, »die auf dem Grundprinzip beruht, allen Wesen liebevollen Schutz zu gewähren und in diesen Schutz auch den Angreifer einzubeziehen. Sie basiert nicht auf Körperkraft, da man sich der Kraft des Angreifers nicht entgegensetzt, sondern mit ihr verschmilzt.«

Nun, es mit einem Gegner aufzunehmen oder fortzulaufen — das sind alte Hüte. Aber einen Angriff dadurch zu neutralisieren, daß man mit ihm verschmilzt und eins wird, war in meinen Augen nicht nur kreativ, sondern entsprach auch vollkommen meinem tiefempfundenen Wunsch nach Frieden, nach der Fähigkeit, mit Macht und Energie umgehen und möglicher physischer Gewalt begegnen zu können. Dieser Aikido-Lehrer sagte: »Statt deinen Gegner körperlich zu bedrohen, sollst du seinen Angriff als geistigen Energiestrom erkennen und mit ihm verschmelzen.«

Meine erste Aikido-Übung bestand darin, das Terminproblem mit dem Raum zu lösen und mich dieser Situation anzupassen. Ich überließ ihm den Unterricht und nahm so an meiner ersten Aikido-Stunde teil. In der Pause fragten mich meine Yoga-Schüler, ob wir jetzt nicht mit unserer Yoga-Stunde anfangen könnten. Das taten wir, aber für mich war alles zu spät. Von der ersten Bodenrolle an war ich dem Aikido verfallen. Ich war wie umgewandelt, allein schon durch die Auffassung und das Verständnis von Macht, das diese Kunst vermittelte. Ohne Zweifel war ich auf etwas für mich Wichtiges gestoßen. Wie wichtig, das ahnte ich noch nicht.

Als ich mich eingehender mit diesem Kampfsport und besonders mit den Memoiren seines Begründers beschäftigt hatte, wurde mir klar, daß O Sensei die überkommenen Grenzen der Vorstellung, die wir uns von der Dynamik der Schöpfung machen, überschritten hatte. Er hatte einen Quantensprung getan über die Welt der sichtbaren Erscheinungen, der stofflichen Materie, von Masse und Bewegung hinaus zu den feineren Energien hin, die das physische Universum gestalten. Er hatte die Einheit des universellen System jenseits der Dualität erkannt und sich Energiegesetze zunutze gemacht, die bei der Allgemeinheit noch keine Gültigkeit besaßen.

Ein Universum entfaltet sich, in dem die einzige Konstante die Veränderung ist. Die Treibkraft hinter diesem in Entwicklung begriffenen Universum ist *Ki*. In der wörtlichen Übersetzung bedeutet *Ki* Dampf und damit Dehnungsdruck oder -spannung, eine ungenutzte latent vorhandene Kraft oder Macht. Einfacher ausgedrückt ist *Ki* die Lebenskraft.

Durch das, was O Sensei das Geschenk des *Aiki kame* oder den göttlichen Funken des Aikido nannte, hat er eine Kunst geschaffen, die über das Selbstverständnis der Menschen als getrennt voneinander existierende Wesen hinausgeht und in uns das Bewußtsein unserer selbst als Energieformen des universellen Geistes wecken will. O Sensei hat ein genaues Gleichgewicht zwischen dem Bekannten und dem bisher noch Unbekannten gefunden und so die kritische Masse erreicht, die nötige Weißglut erzeugt, um das Denken einzuschmelzen und Aikido hervorzubringen.

Was immer er auch getan hat, als Kampfsportler ist er schon zu seinen Lebzeiten legendär gewesen. Er stand in dem Ruf, unschlagbar zu sein. Obwohl Leute aus aller Welt zu ihm strömten, konnte keiner sich rühmen, ohne seine Erlaubnis Hand an ihn gelegt zu haben. Er hatte eine Meisterschaft ohnegleichen erreicht und die für alle anderen als Maßstab geltende Form des Kampfsports geprägt. Über den Weg zu solchen Höhen sagt O Sensei selbst:

> Der Sieg auf Kosten anderer ist kein echter Sieg. Siegen heißt, den Sieg über den Geist der Zwietracht im eigenen Innern davonzutragen. Aiki ist keine Technik, den Gegner zu bekämpfen oder zu schlagen. Es ist ein Weg, die Welt zu versöhnen und die Menschen zu einer Familie zu machen.

Hier war endlich eine Kampfkunst, die Machtausübung und Liebesfähigkeit miteinander verschmolz.

Ein Freund hatte einen Traum, in dem ihm O Sensei ein Schwert zeigte, das so scharf war, daß es die Dinge *zusammen*schneiden konnte. Ebendiese Wirkung hatte Aikido auf mein Leben. O Sensei zeigte einem eine Welt unbegrenzter Möglichkeiten, die dem offensteht, der sich mit den Lebensenergien des Daseins vereinigen kann. Etwas, das von seinem Wesen ausging, veränderte mein Leben.

Die evolutionäre Kraft ist ein Anzeichen dafür, daß sich das Universum in einem beständigen Entwicklungsprozeß befindet. Es ist eigentlich widersinnig, Aikido als Kampfkunst zu betrachten, denn Ziel ist nicht die Zerstörung, sondern die Steigerung der Lebensenergie.

Mit O Senseis Worten:

> Aikido hält alle Wesen in fortwährender Entwicklung und Entfaltung und dient der Vollendung des Universums.

> Der echte Budo ist die tätige Liebe. Er besteht darin, allen Wesen das Leben zu ermöglichen, statt einander zu töten oder zu bekämpfen. Die Liebe ist der über alles wachende Schutzgott. Ohne sie hat nichts Bestand. Aikido ist die Verwirklichung der Liebe.

Fünfzehn Jahre später

Es war schon fast hell, als ich aufwachte. Ich war in San Diego bei meiner Mutter zu Besuch. Da ich Stimmen hörte, zog ich mich an und ging zu Mutters Zimmer. Ihre Tür war angelehnt, und ich konnte sie mit meiner Tante reden hören.

»Ich habe schlechte Nachrichten«, sagte sie. Sie verstummte; es gab eine Pause. »Gene hat aus Minneapolis angerufen. Bill hatte einen Unfall.«

Gene ist mein jüngerer Bruder und Arzt. Bill ist mein älterer Bruder und ein heißer Typ.

»Es ist schlimm«, fuhr sie fort, »Gene fürchtet, er überlebt es nicht.«

Er hatte mit seinem Motorroller vor einer roten Ampel gehalten und war von hinten von einem Betrunkenen überfahren worden. Der Kerl behauptete, Bill überhaupt nicht gesehen zu haben; Bill wurde von seinem Roller geschleudert und zog sich eine Kopfverletzung zu. Er trug keinen Helm. Ich stellte mir damals vor, Bill sei von seinem Roller gefallen und mit dem Kopf aufgeschlagen. Erst viel später hörte ich, daß er zehn Meter durch die Luft geflogen war und daß sein Motorrad völlig demoliert wurde.

Man hatte Bill ins Hennepin-Bezirkskrankenhaus gebracht, wo mein jüngerer Bruder Gene als Assistenzarzt tätig gewesen war. Gene hatte mit dem behandelnden Arzt gesprochen, der die folgende Prognose stellte: »Die Kopfverletzung ist schwerwiegend. Die nächsten 24 Stunden sind kritisch. Es besteht durchaus die Möglichkeit, daß er nicht durchkommt.«

Er lag auf der Intensivstation, an lauter lebenerhaltende Geräte angeschlossen, bewußtlos, mit Gehirnblutungen. Sie hatten Löcher in seine Schädeldecke gebohrt, um den durch die Blutung erzeugten Druck zu vermindern. Wenn er sich so hielt, bestand eine gute Chance, daß sich sein Zustand stabilisierte. Doch selbst dann war völlig ungewiß, ob Bill wieder aufwachen würde und wenn, wie er danach wäre.

Ich war ganz benommen von den auf mich einstürmenden Gefühlen, die der Schock in mir ausgelöst hatte. Ich dachte, die Berichte wären vielleicht übertrieben. Jedenfalls standen meine Ängste nicht in Einklang mit anderen intuitiven Empfindungen in meinem Innern, die ich durch mein Aikido-Training zu erkennen gelernt hatte. Ich dachte, ich wollte vielleicht einfach nur nicht der Wahrheit ins Auge sehen, aber inzwischen bin ich soweit, diesen Emfindungen aus dem Sinnesbewußtsein meiner rechten Hirnhälfte zu trauen.

»Er wird wieder gesund«, sagte ich zuversichtlich, und es war beinahe so, als spräche jemand anders. Die Stimme schien aus einer inneren Stille zu kommen. Die durch das Aikido-Training erreichte Einheit von Körper, Geist und Seele macht die Intuition der bewußten Wahrnehmung zugänglich. Ich hatte ein Übungsstadium erreicht, an dem ich nicht mehr daran dachte, sondern nur danach handelte — ebenso wie sich der Körper bei einer guten Technik plan- und gedankenlos bewegt.

Den Speicher des Unbekannten und der Intuition anzuzapfen, war für mich das Hauptziel meines Aikido-Trainings. Wenn die Energien von *Uke* (der Person, die angreift und damit jede mögliche Lebenssituation symbolisiert) und *Nage* (der Person, die auf den Druck der Situation mit dem passenden Wurf reagiert) zusammenfließen, tritt die Intelligenz des vereinten Energiesystems in Kraft und steuert die Bewegung des Körpers oder, wie in diesem Fall, des Gemüts. Soll das geschehen, müssen Geist, Körper und Seele eine Einheit bilden und eine feste Basis haben. Grundvoraussetzung dafür ist zum einen die Entspannung und zum anderen, daß man seine Mitte gefunden hat, sei es nun bei der Anwendung von Aikido-Techniken oder im täglichen Leben. Wenn O Sensei einmal einen festen Stand eingenommen hatte, konnte ihn nichts und niemand mehr erschüttern oder umwerfen. So diente die physische Dimension dazu, ein Bild von ebendieser Möglichkeit auch im emotionalen Bereich zu zeichnen.

Ich ging nach Hause und wartete, jeden Augenblick darauf gefaßt, das Telefon klingeln zu hören. Tage vergingen. Nichts. Eine ganze Woche verstrich. Immer noch nichts.

Meine Mutter wollte nach Minneapolis fahren, aber Gene riet ihr davon ab. Nach eineinhalb Wochen beschloß sie, zu Bills Geburtstag hinzufahren. Er wurde im Koma 40 Jahre alt.

Ein paar Tage später rief sie völlig aufgeregt an; Bill schien die Augen geöffnet zu haben. Der erste Hoffnungsschimmer trat in unser Leben.

Die Nachricht gab mir Mut genug, daß ich es wagte, einen Ausflug zum Yosemite-Park zu machen. Als ich wieder daheim war, erwartete mich jedoch eine bittere Nachricht: absolut keine weiteren Reaktionen; wenn überhaupt, dann sank Bill in tiefere Bewußtlosigkeit. Ich spürte, wie mir das Herz sank. Ich war so sicher gewesen, er würde durchkommen. Jetzt überwältigte mich Angst, und ich sah endlich, wie ernst die Lage war. Ich begann, an meiner intuitiven Gewißheit zu zweifeln und überließ mich der völligen Verzweiflung.

Durch Aikido lernt man, seiner Intuition zu folgen, aber was Intuition ist und wie sie tätig wird, entzieht sich meiner Kenntnis. Ich habe ihr zwar viele Male vertraut, aber auf der anderen Seite meines Gehirns ist weiterhin die Stimme des Skeptikers zu vernehmen. Doch stärker als diese Zweifel und ganz anders, jenseits von Glaube und Skepsis, war das Gefühl, daß etwas von mir verlangt wurde.

In dem Wissen, daß sich der Zustand meines Bruders verschlechterte, spielte ich mit dem Gedanken, nach Minneapolis zu fahren. Die ganze Nacht ließ er mich nicht los, und am nächsten Morgen schwirrte er mir noch immer im Kopf herum. Meine Besorgnis und das Empfinden, mich um ihn kümmern zu müssen, wuchsen ständig.

Am Abend ging ich los, um meinen Unterricht zu geben, und wie so oft beim Training verblaßten meine persönlichen Sorgen. Auf der Heimfahrt mußte ich um so mehr an meinen Bruder denken; das spontane Empfinden, bei ihm sein zu müssen, verstärkte sich. Gegen zehn Uhr desselben Abends rief ich trotz aller Überlegungen, die meines Erachtens dagegen sprachen, den Flughafen an. Es gab einen Mitternachtsflug, mit dem ich um sechs Uhr früh in Minneapolis sein konnte.

Meine Mutter hatte an diesem Morgen heimkehren wollen, aber ich rief sie an, weil ich dachte, sie würde es sich anders überlegen, wenn sie hörte, daß ich unterwegs war. Sie und Gene fanden mein Kommen unnötig. Sie meinten, wenn ich schon die Reise auf mich nehmen wollte, könnte ich mehr für Bill tun zum Zeitpunkt seines Erwachens. Im Augenblick könnte ich noch gar nichts tun. Es sei völlig zwecklos, herzukommen, nur um mit ihnen an seinem Bett zu sitzen.

Ich ging in mich, um im tiefsten Kern meiner selbst, im Zentrum meiner Erfahrungen, eine Antwort zu finden. Ich mußte einen Versuch mit Bill wagen. Ich rief die Fluggesellschaft an und buchte einen Flug. Dann rief ich meine Mutter an und sagte ihr, ich käme um sechs Uhr an. Sie war zu müde, um mit mir zu schimpfen, und sagte nur, sie würde mich vom Flughafen abholen.

Was ich da tat, machte mir auf einmal Angst. Bei der Vorstellung, mich auf einem reinen Ego-Trip zu befinden, anzukommen wie ein Idiot auf einem großen weißen Pferd, und dann geschähe absolut nichts, bereute ich meinen Entschluß schon fast. Aber seltsamerweise hatte ich zugleich das deutliche Empfinden, es stehe in meiner Macht, irgend etwas Bestimmtes zu tun, so daß ich unbedingt hin müsse. Diese Macht fürchtete ich mehr als alles auf der Welt. Ich stieg ins Flugzeug und schlief ein.

Ich wachte auf, als wir gerade in Minneapolis landeten. Wir fuhren in die Stadt, und trotz der frühen Morgenstunde war die Spätsommerhitze bereits drückend. Innere Unruhe und Spannung nahm meine Aufmerksamkeit gefangen. Ich merkte, wie ich mich mit konzentrierter Energie auflud.

Beim Partnerangriff lehrt uns Aikido, diese Energie zu nutzen, statt uns ihr zu widersetzen. Rückblickend sehe ich in diesem vorbereitenden Auftanken einen wesentlichen Aspekt des Gesundungsprozesses. Damals nahm ich in erster Linie eine starke Zusammenballung von Energie wahr — einer Energie, die von der Situation selbst hervorgerufen wurde. Ich tat mein Bestes, um im Sinne des Aikido an diesen Punkt zu gelangen.

Nach siebenstündiger Anreisezeit hielt ich schließlich vor dem Krankenhaus. Das letzte Mal war ich vor Jahren mit Bill und einem gemeinsamen Freund hier gewesen. Wir hatten unseren jüngeren Bruder Gene besucht, der damals hier arbeitete.

Diesmal war es anders. Als ich hineinging, war mir, als wäre ich unsichtbar. Wir gingen durch die Eingangshalle; das, was uns erwarten mochte, wirkte wie eine schwere Last auf mich. Mir kam in den Sinn, daß Bill nun schon fast einen Monat bewußtlos dalag, ohne etwas von der Betriebsamkeit des Krankenhauses rundum zu merken. Mein Inneres vibrierte vor Spannung. Ich atmete tiefer, um der zunehmenden Energie Herr zu werden.

Wir fuhren im Aufzug nach oben. Wir gingen an Räumen voller Geräte, an Krankenschwestern und -pflegern mit ihren Wagen vorbei. Jemand wurde auf seinem Weg zum Operationssaal an uns vorübergeschoben. In den Gängen saßen Leute in Rollstühlen. Bei jedem Schritt wuchs die Spannung.

Plötzlich wies meine Mutter auf eine Tür. »Hier«, sagte sie. Ich trat in das Zimmer. Mein Bruder Bill lag im Bett. Trotz seiner Bewußtlosigkeit war Bewegung in seiner rechten Körperhälfte; die andere Seite war gelähmt. Sein Kopf drehte sich, als träume er. Leise, unverständliche Knurrlaute drangen von ihm herüber. Das hämmernde Pulsieren in meinem Innern wurde stärker. Ich meinte, selbst die Krankenschwestern müßten es hören können. Ich hatte keine klare Vorstellung davon, warum ich eigentlich hier war und wozu ich gekommen war.

Ich sah den Krankenschwestern zu, die mit ihm wie mit einer großen Puppe umgingen. Sie schoben ihm einen Schlauch durch die Nase in den Magen. Er hing am Tropf und hatte eine Sauerstoffmaske über dem Gesicht. Sein rechter Arm war festgebunden, um zu verhindern, daß er die Schläuche abriß. Sie wuschen ihn und zogen ihn an; die ganze Zeit, während sie ihre Arbeit verrichteten, redeten sie mit ihm, aber es gab keine Reaktion.

Ich setzte mich an seine Seite; ich starrte ihn an und stellte mich auf ihn ein. Bis auf eine Schwester verließ das Pflegepersonal den Raum. Meine Mutter war noch da, und die Freundin meines Bruders, Christine, war hereingekommen. Die beiden standen am Fußende des Bettes. Ich näherte mich ihm langsam. Ich legte ihm meine Hände auf, eine an den Hals und eine auf sein Gesicht. Ich sprach mit ihm. Ich rief ihn an. Meine Stimme gellte in meinen Ohren nach. Keine Reaktion.

Bei meinem Aikido-Training habe ich mich speziell mit dem *Ki*-Heilen befaßt, das heißt mit dem *Ki* oder der Lebensenergie im Hinblick auf den Heilungsprozeß. In einer Reihe von Übungen, die mit dem Finden der eigenen Mitte, Entspannen und Erden begannen, hatte ich gelernt, bewußtes *Ki* ins Zentrum einer Verletzung zu leiten. Ich erinnere mich, daß mir das strömende *Ki* wie eine goldene, honigartige Substanz vorkam und wie beeindruckt ich war von seiner Greifbarkeit. Ich hatte schon einige Male mit *Ki* geheilt, aber noch nie in einer solchen Situation. Ich fing an. In einem Bewußtseinszustand, den ich als rein intuitiv bezeichnen würde, nahm ich Bills Hand und bog sie zu einem Aikido-Griff, der *Nikkyo* heißt.

Nikkyo ist ein Gelenkgriff, der bei richtiger Anwendung einen größeren Angreifer mit sehr geringem Kraftaufwand in die Knie zwingt. Wird er ruckartig oder kraftvoll angewendet, kann er mit Leichtigkeit ein Handgelenk ausrenken oder brechen. Durch entsprechendes Training vermag man ihn so genau zu kontrollieren, daß er Bewegung und Absicht des Gegners neutralisiert, ohne diesem körperlich zu schaden. Ich hatte gelernt, durch diesen Griff den Energiestrom in die Mitte meines Partners zu lenken. Mit dieser Technik und mit meinen Kenntnissen im *Ki*-Heilen konzentrierte ich mich nun auf den Energiefluß und nicht so sehr auf den Schmerz, den ich verursachte, als ich bei Bill *Nikkyo* anwandte. Es schien mir, als würden sich seine Augen bewegen, und ich rief ihn laut.

»Bill, Bill, kannst du mich hören?«

Obwohl der Laut undeutlich war, meinte ich, ihn »Yeah« sagen zu hören. Zugegeben, ich wollte es auch nur undeutlich hören. Ich hatte Angst, mir etwas vorzumachen. Ich übte mehr Druck aus mit dem *Nikkyo*; ich ließ mehr Energie durch ihn hindurchströmen. Ich war sicher, seine Augen reagierten. Ich fragte: »Bill, wer bin ich?«

In unklaren Lauten aus tiefster Kehle meinte ich ihn sagen zu hören »Richard«. Ich sah mich im Zimmer um. Die Augen der Krankenschwester waren weit aufgerissen. Meine Mutter und Christine standen am Fußende des Bettes und hielten sich umfaßt. Beide nickten. Christine sagte: »Ich bin sicher, er hat deinen Namen genannt. Ich bin sicher, daß er ‚Richard' gesagt hat.«

Ich wandte mich wieder Bill zu und probierte noch einmal *Nikkyo*. Ich sagte: »Bill, spürst du das?«

Er sagte: »Yeah.« Jedesmal, wenn er sprach, schienen die Worte ein wenig deutlicher zu werden. Ich sagte:

»Bill, sag meinen Namen.« Als er jetzt ‚Richard' sagte, hörten wir es alle. Wir sahen einander an. Keiner wollte es glauben, und doch hatten wir ihn alle sprechen hören. Ich verstärkte den Druck und damit sowohl den Schmerz als auch den Reiz.

»Bill, wenn dir das weh tut, sag ‚Onkel'.« Er schrie fast »Onkel«; und es war so laut und so klar, daß keiner von uns in dem Krankenzimmer noch Zweifel hatte. Wir warfen uns unter Lachen und Weinen Blicke zu. Die Krankenschwester war wie erstarrt; sie schaute mich an und fragte:

»Was machen Sie da?«

Ich erzählte ihr, daß ich mich durch eine Kunst namens Aikido mit der Lebensenergie befasse, die sowohl zu Heilzwecken wie auch zur Selbstverteidigung mobilisiert werden könne. Ich erklärte ihr, ich ließe *Ki* oder heilende Lebensenergie in meinen Bruder fließen und stelle dadurch den Kontakt zu seinem Bewußtsein her. Sie sah mich freundlich an, aber ich konnte förmlich hören, wie sie dachte, einer von uns beiden müsse spinnen.

Kaum fünf Minuten später betrat eine ganze Batterie von Ärzten das Zimmer. Sie hatten sich vier Wochen mit Bill befaßt und keine bewußte Reaktion von seiner Seite erlebt. Sie versammelten sich um Bill und kniffen und piekten ihn. Sie sprachen mit ihm in der Hoffnung auf ein Lebenszeichen.

Bill war inzwischen wieder in Bewußtlosigkeit versunken und zeigte keine klare Reaktion. Sie sahen nichts. Sie blickten mich an und verließen den Raum. Als sie eben hinausgingen, kam mein Vater ins Zimmer. Er wollte gerade etwas sagen, da unterbrach ihn meine Mutter.

»Jay, Bill hat eben Richard beim Namen genannt.«

Ich nahm Bills Hand und wiederholte meine Übung, fand meine Mitte, erdete mich und spürte, wie die Energie zu fließen begann. Ich wandte *Nikkyo* an. Seine Augenlider fingen zu zucken an und öffneten sich dann. Er schien im Zimmer herumzuschauen. Ich sagte:

»Bill, weißt du, wer jetzt im Zimmer ist?« Er reagierte nicht gleich, und ich wiederholte meine Frage: »Bill, wer ist jetzt hier im Zimmer?«

Er versuchte zu sprechen; endlich sagte er: »Dad.«

Mein Vater vergoß Freudentränen. »Ich kann's kaum glauben«, sagte er. »Es ist unglaublich, einfach unglaublich.« Wieder und wieder sagte er das. Selten haben wir unseren Vater so glücklich gesehen.

Schon seit Jahren war das Verhältnis zwischen mir und meinem Vater gespannt, ohne daß darüber gesprochen wurde. Mein jüngerer Bruder hatte immerhin mit dem Arztberuf eine intelligente Wahl getroffen. Ich hingegen hatte mich an der Küste herumgetrieben und dieses verrückte Training aufgenommen, das mein Vater für eine brotlose Kunst hielt. Jetzt auf einmal hatte Aikido einen realen Wert für die ganze Familie. Niemand wußte so recht, was ich eigentlich gemacht hatte oder ob ich überhaupt etwas getan hatte. Aber die Tatsache, daß Bill reagiert und gesprochen hatte, genügte uns für den Augenblick. Ich bat ihn nochmals, meinen Namen zu sagen, und er tat es. So intensiv war die Spannung und Erregung im Zimmer, daß ich sie noch immer spüre. Ich ließ ihn in seinen Schlaf zurücksinken. Mein Vater setzte sich ans Bett. Mutter und ich gingen frühstücken.

Als wir zurückkamen, war Gene da. Ich ging zu Bill hinüber, nahm seine Hand, zentrierte und erdete mich und ließ den *Ki*-Strom fließen, um Bill zu Bewußtsein zu bringen. Ganz allmählich wurde er immer klarer. Ich fragte:

»Bill, du weißt, wir sind hier?«

Seine Stimme war tief, und die Worte, die er formte, waren kaum erkennbar, aber er sagte: »Weiß, ihr seid hier« oder vielleicht auch: »Weiß, wir sind hier«. Es kommt vor, daß jemand in einem leichten Koma einfach die Worte wiederholt, die er hört. War er bei Verstand oder plapperte er nur nach? Ich stellte die Frage anders und sagte:

»Bill, weißt du, wer ich bin?«

Er antwortete: »Weiß, wer du bist.« Gene und ich sahen uns an — jetzt wußten wir, daß Bill bei uns war, daß er uns hörte, uns verstand und eine intelligente Antwort zu geben vermochte.

Sein rechtes Bein war gelähmt und schmerzunempfindlich. Ich wandte an dem Bein und am Fuß ähnliche Griffe wie am Handgelenk an. Sobald sich eine Schmerzreaktion zeigte, erhöhte ich den Druck vorsichtig, um die Aufmerksamkeit auf das gelähmte Bein zu lenken und so den *Ki*-Fluß zu stimulieren. Wieder öffnete die Übung des Zentrierens das Tor für den Energiestrom. Ich lenkte ihn zuerst in seinen Körper und dann in sein Energiefeld. Der *Ki*-Strom folgt der Konzentration an die betreffende Stelle. Im Grunde tut das *Ki* die ganze Arbeit, aber durch das Aikido-Training entwickelt man die Fähigkeit, es dorthin zu lenken, wo es nötig ist. Das Bein reagierte immer empfindsamer, bald sogar auf Kitzeln. Als ich fortging, konnte Bill sein Bein auf die leichteste Berührung hin bewegen. Ähnlich verfuhr ich dann mit seinem rechten Arm.

Am späten Nachmittag machten Gene und ich uns wieder auf den Weg zum Krankenhaus. Die Nachricht, daß es Bill besserging, mußte sich wie ein Lauffeuer verbreitet haben, denn bei der Rückkehr in Bills Zimmer fanden wir sechs seiner Freunde dort vor. Sie hatten versucht, mit ihm zu reden, aber ohne Erfolg. Ich wußte, daß sie sich fragten, ob sich nun wirklich etwas verändert hatte oder nicht.

Gene und ich warfen uns einen Blick zu; wir gingen jeder auf eine Bettseite. Er nahm Bills eine Hand, ich die andere. Dann regten wir mit Hilfe von Aikido-Techniken den Energiefluß an. Ich konnte spüren, wie peinlich es allen im Raum war. Für eine Weile ignorierte ich sie einfach und konzentrierte mich voll und ganz darauf, Energie in Bills Körper, Geist und Sein strömen zu lassen. Seine Augäpfel begannen sich zu bewegen, und langsam öffneten sich seine Augen. Es sah aus, als ließe er sie durch den Raum schweifen. Ich fragte noch einmal:

»Bill, wer ist hier bei uns im Zimmer?«

Er blickte wieder im Zimmer umher. Nach ein paar gurgelnden Lauten sagte er endlich leise, aber deutlich: »Kaplan«, den Namen eines anwesenden Freundes. Die Atmosphäre im Zimmer schien vor Spannung zu knistern. Tränen rannen. Niemand konnte es glauben.

Es war ein aufwühlendes Erlebnis, weil etwas passierte, aber keiner genau wußte, was. War ich nur zufällig zum richtigen Zeitpunkt gekommen? War wirklich etwas dran an diesem Unsinn mit der Heilwirkung des *Ki*-Stroms? Ähnliche Gefühle weckt ein guter Aikido-Wurf, wenn *Uke*, der Fallende, sich zu seiner Überraschung auf der Matte wiederfindet. Ich kenne dieses eigenartige Überraschtsein, bei dem man nicht weiß, was eigentlich geschehen ist und wie Aikido eigentlich funktioniert, sowohl aus der Erfahrung des Werfens als auch aus der des Fallens. Ich wundere mich oft, um nicht zu sagen immer, ob das Wirklichkeit ist.

Er hatte reagiert. Das stand eindeutig fest. Und er hatte wiederholt reagiert. Ich hatte das Empfinden, als hätte bei ihm ein innerer Heilungsprozeß eingesetzt, der ausreichte, um ihn aufzuwecken. Und es war Aikido, der Druck oder die Kraft des *Ki*, die sein Bewußtsein mit der Gegenwart in Berührung gebracht hatte, mit meiner Stimme und mit allen hier im Zimmer Versammelten, so daß er schließlich selbst den Weg ins Bewußtsein zurückfinden konnte.

Ich fuhr nach Hause wie im Traum. Obwohl meine Angst vor einem Mißerfolg ebenso groß gewesen war wie die vor einem Erfolg, hatte ich einem intuitiven Impuls nachgegeben. Mir war, als hätte mich ein Wissen in Bewegung gesetzt, das ich nicht besaß, das jedoch von mir Besitz ergriffen hatte. Es schien, als hätte ich gar nicht frei entscheiden können, ob ich gehen sollte oder nicht. Ich ging, ohne zu wissen, was ich dort tun würde. Ich hatte einfach und spontan mitten aus meinem Sein heraus gehandelt.

Ein Freund kam, um sich vor meinem Abflug von mir zu verabschieden. Als er auf mich zutrat, wurde sein Blick weich. Er umarmte mich und sagte etwas, das mir überhaupt nicht in den Sinn gekommen wäre. Er sagte: »Das ist die beste Kampfsport-Story, die ich je gehört habe.«

O. Fred Donaldson

Aikido, Wölfe und wilde Tiere

Die Natur in ihrer Wildheit richtig zu erleben erfordert den Einsatz aller Sinne und empirische Kenntnisse eher ganzheitlicher als analytischer Art. Meist sehen wir sie nur als malerische Landschaft und die Wildtiere als Jagdbeute. Wir besitzen lediglich Bruchstücke des Wissens und der Weisheit, die das Erbteil der Menschen sind. Unsere moderne Lebensweise hindert uns daran, gewisse menschliche Möglichkeiten auszuschöpfen, die in uns schlummern und die sich nur unter bestimmten Umständen äußern.

Offenbar haben wir zum Beispiel keinen anderen Weg gefunden, unmittelbar mit wilden Tieren in Berührung zu kommen, als den, einen Sport mit ihnen zu treiben, bei dem die Tiere selbst der »Preis« sind. Bei diesem Sport heißt es: »Sieg oder stirb«, und die beteiligten Tiere sind in akuter Gefahr, ausgerottet zu werden. Was bei solchen Konfrontationen zählt, ist nicht das Tier, sondern vielmehr seine Verwendbarkeit, die im allgemeinen in Trophäen gemessen wird. In diesem Fall ist die Beziehung zwischen Mensch und Tier allein die von Gewinner und Verlierer. Roger Caras hat das gut ausgedrückt; er schreibt: »Ein Mörder ist nie so sehr Mörder wie in dem Augenblick, wo es um einen Sport geht.« Daß es so wichtig ist, das Tier zu töten, liegt daran, daß der Mensch sich erst dann seiner sportlichen Erfolge freut, wenn er das tote Siegeszeichen in Händen hält. Lebt das Tier, hat der Mensch verloren; nur durch seinen Tod kann das Tier dem Menschen den Sieg einräumen.

Uns im Kampf mit ihnen zu messen ist jedoch nicht unsere einzige Möglichkeit, mit wilden Tieren umzugehen. Black Elk, Tom Brown, Fools Crow und Morihei Ueshiba haben bewiesen, daß es nicht unbedingt Relikte aus der Zeit unserer Vorfahren sind, wenn man mit dem gesamten Körper wahrzunehmen lernt, um die Gewohnheiten von Wildtieren instinktiv zu erfassen und eine Beziehung herzustellen, die auf Vertrauen beruht. Die eben genannten Lehrer sind Beispiele für eine Seligkeit und Liebe, die sich in einer engen Verbindung zu anderen Lebewesen äußert und einen wesentlichen Teil meiner Erfahrungen mit Aikido, Wölfen und anderen wilden Tieren darstellt. Aikido als Gefährte bei meinen Wanderungen mit Wölfen und anderen Tieren öffnet mir Herz und Sinne so, daß ich sehe, höre und als vertraut empfinde, was ich vorher nie wahrgenommen habe und wahrscheinlich auch nicht hätte wahrnehmen können.

Wir können die toten Trophäen durch lebendige Beziehungen ersetzen, die Aikido knüpft. Stellen wir uns einmal vor, wir würden Tiere, statt sie zu Tode zu hetzen, zu einem *Randori* hinzuziehen (einem Mehr-Personen-Angriff). Stellen wir uns einmal vor, wir lernten gegenseitiges Vertrauen, statt unsere Wände mit Köpfen und Häuten zu behängen. Stellen wir uns einmal vor, wir könnten Tiere mit unseren Händen berühren, statt mit Schußwaffen auf sie loszugehen. Wenn es darum geht, unsere Geschicklichkeit und Ausdauer zu erproben, hat Aikido einiges zu bieten, das jeden Wettbewerb an Schwierigkeit und Spannung in den Schatten stellt.

Die im folgenden dargelegten Ideen stammen aus drei Quellen: meinem Aikido-Training, meinem Spiel mit Wölfen in Wolf Haven, einem Wolfsreservat im amerikanischen Bundesstaat Washington, und meinen zahllosen Pirschgängen in freier Natur. Aufgrund dieser Erfahrungen kann ich wohl sagen, daß Aikido sowohl ein Weg ist, tiefes intuitives Verständnis für wilde Tiere zu entwickeln, wie auch eine praktikable Methode, mit ihnen umzugehen. Bei meinem Spiel mit den Wölfen und anderen Tieren hat sich Aikido als eine schöne und wirksame Alternative zum Wettkampf erwiesen. Nicht allein, daß ich Tiere anders sehe, seit ich Aikido übe. Ich erlebe durch Aikido eine andere Wirklichkeit. Ich befinde mich nicht in einer Auseinandersetzung. Vielmehr habe ich das Ziel, »mit den Bewegungen des Universums zu harmonieren und mit dem Universum selbst in Einklang zu kommen« (Ueshiba). O Sensei hatte recht, als er sagte: »Das ist keine reine Theorie. Ihr könnt es üben. Dann werdet ihr die große Kraft des Einsseins mit der Natur empfangen.« Was bei meinem Aikido und Spiel mit wilden Tieren passiert, ist mit Eis zu vergleichen, das in kochendes Wasser fällt — es löst sich auf, wird zum anderen und verändert es.

Aikido hat die Kluft zwischen meiner Kultur und der Wildnis überbrückt. Die Tragfähigkeit dieser Brücke hängt von meiner Fähigkeit zur Teilnahme ab, die im Herzen entspringt. Sie teilt sich durch eine subtile Osmose auch meinen Sehnen und Muskeln mit; aber letztlich ist es das Herz, in dem sich Aikido und die Natur begegnen. In diesem Gefühl der Teilnahme liegt eine Weisheit, die ich nur erahnen kann. Ich kann es nicht erlernen; ich kann es nur in meinem Herzen bewahren. Sein Wesen ist die Harmonie, durch die sich der Aikido-Übende vom Wettkämpfer oder Sportler unterscheidet und die es mir möglich macht, mit Wölfen zu spielen. Wolf und ich verschmelzen miteinander als *Nage* (Verteidiger) und *Uke* (Angreifer); Vorwurf und Urteil, Vergleich und Konfrontation lösen sich in einer Verschmelzung von Geist und Körper, Einfachheit und spielerischer Freude auf. Bei einer solchen Begegnung gibt es keinen Hauptakteur.

Bei meiner Einführung in das Wolfsspiel kam ich mir vor wie mitten in einer *Randori*-Übung. Offenbar gibt es so etwas wie wölfische Anstandsregeln, die verbieten, einen im Zweifel zu lassen, ob man willkommen ist. Die Wölfe begrüßen mich allmorgendlich voller Freude, wenn ich ihre Einfriedung betrete, indem sie mich anspringen, an irgendwelchen losen Zipfeln meiner Kleidung knabbern und mir »Wolfsküsse« geben. Was waren diese »Wolfsküsse« anfangs für eine verblüffende, wunderbare Überraschung! Der Wolf reißt sein Maul auf und läßt die Kiefer dann so dicht vor meinem Gesicht zusammenschnappen, daß seine Schnauze hauchzart meine Haut berührt. Die Wölfe kommen alle auf einmal angelaufen. Bald bin ich zuunterst in einem Knäuel von sieben herumtanzenden Wölfen begraben. Wie ein geübter *Uke* legen sie eine Feinfühligkeit und Selbstbeherrschung an den Tag, die meine Besorgnis mehr als wettmachen. Im Spiel lernen wir immer besser, miteinander zu verschmelzen.

Als *Uke* sind Wölfe zu schnell, halten sie zu viele Überraschungen für mich bereit, als daß ich meine Reaktionen durchdenken könnte. Ich verlasse mich auf meine Intuition und mein Herz, wenn ich mich in ihre Bewegungen einfühle. Manche sind ausgesprochen freundlich, andere wieder recht zudringlich, und einer ist hinterlistig, schleicht gern um mich herum und springt mich dann von hinten an. Im Lauf der Zeit wurde mir klar, daß sie von mir erwarteten und forderten, sie als Individuen zu behandeln und mich im einzelnen auf sie einzustellen. Ich gestatte allerdings nicht allen Wölfen, auf mich loszuspringen, und wende verschieden viel Kraft an, um sie wegzuschieben. Sybil beispielsweise springt mich so sanft an, daß ich ihre Berührung kaum spüre. Sie paßt auch auf, daß sie nicht mit ihren Klauen auf mir landet. Wenn sie hochspringt, legt sie mir ihre Pfoten auf den Arm, und ich streichle und rubble ihre Nase. Eine ihrer Schwestern hingegen stellt dauernd mein Reaktionsvermögen auf die Probe und springt mich überraschend von hinten an oder kommt von der Seite angerannt, zwickt mich schnell und flitzt wieder davon. Ich beschreibe mit meinen Armen die für Aikido charakteristischen Kreisbewegungen, um ihre ziemlich stürmischen Ausfälle abzulenken.

Zuerst war ich mir gar nicht sicher, ob ihre Schnelligkeit mit Vorsicht gepaart war. Aber mit der Zeit haben wir gelernt, miteinander zu verschmelzen. Obgleich sie erstaunlich schnell und kraftvoll ist, nimmt sie sich auch in acht, mir nicht weh zu tun. Sie hat schon oft meinen Arm zwischen ihre

Zähne genommen, wenn ich ihren Sprung abwehrte, aber noch nie zugebissen.

Eine so harmonische Begegnung beruht auf gegenseitigem Vertrauen und kinästhetischer Sensibilität. Wir haben beide ein feines Gespür für das richtige Maß des Kontakts und der Fühlungnahme. Wenn ein Wolf oder eine Wölfin meinen Arm in den Rachen nimmt, wissen sie genau, wieviel Kraft sie anwenden dürfen. Ebenso weiß ich genau, wieviel und wo ich jeden einzelnen Wolf berühren darf. Zwei Wölfe, nämlich Sybil und Hambone, darf ich sogar vom Boden aufheben, was ungewöhnlich ist. Da die Körperbeherrschung und Beweglichkeit der Wölfe von ihren Füßen abhängt, lassen sie sich nicht gern hochheben.

Das Verschmelzen im gegenseitigen Vertrauen einer *Uke-Nage*-Beziehung ist von einer unerklärlichen Fürsorge füreinander gekennzeichnet. Sie entwickelt sich durch viele bedeutende und unbedeutende, sichtbare und unsichtbare gemeinsame Taten und Mitteilungen. Eine ganz besondere Wölfin, Sybil, erweist mir diese Art von Fürsorge. Ihre Berührungen mit Zähnen und Klauen sind so sanft und freundlich, daß ich kaum glauben kann, es mit einem Wolf zu tun zu haben. Ihr Blick streift meine Augen so weich und flüchtig wie eine Schneeflocke, die auf meiner Wange schmilzt. Sie läßt mich ein in ihre Nähe und in die Gegenwart ihres unbeugsamen Geistes. Und so unmerklich und schnell hat sie das getan, daß ich erst viel später merkte, was sie mir gegeben hat.

Sybil und ich haben zusammen eine Art *Kaiten-nage* (einen Drehwurf) durchgeführt. Das erste Mal war für mich eine Überraschung und ein Genuß. Sie hatte offenbar auch großes Vergnügen an dieser unglaublich schnellen, auf Vertrauen gründenden Bewegung. Es begann damit, daß sie meinen Unterarm zwischen ihre Kiefer nahm. Normalerweise überlasse ich ihr die Entscheidung, wann sie meinen Arm freigibt, aber diesmal schwang ich meinen Arm in einem Bogen nach außen, sowie sie festhielt. Ihre Füße lösten sich vom Boden, sie hielt aber weiterhin meinen Arm gepackt. Ich ließ sie mit dem Rücken zu Boden kommen, immer noch mit dem Arm zwischen ihren Kiefern. Sie lockerte ihren Biß für einen Augenblick, zeigte mir ein Lächeln in ihren Augen, stand auf und schüttelte sich. Dann nahm sie erneut meinen Arm zwischen die Zähne, und wir wiederholten den *Kaiten-nage.*

Es war etwas Ehrfurchtgebietendes an dieser unserer Begegnung. Ich fühlte mich eins mit Sybil. Es war Anmut in ihrer einfachsten, schönsten Form. Diese Beziehung entspricht dem, was die Chimmesyan-Indianer von British Columbia, Kanada, »im Schatten eines Regenbogens gehen« nennen. Wenn ich je Zweifel hatte, was die Möglichkeit der liebevollen Fürsorge füreinander oder auch O Senseis Vorstellung von Aikido als verwirklichte

Liebe betrifft, sind sie jetzt verflogen. Nichts wird mir dieses Gefühl wieder nehmen können; es ist eine stärkere Gewißheit als alles, was ich sonst zu wissen glaube.

Die *Uke-Nage*-Beziehung zeichnet sich durch ein Paradox aus, das ich sowohl beim *Randori* als auch bei meinem Spiel mit den Wölfen gespürt habe. Was wie ein Kräftemessen aussieht, ist im Grunde ein Verschmelzen der Kräfte. Im *Randori* zum Beispiel stellt sich ein *Nage* dem Angriff von vier und mehr *Uke*-Gegnern, indem er sich deren Angriff zu eigen macht und darauf »einsteigt«, statt sich zu widersetzen. Wie ein Spiel hängt auch ein *Randori* davon ab, daß alle Teilnehmer ihrer Intuition folgen und Feingefühl füreinander entwickeln. Wenn es gelingen soll, müssen Geschwindigkeit und Kraft des Angriffs genauestens mit den Ausweichbewegungen ebenso wie mit der nach innen oder nach außen gelenkten Kraft des *Nage* übereinstimmen. *Randori* ist kein Wettkampf mit Gewinnern und Verlierern.

Meine Erfahrung mit der Harmonie des *Randori* kommt mir beim Spiel mit den Wölfen zugute. Ich finde mich oft zwischen sieben Wölfen wieder, die alle so sehr aufs Spielen und auf meine Zuwendung versessen sind, daß sie gleichzeitig auf mich losspringen, mich ablecken und an mir herumzwicken. Wenn ich nun Angst empfinde, zurückschrecke und meine Mitte verliere, vermag ich nicht mit ihnen zu verschmelzen wie im *Randori*. Dann ist die Harmonie gestört; ich bin verspannt und greife auf unwirksame Abwehrtechniken zurück, um die Kontrolle zu behalten, statt mich harmonisch anzupassen. Das nützt aber nichts, weil die Wölfe meine Angst sofort spüren, und sie sind viel flinker und beweglicher als ich. Dann wird aus dem Spiel ein Wettkampf, über den ich die Kontrolle verliere, so daß ich endlich frustriert in die Hände klatsche und die Wölfe vertreibe. Damit habe ich allerdings auch eine Gelegenheit zur Gemeinschaft mit ihnen verpaßt.

Bisweilen greift, ehe ich mich ganz in eine solche Sackgasse verrannt habe, der männliche Leitwolf ein und versperrt mit seinem Körper anderen Wölfen den Weg zu mir oder packt sie mit den Zähnen am Nackenfell. Hierin zeigt sich die gleiche Fürsorge, die fortgeschrittene Aikido-Schüler im *Dojo* beweisen.

Meine *Randori*-Erfahrungen vereinfachen mir auch meine Teilnahme an einer Wolfsjagd, die bei oberflächlicher Betrachtung Wettkampfcharakter hat, in Wirklichkeit jedoch ein Spiel ist. Bei dieser Jagd nimmt ein Wolf einen Stock zwischen die Zähne und rennt los. Ich mische mich unter die anderen Wölfe, und wir nehmen die Verfolgung auf. Nach einer kurzen Weile läßt der Wolf den Stock fallen, den dann ein Verfolger packt. Mit vertauschten Rollen geht die Jagd weiter. Beim Jagen bemerke ich, daß der Wolf mit dem Stock nicht so schnell läuft, wie er könnte. Er lädt paradoxerweise zur

Hatz ein, als sei das Verfolgtwerden ein Vergnügen. Der gejagte Wolf macht nicht nur keinen Versuch, zu entkommen, sondern wirft auch ab und zu einen Blick zurück, um sich zu vergewissern, daß er verfolgt wird. Und die hinter dem Wolf mit dem Stock herjagenden Wölfe versuchen ihrerseits keineswegs, diesen tatsächlich einzuholen. Wenn ich den Stock nehme, behandeln mich die Wölfe wie einen der ihren.

Sowohl beim *Randori* wie auch beim Spiel mit den Wölfen ist es wichtig, daß alle Teilnehmer einander vertrauen und sich intuitiv untereinander verständigen. Ohne dieses Vertrauen könnten beispielsweise die Griffe und Würfe des Aikido zu schlimmen Verletzungen führen. Würde bei der Wolfsjagd ich oder ein Wolf den Stock schnappen und dann mit höchster Geschwindigkeit fortrennen, käme es zu einer wütenden Verfolgung, und man würde schließlich überwältigt. Für einen Wolf in freier Wildbahn endet ein solches Fehlverhalten unter Umständen mit einer Verletzung, die ihn zum Krüppel macht. Als solcher könnte er nicht lange überleben, und zudem wird das Rudel dadurch geschwächt. Wenn mir ein derartiger Fehler unterliefe, würde ich wahrscheinlich wie ein Beutetier zu Boden geworfen und zerrissen.

Das erinnert mich daran, welches paradoxe Berührungserlebnis ich hatte, als mir ein *Sensei* zum ersten Mal *Sankyo* (einen Gelenkgriff) zeigte, und dann wieder, als ein Wolf meinen Kopf zwischen die Zähne nahm. In beiden Fällen mußte ich mit extremen Schmerzen rechnen, und doch hatte ich weder Angst noch das Empfinden, gepackt zu sein, sondern nur ein Gefühl der Nähe und des Verbundenseins. Der *Sensei* hat mich etwas gelehrt, das ein Wolf später bestätigen sollte: daß es nur mein Widerstand wäre, der mir Schmerzen verursachen würde. Außer daß ich Schmerzen vermeide, wenn ich locker bin, gebe ich damit auch das Zeichen, mich loszulassen.

Mein Aikido-Training und mein Spiel mit den Wölfen erfordern eine Art der Anteilnahme, die eine gleichzeitige Analyse unmöglich macht. Wenn ich versuche, Sybils Blick oder einen *Shomenuchi* (Kopfhieb) zu analysieren, habe ich keinen Anteil mehr an der gemeinsamen Erfahrung. Ein Feedback dieser Art erhalte ich oft beim Aikido-Training. Ich weiß noch, wie es mir einmal bei einer Demonstration des *Kokyu-ho*, des »Atemwurfs«, erging, als mich ein Lehrer durch den ganzen Raum warf. Ich griff diesen Lehrer im Sturm an und wollte ihn am Jackenaufschlag packen; doch ich kam überhaupt nicht an ihn heran und flog statt dessen in einer Spirale durch die Luft bis ans andere Ende des Dojo. Nachdem ich aus der Rolle zum Stand gekommen war, drehte ich mich um; wir verbeugten uns und lächelten, und da erkannte ich auch ohne verstandesmäßige Analyse, was »Ruhe in der Bewegung« bedeutet. Sie kann nur dann zur gemeinsamen Erfahrung werden, wenn ein Lehrer es dem Schüler ermöglicht, das eigene Erleben an der Realität zu überprüfen.

Ich habe unter Wölfen gelebt und überlegene Blicke, Augen voll heimlicher Ergebenheit und Augen voller Freundschaft auf mir ruhen gefühlt. Ich habe bei ihnen gelegen und geruht, mit ihnen gespielt und ihre überschäumende Kraft gespürt, wenn sie emporschnellten oder in der Luft herumwirbelten. Ihre kräftigen und doch empfindsamen Kiefer haben meine Hände, meine Arme und meinen Kopf umschlossen. Ich habe sie angefaßt, gekitzelt und gestreichelt. Ich habe sie auf mich springen, über mich hinweglaufen, mich ablecken und beschnuppern lassen. Jetzt spüre ich meine Haut wie ein Fell, und in mir ist eine Verbindung von Stärke und Sanftmut, ein Hauch von Wildheit und ein Wolfsgeruch. Irgendwo in diesem weiten Spielraum liegt die Wirklichkeit eines Wolfes. Oftmals habe ich das Gefühl, es wäre besser, gar nicht erst den Versuch zu wagen, jemandem einen Wolf oder Aikido erklären zu wollen, sondern ihn lieber zu locken, diese Entdeckungen selbst zu machen. Tief in meinem Innern herrscht Klarheit darüber, daß sich das alles dem Zugriff des Verstandes entzieht. Aber es ist überaus stark und läßt sich nicht einfach ignorieren. Das widerspräche der Natur und dem Aikido.

Durch die Beherrschung von Körper und Geist lerne ich im Aikido, intuitiv zu urteilen und mich sicher an äußere Gegebenheiten anzupassen. Dieses Vertrauen zu haben heißt, sein Leben ohne Netz zu leben und bereit zu sein, dem ungewissen Pfad zu folgen — den Gemütsbewegungen, den plötzlichen Einfällen und den Herzensregungen. Meine Begegnungen mit wilden Tieren sind keine harten Konfrontationen; sie beruhen vielmehr auf dem *Aiki*-Weg der Harmonie. Bisweilen bedeutet diese Harmonie, ihnen nicht nahe zu kommen oder zu folgen. In den letzten Monaten eines rauhen Winters zum Beispiel mache ich keinen Annäherungsversuch bei Elchen; auf ihrer Flucht vor mir würden sie nur wertvolle Energiereserven verbrauchen, die bei ihnen womöglich über Leben und Tod entscheiden.

Das Leben von Wölfen und anderen Wildtieren verstehen zu lernen nimmt — ebenso wie Aikido — ein ganzes Leben in Anspruch. Geduld und Übung sind ebenso die Voraussetzung für die Fühlungnahme mit einem wilden Tier wie für die vollkommene Beherrschung des *Kokyu-nage*, der »Zwanzig-Jahre-Technik«. Aber Ausdauer und Können allein sind nicht genug; ohne die richtige geistige Einstellung bleibt alles eine leere Geste. Ich habe viele Jahre lang ungezählte Stunden in der Nähe wildlebender Tiere verbracht und trotzdem nur wenige berühren können.

Eine besonders denkwürdige Begegnung hatte ich mit einem Elchbullen, mit dem ich an einem regnerischen Morgen einige Augenblicke der Gemeinsamkeit erlebte. Ich wanderte an diesem Morgen hinaus zu einem meiner liebsten »Treffpunkte mit wilden Tieren«. Ich kannte den Waldrand, in dessen Schutz sich Elche aufhielten. An diesem Tag nun hing der Himmel wie ein schwerer grauer Samtvorhang auf die Erde herab und barg alles in seinen weichen Falten. Ich ging in den Wald hinein und kam wieder heraus, weniger, weil ich nach irgend etwas Ausschau hielt, sondern aus purem Vergnügen.

In einem kleinen Nadelholzdickicht stieß ich auf einen ruhenden Elch. Ich umkreiste ihn, um ihm meine Anwesenheit anzukündigen und ihn nicht aufzuschrecken. Mit sehr langsamen und weichen Bewegungen ging ich näher, bis ich schließlich unter den Tannen bei ihm sitzen durfte. Nach einem Weilchen streckte ich langsam die Hand aus und berührte sein Vorderbein; dann ließ ich meine Hand allmählich an seiner Seite bis zu seinem Nacken hinaufgleiten. Er erlaubte mir eine Zeitlang, ihm ganz nahe zu sein. Mit all meinen Sinnen nahm ich den Elchbullen in mich auf — den warmen Moschusgeruch, das weiche nasse Fell, die Rippenbögen, die braunen Schattierungen, die Blicke, die wir wechselten. Dann erhob er sich und ging, während der Regen von seinem samtigen Geweih tropfte, ruhig an mir vorbei in den Nebel hinein. Bei einer solchen Begegnung verschmelzen Körper, Geist und Seele miteinander; sie ist so flüchtig und doch gleichzeitig für immer in der Erinnerung bewahrt. Sie ist der Inbegriff des Aikido.

Es macht mir Spaß, von meinen Abenteuern mit Elchen, Grizzlybären und Wölfen zu erzählen oder im Geiste noch einmal die Spannung eines *Randori* oder *Kokyu-ho* auszukosten. Aber hinter so dramatischen Momenten steht die eiserne Routine, das Üben so »einfach« scheinender Dinge wie Bewegen und Fallen und die vielen Tage in den Bergen, an die man sich nicht erinnert, weil sie einander so sehr gleichen. Ich muß mit dem harten Grundsatz leben, daß den großartigen Szenen Abertausende von weniger denkwürdigen Ereignissen vorausgehen und daß die meiste Zeit mit Ereignissen vergeht, die gar keine sind. Erst das vielmalige *Ukemi* (Fallen) und die endlosen Pirschgänge machen *Randori* und Elchstreicheln möglich.

Wenn ich mir Zeit dafür nehme und mich öffne, werden mir überall Lehren zuteil. Ich erkenne die Harmonie im Flug kanadischer Wildgänse. Jeder Vogel fliegt so, daß er mit allen anderen zu einer regelmäßigen Form verschmilzt. Das geschieht, damit der Flügelschlag jedes einzelnen Vogels die Gesamtenergie des Feldes steigert. Wie beim Verschmelzen von *Uke* und *Nage* geben die Gänse nicht nur einander Kraft, sondern beziehen auch Energie aus dem sie umgebenden Feld. Die einzelnen Vögel sind durch die umgebende Luft wie durch elastische Fäden miteinander verbunden.

Ich beobachte einen Kolibri und kann mir keinen besseren Lehrer für die

Kunst der »Ruhe in der Bewegung« vorstellen. An einem eisigen Februarnachmittag, wo alles vor Kälte starrt und die Winde so scharf und durchdringend wie Pfeile sind, strecke ich meine Hand mit ein paar Samenkörnern aus und muß lächeln, als eine unbekümmerte Meise von einer Fichte herabgeflogen kommt und sich auf meinem Handschuh niederläßt. Das kleine fröhliche Wesen ist eine anschauliche Lektion im Vertrauen — ein Einklang mit den Jahreszeiten, der auf dem Vertrauen beruht, daß der Winter vergeht und der Frühling wiederkehrt. Diese Meise kennt die Harmonie, die Meister Ueshiba meint, wenn er sagt: »Wahrer Budo heißt, alle Wesen in der Natur zu hegen.«

Geisteshaltung und Bewegungen des Aikido sind für mich Gesten einer tiefempfundenen Verwandtschaft, Kameradschaft und Vertrautheit mit den wildlebenden Tieren. Aikido straft alle Formen des Wettbewerbs Lügen. Der Kern meines Aikido ist die Überzeugung, daß ich und andere Tiere im Grunde von gleicher Art sind. In meinen Augen erreicht Aikido den Gipfel der Vollendung, wenn ich mit einem Grizzly den Blick tausche, mit einem Wolf die Sanftmut, mit einem Elch das Vertrauen oder mit einer Meise die Fröhlichkeit.

Ich habe meine Freude an der Verschmelzung von Aikido und Natur — einem Gemisch aus Größe und Nuancierung, Beklommenheit und Stille, Geist und Form. Aikido bringt mich der Natur immer ein Stückchen näher, die mir ihrerseits, wenn ich aufmerksam genug bin, gerade so viel von sich offenbart, daß ich wieder ein bißchen mehr vom Aikido verstehe.

> Sie ist so winzig, ein Federbällchen, grau, weiß und schwarz, ein warmes Bündel geballter Betriebsamkeit, ein unbekümmerter Akteur, ein geselliger Akrobat und ein lustiger Freund. Sie ist mehr als nur die Summe ihrer Körperteile, Bewegungen und Kräfte. Ich sehe eine Meise tanzen und stelle mir O Sensei bei einem Spiralsalto vor.

Richard S. Heckler

Aikido mit Kindern

Durch meine Leibestätigkeit . . . belehre meinen Geist.
William Shakespeare

In den letzten Jahren hatte ich Gelegenheit, zwei verschiedene Gruppen von Kindern im Aikido zu unterrichten. Da es sich um Teilnehmer im Alter von 6 bis 19 Jahren handelt, werde ich zur Unterscheidung der Altersstufen von Kleinen, Kindern und Jugendlichen sprechen.

Zu einer Gruppe gehören die Kleinen aus der Nachbarschaft, die regelmäßig zu den Stunden im Dojo kommen. Sie werden an Aikido als Selbstverteidigungstechnik und an die Prinzipien des Zentrierens, Erdens, der *Ki*-Erweiterung, der Entspannung und des Verschmelzens herangeführt und im Abrollen und Fallen geschult. Sie erkennen den Wert von Disziplin und Respekt und lernen, die Verantwortung für ihr Handeln zu übernehmen; sie entwickeln auch ein neues Bewußtsein für ihre Umgebung. Es ist zwar ein Klischee, aber dennoch wahr, daß die Kampfkünste das »Selbstvertrauen stärken«. Ich sehe die Bestätigung dafür darin, wie sich die Kinder allein und im Umgang mit anderen verhalten. Sie erwerben sich eine Unbefangenheit und Lebendigkeit, die im täglichen Leben zum Ausdruck kommt.

Zur anderen Gruppe gehören Kinder und Jugendliche, die das Establishment als »emotional gestört« bezeichnet. Sie haben »Lernschwierigkeiten« oder sind »straffällig« geworden. Diese Einstufungen wiegen schwer, ohne eigentlich etwas auszusagen, und deshalb mag ich solche Etikettierungen auch nicht. Trotzdem besteht bei diesen Kindern eine Störung, nämlich ihre Unfähigkeit, Kontakte herzustellen und sich in der Welt zu behaupten. Sie wissen nur ungenügend oder überhaupt nicht, wie sie ihrer Lebenskraft auf befriedigende Weise Ausdruck verleihen können. In dem Bestreben, ihren wahren Gefühle auszuweichen, beschränken sie ihre Lebensfreude, ihre Kommunikationsmöglichkeiten und ihre Kontakte zu anderen auf festgelegte, unbefriedigende Kanäle. Sie bringen ihre Bedürfnisse, Wünsche und

Kreativität stets nach dem gleichen Muster zum Ausdruck: manche durch Gewalttätigkeit, andere durch Zurückziehen und wieder andere durch andauernde, endlose Monologe. Aber ungeachtet dieser Unterschiede ist allen eins gemeinsam: eine verborgene Aggressivität und Frustration, die das Kind in ihnen daran hindert, zu singen, zu springen und sinnvolle Beziehungen anzuknüpfen.

Im allgemeinen treten Beamte der zuständigen Behörde mit dem Anliegen an mich heran, diese Kinder zu unterrichten. Das allein unterscheidet sie schon von meiner anderen Gruppe. Die Kinder aus der Nachbarschaft kommen, weil sie Lust dazu haben und ihre Eltern diese Wahl befürworten. Den anderen werde ich einfach in ihrer Anstalt vorgesetzt, ohne daß sie die Wahl gehabt hätten, und dann müssen sie mit mir vorlieb nehmen. Diese Kinder und Jugendlichen haben meist bereits eine Straftat begangen oder gelten als zu schwer erziehbar, um auf normale Schulen gehen zu können. Sie haben aus Enttäuschung und Not Hand an sich selbst oder andere gelegt. Sie haben deshalb nicht nur den allgemeinen Schulunterricht, sondern befinden sich darüber hinaus notgedrungen in Therapie oder in der Rehabilitation.

Kernpunkt der Erfahrungen dieser Kinder ist ihre Tendenz, ihre Lebenskraft auf bestimmte festumrissene körperliche Aktivitäten zu beschränken und damit andere Möglichkeiten vollkommen abzutöten. Es ist so, als müßten sie einen Bereich ihrer selbst unter Verschluß halten, um in anderen Bereichen einen Dauerzustand der Anarchie schaffen zu können. Dadurch erhält der gewaltige Strom ihrer Energie ein enges, streng kontrolliertes Ventil. Manche Kinder beispielsweise stauen ihre Energien an und halten sie still, aber voller Ärger in sich fest, während andere ständig Dampf ablassen. Es gibt auch Kinder, die nur schreien können, statt zu sprechen, und dann solche, die sich nur in ihrem Kopf ausleben und sich in eine ferne Traumwelt zurückziehen. In allen Fällen fehlt jede innere Demokratie zwischen den verschiedenen Bereichen. Die Kinder leben in einem totalitären System, in dem ein Bereich vorherrscht und andere Bedürfnisse und Wünsche ausgeschaltet werden. Diese innere Diktatur nährt einen unaufhörlichen emotionalen Konflikt, der dauernd in ein loderndes Feuer auszubrechen droht; zugleich wird auf vorderster Linie ein wirksamer Widerstand aufgebaut, der andere in sicherer Entfernung hält. Wenn irgend jemand eine nicht namentlich festgelegte, aber innerlich wahrgenommene Grenze überschreitet, erklärt der heimliche Diktator den Krieg und überträgt den inneren Konflikt auf andere oder auf die Umgebung.

Da diese Kinder wie die meisten ihrer Altersgenossen miterlebt haben, wie die Kampfsportarten und ihre Stars durch die Medien popularisiert wurden, haben sie sowohl Interesse am Aikido als auch bestimmte Vorstellungen davon. Sie sind begierig darauf, diese Art des Kämpfens zu lernen und ebensolche Tritte und Hiebe austeilen zu können, wie sie im Fernsehen und im Film zu sehen sind, und sie sind außer sich vor Freude, wenn sie die Schulbank hinter sich lassen dürfen. Ich mag diesen Eifer, denn er bringt verfügbare Energien zum Vorschein, mit denen man arbeiten kann.

Was ich diese Gruppe durch Aikido lehre, ist die Sprache von Körper und Geist. Ich eröffne ihnen eine Aikido-Möglichkeit, so zu stehen, daß sie erfahren, was es heißt, eine Mitte und festen Boden unter den Füßen zu haben. Wenn ich also später sage: »Steht auf Aikido-Art!«, reagieren sie darauf, indem sie eine innere Haltung annehmen, die ausgewogen, unerschütterlich und entspannt ist. Dann bringe ich ihnen bei, wie sie auf Aikido-Weise tief, rhythmisch und entspannt atmen können, und als nächstes, wie man sich auf Aikido-Art fortbewegt, verhält, sitzt usw. Diese Möglichkeiten werden allmählich zur Sprache ihres Körpers und ihrer Energien, und sie können sich ihrer bedienen, wann immer sie wollen, denn sie ist einfach immer da. Um diese Sprache zu beherrschen, lernen sie in ihrem Körper zu lesen wie in einem Logbuch der Sinneswahrnehmungen, Temperaturen, Vorstellungen, Gefühle und Gemütsbewegungen, das sie wieder mit ihrer physischen Wirklichkeit in Kontakt bringt. Wird Aikido so angewandt, öffnet es ihnen die Tür zur unmittelbaren Erfahrung ihres leiblichen Lebens. Dabei erschließen sie sich Stufen des Kontakts, die viel befriedigender sind als die, die sie üblicherweise beim Rennen oder Kämpfen erfahren.

Ich bringe ihnen diese Aikido-Sprache bei, indem ich eine Situation schaffe, in der die Kinder eine gangbare, effektive Möglichkeit erleben, wie man mit Druck zurechtkommen kann. Zuerst lasse ich sie in ihrer gewohnten, persönlichen Art auf Druck oder Streß reagieren. Wenn die betreffenden konditionierten Verhaltensweisen zutage treten, zeige ich ihnen, welche Alternativen es gibt, *kein* bösartiger Angreifer und *kein* resigniertes, verbittertes Opfer zu sein. Das bringe ich zum Beispiel durch eine Aikido-Technik zuwege, bei der ein Schüler fest den Arm eines anderen Schülers packt. Dieser Griff übt im übertragenen wie im buchstäblichen Sinne Druck aus. Haben sie ihre konditionierte Reaktion erkannt, die sich normalerweise in Aggressivität oder einem Gefühl des Erdrücktwerdens äußert, erkläre ich ihnen, wie sie aus ihrer entspannten und doch lebendigen Mitte heraus zu einer neuen Reaktionsweise finden können. Hierdurch werden sie in die Sprache des Aikido eingeführt, und auf einmal merken sie, daß sie Druck nicht unbedingt mit Gegendruck zu beantworten brauchen. Indem man mit einer Konfliktsituation verschmilzt, lernt man, den Konflikt zu lösen, ohne ein Verlierer zu sein und ohne jemanden zu verletzen. Das zugrundeliegende Prinzip tritt mit jeder Aikido-Übung klarer zutage und verhilft den Jugendlichen dazu, ihre konditionierten Reflexe durch eine verantwortungsvollere, angemessenere Reaktion zu ersetzen.

Das Aikido-Training bewirkt bei diesen jungen Menschen, daß sie nach und nach ihre Gefühle und Sinne wiederentdecken. Wenn sie ihren Gefühlen Raum geben, sind sie oft tiefentsetzt über die hereinbrechenden Sinneswahrnehmungen, Strömungen und Emotionen, die zusammen mit den Gefühlen erscheinen. Aber sowie sie gelernt haben, ihre Gefühle aus ihrer geerdeten Mitte heraus zu bejahen, erleben sie ein neues Gefühl der Kraft und Leichtigkeit. Statt die Kraft bloß nachzuahmen, finden sie sie jetzt in sich selbst. Das Leben wirklich zu spüren und zu erleben, statt nur so zu tun oder sich Phantasien darüber hinzugeben, ist ein Grundprinzip des Aikido. Es ist ein erster Schritt dahin, den Diktator im Innern hinauszuwerfen. Dieser Weg der Selbstfindung macht deutlich, wie wichtig es ist, jede Technik mit dem richtigen Geist und mit der richtigen Energie auszuführen. Die Kinder begreifen schnell, daß Aikido nicht unbedingt eine Ansammlung von Griffen ist, die man an jemandem anwendet, sondern daß es sich um eine Geistesgegenwart handelt, die sowohl im Aikido-Unterricht wie auch im täglichen Leben geübt werden kann. Diese Geistesgegenwart ist eine innere Haltung, bei der die Selbstverantwortlichkeit im Vordergrund steht — Konflikte und Streß werden als gute Gelegenheit betrachtet, zu wachsen und sich selbst besser verstehen zu lernen, und das Verschmelzen mit der jeweiligen Situation als Alternative zum Kämpfen und Wegrennen; man traut wieder den eigenen Gefühlen und folgt seiner Intuition.

Soweit es geht, wird diese Denkweise in den Unterricht und in die vertraute Lebenssituation hineingetragen. Wenn zum Beispiel ein Streit ausbricht, müssen sich die Kinder mit der gegnerischen Auffassung vertraut machen und so das Prinzip des Verschmelzens in die Tat umsetzen; es erweist sich schließlich, daß diese Art der Verschmelzung die gleiche wie beim Üben auf der Matte ist. Wenn die Kinder zeichnen oder Mathematikaufgaben lösen, kann man sie dazu anregen, mit der gleichen Entspanntheit und Offenheit wie beim Aikido-Training ans Werk zu gehen. In der gleichen Art, wie sie beim Aikido sitzen, können sie auch im Klassenzimmer sitzen. Wenn sie mit Ton oder anderen Werkstoffen arbeiten, werden sie daran erinnert, daß die Energie, die beim Aikido-Üben in den Händen zu spüren ist, auch ins Töpfern, Schnitzen, Zeichnen oder Schreiben einfließen kann. Diese Sprache des Körpers und Geistes sollte in jede nur erdenkliche Unterrichtssituation einbezogen werden.

Die meisten dieser Kinder leben in einer abstrakten Phantasiewelt. Das ist nicht unbedingt schlecht, es fehlt nur das Gleichgewicht. Durch das Aikido-Üben können sie ins Gleichgewicht kommen. Sie haben sich angewöhnt,

Menschen und Situationen als Objekte und Symbole anzusehen statt als lebendige Abläufe und fließende Konstellationen, an denen sie beteiligt sind. Ihnen ist in ihrem jungen Leben so viel Grundsätzliches versagt geblieben, daß sie sich lieber in ihre private Vorstellungswelt zurückziehen. Statt einfach um Zuwendung, Anerkennung und Liebe zu bitten, erfinden sie leblose Imitationen. Manchmal brechen sie in ihrer Enttäuschung über ein Leben, das sie unbefriedigt läßt und sie zurückweist, plötzlich aus ihrer Traumwelt aus und geraten in maßlose Wut. Dann wird ihre erstickte Liebe zu einer Hölle, die Feuer speit. Ich habe gesehen, wie solche Kinder auf einmal hinter einem Klassenkameraden auftauchen, der ruhig arbeitet, und ihn treten, so fest sie können, oder ihn mit einem spitzen Gegenstand stechen. Wenn sie zu lange in ihrer Phantasiewelt verweilen, können sie nur noch als böse Geister daraus hervortreten. Aikido bringt diese bösen Geister dazu, sich erst einmal im hellen Tageslicht zu zeigen, damit sich die Gemeinschaft direkt und offen mit ihnen befassen kann.

Im Aikido, wo es zahllose Wurftechniken gibt, muß man lernen, zu fallen, ohne sich dabei zu verletzen; deshalb lehre ich frühzeitig die Kunst des Abrollens und Fallens. Wenn jeder die Grundbegriffe des Fallens kennt, beginnen wir mit einer Grundtechnik. Dabei purzeln wir so richtig durcheinander. Nicht allein, daß die Kinder ihre Freude daran haben, anmutig fallen und sofort unverletzt wieder aufstehen zu können, sie empfinden auch Erleichterung darüber, daß sie offener mit ihren Aggressionen umgehen können. Man stelle sich das einmal vor: Wir haben eine Klasse von sechs oder sieben Kindern, die alle fast platzen vor Wut und dann gesagt bekommen, sie dürften jetzt angreifen und ihre Mitschüler niederwerfen. Natürlich bestehen gewisse Regeln, durch die sie zur ursprünglichen Sprache des Aikido zurückgeführt werden. Die Aggressivität dieser Kinder hat tiefsitzende Ursachen, sie ist nicht rein oberflächlich und symptomatisch. Durch die Aikido-Übungen spüren sie die Ursache ihrer Aggressionen genau auf, statt unbewußter Zerstörungswut ausgeliefert zu sein. Mit anderen Worten: Es gibt eine Aikido-Weise, einem Angriff zu begegnen — eine Art, mit Aggressionen fertig zu werden, ohne jemanden zu verletzen. Ebenso gibt es eine Aikido-Weise zu fallen, und so weiter und so fort. Die Grundstruktur bleibt erhalten, und man versinkt nicht im Chaos. Wenn wir Wurftechniken anwenden, bekommt jeder die Chance, zu fallen, und jeder die Chance, zu werfen. Ich werfe die Kinder, und sie werfen mich. Manchmal lasse ich sie alle zusammen angreifen; dann gehen sie auf mich los und holen mit ihren gepolsterten Stöcken mit aller Macht aus. Auf diese Weise haben sie Gelegenheit, ihre Aggressionen offen und direkt abzulassen. Ich habe bemerkt, daß es sie außerordentlich befriedigt, ihre Muskelpakete an Schultern und Armen spielen zu lassen, um die chronischen Spannungen darin abzubauen. Sie wissen auch, daß sie sich einige Geschicklichkeit aneignen müssen, sonst weiche ich ihren Hieben einfach aus, und sie fallen auf die Matte.

Ihr ewiges Gerangel, anmaßendes Gehabe und Zusammenrotten hat diesen Kindern jeden echten Kontakt versagt. Aufgrund ihrer ständigen Überreaktionen konnten sie nie ihre eigenen Tiefen ausloten und feststellen, wer sie selbst und wer jemand anders ist. Ich gebe ihnen durch Aikido Einblick in ihre Körperlichkeit und damit einen Anhaltspunkt — eine klar abgegrenzte Arbeitsgrundlage —, von wo aus sie in Kontakt treten können. Sie lernen, daß sie die Möglichkeit haben, mit ihrer Lebenskraft etwas anzufangen und einen viel direkteren, authentischeren Spielraum für den Ausdruck ihrer eigenen Persönlichkeit zu gewinnen. Ohne dieses Wissen um seine Grenzen würde ein Kind erkranken, wenn seine Mutter krank ist, oder es würde den Ärger auf sich beziehen, wenn ich auf ein anderes Kind ärgerlich bin. Wenn sie lernen, aus ihrer eigenen Lebenskraft heraus Kontakte zu schließen und zu leben, zeigen sie mehr Selbstvertrauen und können ihre Erfahrungen von denen anderer unterscheiden. Sie kommen aus ihrer Phantasiewelt voller eingebildeter Mächte und Schattenängste heraus, und dann sagt ihnen ihr Körper, was wirklich ist. Von da an wissen sie, was sie wollen und wie sie danach fragen können.

Sowie diese Kinder sich in ihrem Körper wohl zu fühlen beginnen, muß ich mir ins Gedächtnis zurückrufen, daß ihr Gefühlsausdruck und ihre Gemütsregungen jetzt ganz neue, überraschende Formen annehmen können. Eine plötzlich in Erscheinung tretende Enttäuschung zum Beispiel ist häufig ein gutes Zeichen, denn sie deutet unter Umständen an, daß das Verhalten noch hinter den neugewonnenen Einsichten herhinkt. Sie sehen zwar das Dasein mit seinen Möglichkeiten neu, aber die alten Konditionierungen, die ihrem Nervensystem aufgepfropft wurden, ihre sogenannte »Lernunfähigkeit«, behindert sie weiterhin in ihrem Umgang mit den neuen Möglichkeiten.

Ich glaube zwar, daß die Aikido-Bewegungen eine Sprache des Körpers sind, die Lernschwierigkeiten positiv beeinflussen kann, aber meine Arbeit konzentriert sich nicht eigens auf Techniken, die nur diesem Zweck dienen. Worauf ich Wert lege, sind Prinzipien des Kontakts, des Ausdrucks und der Abgrenzung. Wenn sich also ein Kind ärgert, weil es infolge seiner Lernschwierigkeiten eine Technik nicht richtig ausführen kann, ermutige ich es dazu, sich über seine Gefühle klar zu werden und sie zum Ausdruck zu bringen, das jedoch in Übereinstimmung mit der neugefundenen Körpersprache. Kurz: Ich will nicht, daß sich die Kinder abreagieren und einen Wutausbruch bekommen, aber ich will ihnen auch nicht die Begeisterung an einer bestimmten Übung nehmen, nur weil sie Lernschwierigkeiten haben. Darum versuche ich, eine Umgebung zu schaffen, die dem Kind zunächst einmal die Möglichkeit bietet, seine Erfahrungen zu begreifen, und gebe ihm dann die Gelegenheit, sich durch die Sprache seines Körpers verständlich zu machen. So kann es mit seinem Ärger zurechtkommen, ohne sich selbst oder anderen zu schaden. Das Kind lernt, offen zu *sagen*, daß es sich ärgert, und sein Gefühl unmißverständlich mit der Stimme, den Armen, den Beinen und dem Atem kundzutun.

Meine Erfahrungen mit einem Jungen, den ich Carl nennen will, veranschaulichen diesen Prozeß. Carl ist mager und biegsam und hat eine sehr helle Haut. Aus seinem auffallend weißen Gesicht leuchten hervorstehende Augen mit einem starren Blick. Daß Carl intelligent ist, beweisen seine schulischen Leistungen und seine Art, gewisse Ideen zu artikulieren. Aber seine Brust ist eingefallen, sein Magen ein harter Knoten voller Angst und sein Kopf vorgestreckt. Er sieht aus wie ein zum Bogen gespannter Draht. Brustkorb, Bauch und Becken bilden bei ihm eine nach hinten gekrümmte Hohlform, wohingegen sein Kopf und seine Füße fast auf einer geraden senkrechten Linie übereinander liegen. Rumpf und Arme treten in den Hintergrund, während die Füße den fernen Boden für den Kopf vorstellen. Carl ist überaus sensibel, und ich kann spüren, wie seine gespannte Aufmerksamkeit den Raum und die anderen prüft. Dieweil ein Teil von ihm zurückhält wie ein stramm gespannter Draht, dringt der andere auf den Beifall und die Hochachtung der Umgebung. Carl ist ebenfalls durch eine Reihe von Lernschwierigkeiten behindert. Er hat eine sehr geringe Meinung von sich selbst und reagiert sich ab, indem er in die Mülltonne springt, sobald sein Unvermögen in den Vordergrund tritt. Als ich das zum ersten Mal sah, war ich schockiert. Ich weiß, daß ich mich selbst auch manchmal negativ einschätze, aber mitanzusehen, wie ein Kind sich wortwörtlich als ein Stück Dreck behandelt, hat mich doch im Innersten berührt und erschreckt. Wir waren eines Tages beim Unterricht, da fing er nach längeren, qualvollen Versuchen, ein Problem zu lösen, mit einem anderen Schüler zu streiten an. Urplötzlich explodierte er und wollte hinauslaufen. Seine Füße jagten los, aber sein Becken bremste ihn, so daß ich ihn schnell eingeholt hatte. Er entwand sich mir und stürzte zur Tür hinaus. Da ich wußte, daß alles abgeschlossen war und er nicht weit kommen konnte, ließ ich ihm Vorsprung. Aber als ich ihn draußen nicht gleich sah, war ich doch einen Augenblick sprachlos. »Wo könnte er hingegangen sein?« dachte ich bei mir. Dann hörte ich ein Rascheln und sah, daß sich in der großen Mülltonne etwas bewegte. Ich schaute hinein, und da war Carl und wühlte sich immer tiefer in den Müll. Ich schwankte zwischen Lachen und Weinen. Schließlich nahm ich einen Teil der Papierabfälle fort und sagte ihm, er solle herauskommen und in die Klasse zurückgehen. Er weigerte sich und blieb eisern dabei. Er war so stark und klar, daß ich ihm irgendwie vertraute. Ich ließ mir sein Wort darauf geben, daß er bald zurückkehren würde, und verließ ihn.

Carl kam bald wieder, und ich sah ihm an, daß er sehr erleichtert war. So seltsam seine Handlungsweise auch war, hatte sie doch etwas Selbstregulierendes an sich. Sein Tun hatte ihn vorübergehend wieder ins Gleichgewicht gebracht. Dieser Vorfall machte mir deutlich, daß seine tiefen emotionalen Wunden gar nicht berührt wurden, wenn ich nur etwas gegen seine Lernschwierigkeiten tat. Einfach darüber zu reden war allerdings auch nicht genug. Carl mußte sich seine emotionalen Energien dergestalt vergegenwärtigen, daß sie ihm bewußt wurden und ihm aus der Sackgasse heraushalfen, sich und andere als »Müll« zu empfinden.

Kurz nach diesem Mülltonnen-Auftritt arbeitete ich mit der Gruppe auf der Aikido-Matte. Wir spielten ein Partnerspiel, bei dem einer mit beiden Händen den Arm des anderen ergreift, um ihn geschickt und glatt auf die Matte zu befördern. Es ist dem *Ikkyo*, der Grifftechnik Nr. 1 im Aikido, verwandt, wenn auch nicht genau das gleiche. Carl sah, wie ich das machte, und schickte sich begeistert an, es mit seinem Partner nachzumachen. Er war ganz Gefühl, eindeutig motiviert und absolut einverstanden mit der Sache. Aber als er mit der Übung begann, vermochte er sein Handeln nicht mit seinem Wollen in Übereinstimmung zu bringen. Ein Arm drückte, der andere zog. Er lähmte sich selbst durch seinen inneren Zwiespalt. Sein Partner ging nicht zu Boden. Carl bot alle Kräfte auf, aber dadurch wurde es nur noch schlimmer. Schließlich hielt er den Atem an und zog die Schultern hoch; sein Gesicht lief rot an. Sein Partner fing an, sich zu sträuben, weil er sich bedrängt fühlte. Ich sah, daß eine Konfrontation bevorstand.

In mancher Hinsicht ist es sicher wahr, daß Mängel in seinem Nervensystem Carl daran hindern, eine solche Bewegung perfekt auszuführen. Es liegt auch nahe, daß ein Berufstherapeut Carl bei der Bewegungskoordination helfen könnte. Vielleicht könnten ihm sogar die kreisenden, spiralförmigen und die Auf-und-ab-Bewegungen des Aikido bei der nervlichen Integration helfen. Aber was mir in dem Augenblick in die Augen sprang, war das Anwachsen der gleichen Energie in Carl, die ihn in die Mülltonne befördert hatte. Ich bemerkte auch, daß er gegen diese Energie ankämpfte; statt ihr freundlich zu begegnen, betrachtete er sie als Feind.

Ich ging zu Carl hinüber und gab ihm sanft emotionale Hilfestellung. Ich sagte, ich könne ihm ansehen, daß er ärgerlich sei, und versicherte ihm, daß dafür auch Raum sei. Es fehlte nicht mehr viel zu einem Wutausbruch, und ich fragte mich, ob er wohl zur Mülltonne rennen würde oder nicht. »Ja, ich *bin* sauer«, schrie er, »was denkst du denn! Michael will nicht zu Boden. Ich kann das einfach nicht, und ich werd's nie können!« Er stand ganz starr da. Es war schwer zu sagen, ob er urplötzlich wie ein harter, gefühlloser Pfahl umkippen oder einfach explodieren würde. Ich sagte ihm, es sei in Ordnung, wenn er seinem Ärger Luft machte, und gleich fing er an zu brüllen und mit den Füßen aufzustampfen. Er gab Michael, Aikido, mir und seiner Mutter alle Schuld, aber er ließ vor allem seinen Gefühlen freien Lauf, statt sich zum Müll zu werfen oder auf jemanden loszuschlagen. Allmählich wurde er lockerer und atmete tiefer. Er merkte, daß ich auf seiner Seite war, und gab tiefinneren Gefühlen Raum. Er war früher verletzt worden, und das ärgerte ihn jetzt. Er erzählte, daß seine Mutter und sein Vater sich immer gestritten hätten und sich nun getrennt hätten. Er ließ durchblicken, daß er daran Schuld zu sein glaubte. Er sagte: »Es ist so beschissen. Ich habe richtig Mist gemacht.« Er sehnte sich nach der Liebe, die ihm jetzt fehlte. Nach außen zeigte er sich kampfwütig, dabei wollte er im Grunde nur Liebe. In diesem Fall habe ich ihm Liebe erwiesen, bin ihm entgegengekommen und habe ihm gezeigt, daß Raum für seinen Ärger da ist. Wir hatten eine Beziehung zueinander, die ehrlich war und eine heilsame Wirkung ausübte. Nachdem er seinem Ärger und seinem Gekränktsein Ausdruck verliehen hatte, versuchte sich Carl noch einmal an der Übung und wandte diesmal erfolgreich die Aiki-Prinzipien des Mittefindens, Erdens und Verschmelzens an.

Ich glaube nicht, daß Carl in der einen Trainingsstunde von seinen neurotischen Tendenzen »geheilt« wurde, aber meines Erachtens wird durch viele Erfahrungen dieser Art allmählich eine andere Verhaltensweise erreicht. Jedesmal, wenn ich den richtigen Zugang zu Carl fand, stand er ein wenig aufrechter, atmete ein wenig leichter, sah ein wenig mehr mit seinen Augen. Unser Kontakt wurde zusehends entspannter und direkter. Stiegen Enttäuschung und Wut in ihm hoch, übernahm er mehr und mehr die Verantwortung dafür und gab immer seltener anderen die Schuld daran. Nach einiger Zeit kam Carl regelmäßig zum Kinder-Aikido-Training im Dojo, und später ging er sogar auf eine öffentliche Schule. Dadurch, daß ich mit Carls emotionalen Energien arbeitete und mich nicht darauf konzentrierte, eine motorische Störung zu beheben, entsprach ich im weitesten Sinne dem Aikido-Prinzip des Verschmelzens mit dem, »was ist«, und konnte Carl in Einklang mit seinen eigenen Kräften bringen.

Das ist die Art von Aikido, die ich mit diesen Kindern übe. Ich bitte sie, neue Verhaltensweisen auszuprobieren, damit sie die eigene Lebenskraft wiederentdecken und ihr vertrauen, und nicht etwa, um sie zu besseren Staatsbürgern zu machen oder den gesellschaftlichen Normen anzupassen. Meine Hoffnung ist, daß sie ein Gespür für ihre Energien und ihren Körper entwickeln und dann merken, daß ihr Leben Sinn und Zweck hat. Wenn sie durch Aikido lernen, die Verantwortung für ihre Gefühle, Gedanken und Taten zu übernehmen, werden sie mit der Zeit etwas entdecken, das sie fesselt. Und sie werden endlich ihrer eigenen Intuition und ihren Fähigkeiten vertrauen. Indem ich sie mit ihrer verschütteten energetischen Identität in Berührung bringe, verschaffe ich ihnen die Gelegenheit, sich von innen nach außen zu verändern. Auf diese Weise werden sie der, der sie im Grunde sind, weil sie sich von ihren eigenen Erfahrungen leiten lassen und nicht von äußerlichen sozialen Normen.

Ich halte diese Arbeit für genauso wertvoll wie die traditionelle Gesprächstherapie, wenn nicht für wertvoller. Beim Aikido-Training lernen diese Kinder, Geist und Körper in Einklang zu bringen und mit Wettkampfsituationen, Aggressivität, Vertraulichkeit und Berührung umzugehen. Aber es ist kein strahlender, müheloser Weg, der die Kinder gleich vom ersten Betreten der Matte an verwandelte. Die Arbeit mit ihnen bringt ebensooft große Enttäuschungen wie kleine erfreuliche Erfolge. Nicht zuletzt spiegeln die Kinder auch meine eigene Fähigkeit zu Geduld und Toleranz wider. An Tagen, wo der Widerstand konzentriert bis zum Ersticken ist, steht letztlich mein eigenes Aikido auf dem Spiel. Ich muß meine Mitte gefunden haben, geerdet sein und mit der Situation verschmelzen können, um den Konflikt mit seiner eigenen Energie zu lösen. Das ist der Weg, den Aikido möglich macht.

Ich will noch von einem kleinen Erfolg erzählen, der mich in dem Wunsch bestärkt, mit dieser Arbeit fortzufahren. Es geht um David, einen Jungen, der gelernt hat, daß ein Kampf auch ohne verletzende Gewaltanwendung beendet werden kann. David ist groß für sein Alter und kann mit Leichtigkeit andere Kinder gängeln, was er auch tut. Ich muß ihn oft zurechtweisen, weil er jemanden an den Haaren zieht, kneift, hinterrücks stößt oder bei einem Gelenkgriff schmerzhaften Druck ausübt. Er fügt den anderen nicht wirklich ernsthaften Schaden zu, aber meistens weint irgendein Kind aufgrund seiner Tyrannei. In seiner Familie sind alle sehr groß, und er ist der Jüngste. Ich weiß, daß er mit seiner Großspurigkeit und Brutalität auf sich aufmerksam machen will. Ich konterte anfangs mit Tritten und Stößen, bis mir auf einmal klar wurde, daß ich damit nur seine Kraftmeierei unterstützte. Darum erhob ich ihn in die Position eines fortgeschrittenen Schülers, der eine gewisse Verantwortung den jüngeren Schülern gegenüber hat. Nun stand er als Respektsperson im Brennpunkt der Aufmerksamkeit, so daß er in seiner Diktatorrolle ein wenig nachließ, aber er war immer auf der Kippe, und ich hielt ein Auge auf ihn.

David beschwerte sich wiederholt über einen anderen Jungen, der ihn angeblich herausforderte und mit dem er oft nach der Schule in Streit geriet. Er behauptete stets, der andere finge damit an, und obgleich ich davon nicht so ganz überzeugt war, ermutigte ich ihn doch dazu, den Versuch zu machen, die Situation auf Aikido-Art in den Griff zu bekommen. Sein Widersacher war offenbar auch ein Rabauke, denn David hatte manchmal blutige Schrammen und Beulen nach einer Rauferei mit ihm. Nach einer Weile wurden seine Berichte von »dem anderen Typen« zusehends uninteressanter, und ich merkte ihm an, daß er die Lust daran verlor. Er erzählte immer seltener von den Prügeleien, bis er mir schließlich anvertraute: »Es ist doch ziemlich blöde, daß wir so weitermachen. Einer von uns kriegt immer was ab, dabei ist es mir längst egal, ob er sich für stärker hält als mich. Mir tut es immer leid, wenn ich ihn verletzt habe.«

Eines Tages, ich hatte gerade eine Gelenkgrifftechnik erklärt, fragte ich, ob noch jemand eine Frage hätte, und da meldete sich David. »Ich hab' eigentlich keine Frage. Ich möchte nur erzählen, was mir gestern passiert ist. Dieser Typ kam an und packte mich, und da habe ich, ohne zu denken, dieses *Kote gaishi* angewandt.« (Das ist ein Gelenkgriff, der bei richtiger Anwendung leicht einen Arm oder ein Handgelenk brechen kann, und die Kinder wissen das alle.) Mir schoß sofort durch den Kopf: »Du liebe Zeit, bestimmt hat David dem Jungen das Handgelenk gebrochen oder ihn so hart zu Boden geworfen, daß er jetzt einen Schädelbruch hat!« Ich malte mir schon aus, wie mir Lehrer und Eltern und Justizbeamte die Tür einrannten. Doch David strahlte über das ganze Gesicht und fuhr fort: »Und da ist er zu Boden gegangen, und dabei hatte ich im Grunde kaum etwas gemacht. Aber das beste war, daß er kein bißchen verletzt war!« David reckte sich, blickte mir direkt in die Augen und grinste dann breit. »Tja«, wiederholte er, »so einfach war das, und ich habe ihm kein Haar gekrümmt. Er hat mich nur noch angestarrt, ist aufgestanden und davon gegangen. Ich glaube nicht, daß wir uns nochmal prügeln. Es war toll.« Von David ging ein Leuchten aus, das den ganzen Raum erfüllte.

Ein kleiner Sieg, den ich jedoch als großartig empfand, und wenn ich an Davids Grinsen denke, bin ich mir sicher, daß ich noch lange mit dieser Arbeit fortfahren werde.

Megan Reisel

Hinwendung zum Gleichgewicht

Eine blöde Stelle für eine Beule!

Ich saß in der Küche und sah mir mein Handgelenk an. Es war blaurot angelaufen und kaum zu verbergen. In diesem Augenblick kam meine Zimmergenossin herein. Sie fragte gleich, wie das passiert sei. Ich erzählte ihr, es sei mir letzten Abend beim Aikido-Training zugestoßen. »Was hast du denn gemacht?« fragte sie. Ich stand auf und packte ihr Handgelenk. Ich versuchte, das nachzumachen, was mein Lehrer bei mir getan hatte. Offenbar kannte er einen Spezialgriff für Handgelenke. Dabei hatte er nicht nur mein Handgelenk mehrmals umschlossen, sondern auch einen Fingerknöchel tief in einen Nerv am Knochen gepreßt. Außerdem war er ganz schön stämmig. Nun versuchte ich also, ihr weiszumachen, ich sei größer und stärker, als ich mit meinen 1,60 Metern aussah, und ich gab mir Mühe, ihr Handgelenk ebenso heftig zu verbiegen wie mein Lehrer das meine. Ich hielt es mit der gleichen Entschlossenheit wie er meines und blickte ihr finster in die Augen, um sie einzuschüchtern. Ich preßte so lange, bis ihre Hand schlaff, taub und blau wurde. Sie wußte nicht, ob sie lachen oder weinen sollte, und bat mich aufzuhören, denn jetzt wisse sie genau, wie ich mir die Prellung geholt hatte. Ich ließ los. Dann erzählte ich ihr, daß er mich die ganze Zeit über, in der er mein Handgelenk gepackt hielt, auch noch mit aller Kraft zurückgedrängt hatte. Ich stand bald gegen die *Dojo*-Wand gedrückt und war den Tränen nahe. Er rief ständig: »Gib nach, dreh dich! Dreh dich!«, aber ich starrte ihn nur verwirrt an. Meine eine Schulter schob sich bis zu meinem Ohr hoch, und ich konnte mich nicht mehr frei bewegen. Ich fragte mich, was zur Hölle ich hier eigentlich machte. Natürlich wußte ich, daß er mir etwas beibringen wollte, aber bei dieser Einschüchterungstaktik wurde mir ganz kalt. Selbst als ich mir ins Gedächtnis zurückrief, daß er im Grunde die Freundlichkeit in Person war, wirkte er derart bedrohlich auf mich, daß ich meinte, in einer bösen Falle zu sitzen. Ich war gefangen, und es tat weh. Als er wieder sagte: »Dreh dich!«, gehorchte ich, litt aber daraufhin noch mehr Schmerzen. Ich flehte ihn an, damit aufzuhören, und wollte aufgeben. Glücklicherweise gewann sein freundliches Wesen die Oberhand.

Er hatte mich lehren wollen, angesichts einer Gefahr nicht die Beherrschung zu verlieren. Daß mein Geist weder mein Handgelenk noch meine Füße, noch meine Schulter sei. Er sagte, ich hätte nur noch seinen Blick, seine Absicht und schließlich den Schmerz im Kopf gehabt. Hätte ich meinen ganzen Körper seitwärts aus seinem Griff gewunden, statt mich frontal gegen ihn zu stellen, wäre sein Angriff kraftlos geworden. Aber ich versteifte mich auf meinen Schmerz. Im Grunde unterstützte ich seinen Griff in dem Maße, wie ich mich auf meinen Schmerz einließ. Er bat mich, darüber nachzudenken, was Angst eigentlich ist. Und ich sollte mir auch Gedanken darüber machen, was Macht ist, woher sie kommt, wer sie besitzt und nach Belieben ausüben oder loslassen kann. War ich wegen meiner geringen Körpergröße grundsätzlich hilflos physischer Gewalt gegenüber? Konnte jeder x-beliebige meinen Geist oder meine Seele ebenso festhalten wie mein Handgelenk?

Ich stellte meiner Freundin die gleichen Fragen. Ich wollte wissen, ob sie Angst und Schmerzen genauso empfand wie ich. Mir war klar, daß ich mich auf etwas ziemlich Aufregendes eingelassen hatte, daß dieses Aikido meinem Leben eine ganz neue Wendung geben würde. Ich glaubte auch, was der Lehrer über Aikido gesagt hatte, aber ich war im Zweifel, ob das Training mir je Klarheit über Angst und Macht und über meinen Geist verschaffen würde. Darum fragte ich sie, wovor sie Angst hatte, was sie über Macht wußte, ob sie glaubte, sich gegen einen Angriff auf Leib und Leben verteidigen zu können. Sie sagte, sie wüßte, daß sie Angst hätte, das hätte jeder. Sie sah auf ihr Handgelenk und rieb es an der Stelle, wo ich zugepackt hatte, und sagte, sie sei sich der Antwort auf all diese Fragen nicht so sicher. Sie hätte zwar gewisse Vorstellungen, aber nichts, was mir weiterhelfen könnte. Ich lud sie ein, doch einmal mit mir zum Training zu kommen. Vielleicht würden wir dort ein paar Antworten bekommen.

Dieser Vorfall begab sich irgendwann im Winter 1974/75. Seitdem hat mein Aikido-Training mich dazu angeregt, mich noch mit einer ganzen Reihe anderer Fragen zu beschäftigen. Die ersten Fragen sind fast geklärt, aber es scheint, als hätten sie ein Eigenleben. Es gibt Augenblicke, da ist die Antwort sonnenklar, und trotzdem kommt die betreffende Frage ein andermal plötzlich wieder auf, ebenso trügerisch und mysteriös wie zu Beginn. Wenn ich bedenke, was Aikido mich alles gelehrt hat, kann ich nur staunen, wie vielschichtig mein Verständnis von mir selbst und von Aikido durch das tägliche Training geworden ist. Was die Fragen der Angst, der Macht und des Geistes betrifft, folge ich offenbar einem Weg, der sich aus etlichen Zusatz-

und Nebenfragen zusammensetzt, die alle für sich beantwortet werden wollen.

In meinen ersten Trainingswochen ging es um die Konfrontation. Heute beschäftige ich mich noch immer mit der Konfrontation, aber auf anderen Ebenen. Durch Aikido fühlt man sich ständig herausgefordert, auf irgendeine Konfrontation einzugehen. Zu Anfang dachte ich, in eine vor Aggressivität schäumende Welt hineingesprungen zu sein. Nicht nur, daß ich stillhalten mußte, ich mußte auch selbst aggressiv sein. Ich wußte nicht, was schlimmer war. Beim Aikido ist man gefordert, einen anderen Menschen zu schlagen, zu boxen, zu packen, festzuhalten. Dann geht es umgekehrt, und man muß selbst Schläge, Boxhiebe und Griffe hinnehmen. Die erlernte Technik sorgt dafür, daß man beide Male in Sicherheit ist, doch ob man die Technik in die Realität umsetzt, liegt bei einem selbst.

Zuerst erschien mir das Zuschlagen oder Zupacken als ein Ding der Unmöglichkeit. Ich wollte niemanden verletzen und schon gar nicht selbst verletzt werden. Aber beim Aikido müssen wir eine Kampfsituation schaffen, damit wir lernen, uns unseren Ängsten und Feinden zu stellen, seien sie nun in uns selbst oder draußen in der Welt. Wenn ich mich zurückhielt, wenn ich mich weigerte, ernsthaft zuzuschlagen, versagte ich meinem Partner die Gelegenheit, etwas zu lernen. Ich mußte eben das Risiko eingehen. Da ich ein schüchterner Mensch bin, kam ich mir wie bei der Abschlußprüfung in freier Rede vor. Ich mußte alle Kräfte aufbieten. Und ich mußte diese Kräfte aus einer Quelle in meinem Innern mobilisieren, die rein und lauter war.

Als ich beim Aikido lernte, aggressiv zu sein, hatte ich das Gefühl, meiner Weiblichkeit Abbruch zu tun. Ich sah Frauen nicht als Kämpferinnen oder als Kriegerinnen an. Zwar gestand ich mir das nicht direkt ein, aber ich merkte, daß ich es in irgendeinem Winkel meines Geistes eben so und nicht anders sah. Angriffslustig zu sein war für mich nichts Frauliches. Aggressivität war etwas Männliches. Krieger waren Männer. Trainierte ich, um ein Krieger zu werden? Wollte ich männlich sein? Nun ja, Aikido ist ein Kampfsport, und Kampfsport ist etwas für Männer. Ich war eine Frau, die sich einem männlichen Kampfsport widmete. So einfach war das. Aber dann fragte ich mich, was die Attribute »männlich« und »weiblich« mit Männlichkeit und Fraulichkeit zu tun hatten. Konnte ich nicht aggressiv und trotzdem weiblich sein? Oder mußte ich männlich sein, um aggressiv zu sein? Ich wußte, daß ich den Mann nicht einfach *nachahmen* konnte, weil meine Angriffe dann nicht echt waren. Ich mußte erforschen, wo in mir selbst Aggressivität steckte. Und da stolperte ich über den Zorn.

Mein Zorn kam zum Teil daher, daß ich nicht mehr wußte, was weiblich und was männlich ist. Aber es war auch ein Zorn, der in mir angestaut war und den ich nie zum Ausdruck gebracht hatte. Er entsprang dem Gefühl, in einer Welt des Kampfsports, die von alters her Männern vorbehalten ist, fehl am Platz zu sein. Allmählich verwandelte sich mein Ärger in Feindseligkeit. Ich wollte Aikido lernen, war jedoch nicht in meinem Element. Ich wurde ungeduldig. Ich merkte, daß ich vieles einfach nicht tolerieren konnte. Aikido zu üben bedeutete für mich, meinen Zorn zu schüren, und ich fragte mich, warum ich dabeiblieb. Ich mochte mich so nicht, und mein Training half mir in dieser Beziehung wenig. Der Zorn brannte in mir. Er hinderte mich daran, freundlich zu sein. Er tat mir nicht gut, all dieser Zorn. Ich mußte herausfinden, wo er seinen Ursprung hatte, und ihn in positivere Bahnen lenken. Als ich entdeckte, daß ich zornig war, weil ich meine eigenen Grenzen so stark empfand, wurde ich neugierig, ob diese Grenzen überhaupt bestanden, ob sie verändert werden konnten oder ob sie nur einen neuen Stellenwert bekommen mußten. Ich mußte mir einmal genau anschauen, welche Grenzen ich durch mein Selbstbild sowie meine Definition von männlich und weiblich mit eigener Hand zog. Ich mußte mir über die Schwierigkeiten klar werden, die damit verbunden sind, als Frau einen Kampfsport auszuüben. Ich sah allmählich ein, daß der Kriegerweg ein Lebensstil ist, der nicht nur Männern vorbehalten ist.

Eins war gewiß. Wenn ich es im Aikido zu etwas bringen wollte, mußte ich meine männlichen Persönlichkeitsaspekte finden, ohne meine Weiblichkeit zu opfern. Das hieß, daß ich meine Klischeevorstellungen von männlich und weiblich überwinden mußte. Ich durfte die Weiblichkeit einer Frau nicht länger wie üblich mit Passivität, Zartheit, Anmut, Weichheit, Empfänglichkeit und dem Unfähigsein, sich selbst zu schützen, gleichsetzen. Ich mußte andere Begriffe aus der Männlichkeit des Mannes streichen: aggressiv, dominant, hart, stark, im Besitz der Kontrolle. Es war wie im Fernsehen. Ich wollte sie herumwirbeln, abrollen und irgendwo niedergehen lassen. Ich war bestrebt, wesensmäßig ins Gleichgewicht zu kommen, was mir allerdings erst eine ganze Weile später bewußt wurde. Damals hatte ich nur das Ziel, mich nicht mehr durch meine Grenzen eingeengt zu fühlen. Ich nahm meine Aikido-Praxis als Grundlage, mich völlig anders als bisher zu geben. Ich wollte so hart trainieren wie die Männer und ihnen eine Nuß zu knacken geben. Ich wollte ihnen keinesfalls in Können und Macht nachstehen, nur weil ich eine Frau war.

Jetzt sah ich mich in eine Konkurrenzsituation gestellt. Konkurrenz bedeutet anhaltende Ambivalenz. Einerseits gilt sie als bestes praktisches Mittel, seine Möglichkeiten voll auszuschöpfen, seine Ziele zu erreichen und Erfolg zu haben. Andererseits stellt sie Ego gegen Ego, verwandelt Ehrgeiz in Besessenheit und erstickt die ursprüngliche Absicht, Hervorragendes zu leisten. Kreative Konkurrenz bedeutet, gegen die Kräfte im eigenen Innern anzukämpfen; Möglichkeiten zu finden, das zu tun, was man nicht tun zu können meint, statt die eigenen Fähigkeiten bloß an der Glanzleistung anderer zu messen.

Zu Beginn, als ich noch auf Wettbewerb eingestellt war, um mein Leistungsniveau beim Aikido festzustellen, konnte ich nicht umhin, mich mit anderen zu vergleichen: Wer konnte besser werfen, wer besser fallen, wer hatte eine gute Haltung, wer machte schneller Fortschritte, wen zog der Lehrer vor. Ich ging ganz im Wettbewerb auf.

Diese Art des Kämpfens wurde bald langweilig. Ich hatte mich auf ein Training im Stil »ich gegen die anderen« eingelassen. Mir war so viel daran gelegen, im Verhältnis zu den anderen Fortschritte zu machen, daß ich meinen natürlichen Sinn für Stil völlig außer acht ließ. Ich wollte dazugehören und von den Männern akzeptiert werden — und ebenfalls dem Lehrer auffallen. Aber statt nun weiterhin andere Schüler oder auch die männlichen Lehrer zum Vorbild zu nehmen, beschloß ich, zu den Grundlagen zurückzukehren. Ich machte, bildlich gesprochen, die Kehrtwendung, die mir mein erster Lehrer anempfohlen hatte. Ich mußte von innen heraus empfänglich werden für alles, was in meinem Leben und im Aikido geschah. Beim Training sowohl mit Männern als auch mit Frauen merkte ich, daß Rhythmus und Dynamik davon abhingen, mit wem ich übte und was wir zusammen erreichen konnten. Ich übte, die Schläge, Boxhiebe und Griffe hinzunehmen, ohne dabei immer meine Geschicklichkeit demonstrieren zu müssen, und nur die Technik exakt auszuführen. Ich ging eher spielerisch ans Training und befaßte mich auf immer wieder andere Art mit der Technik. Mal trainierte ich hart, dann mit sanfter Entschlossenheit. Dann geduldig und stetig, dann anmutig, dann dynamisch. Die neuen Fragen, die sich über Aikido, über mich selbst erhoben, hatten nichts zu tun mit männlich und weiblich, wie man aggressiv sein kann oder wer am besten ist. Was mich interessierte, war das Lernen. Ich wollte wissen, wie wir einander helfen können. Ich wußte nicht, ob ich jemandem helfen konnte. Ich hielt die Augen offen, um zu sehen, wie Leute mir helfen. Ich mußte lernen, wie man übt, sondiert, recherchiert und forscht. Später wurde mir klar, daß ich unbewußt eine Schwelle überschritten hatte. Ich stieg in die Kampfkünste ein und fand mein Leben plötzlich in das eingebettet, was eine Männerdomäne zu sein schien. Der »kleine Unterschied« betonte eher meine Weiblichkeit und meine Grenzen als meine Fähigkeit, mich vollkommen einzufügen. Ich mußte mich den Regeln eines männlichen Kampfsports anpassen. Mir wurde bewußt, was für ein Selbstbild ich von mir als Frau hatte. Es dauerte nicht lange, und ich mußte von etlichen vorgefaßten Meinungen abgehen. Und jede

Lebenssituation macht mir wieder neue Vorurteile deutlich, die ich von Männern und Frauen hege. Aikido kann die Arena sein, in der man die Wesensqualitäten seines Charakters erforscht. Ich mußte diesen Qualitäten Neutralität verleihen, um sie offen ausdrücken zu können. Sie mußten sich im einfachen, spontanen Handeln niederschlagen. Daraufhin empfand ich mich nicht mehr als männlich oder weiblich, sondern nur noch als Mensch. Habe ich zu Anfang den Dojo speziell als junge *Frau* betreten, gehe ich jetzt einfach als Mensch zum Training, der Aikido übt.

Wenn wir uns von unserem klischeehaften Rollenverständnis als Mann oder Frau lösen, kommt ein gewisses Gleichgewicht in unser Leben. Wir kommen von der Last frei, nur durch unsere Grenzen gekennzeichnet zu sein. Je ausgewogener wir in unserem Wesen sind, um so menschlicher begreifen wir uns selbst und andere. Dann geben uns die natürlichen Unterschiede zwischen Männern und Frauen und zwischen den einzelnen Menschen unsere Identität. Ich gebe acht, daß ich nichts von dem auslösche, was ich als meine Weiblichkeit erkannt habe. Die ostasiatische Unterteilung in Yin und Yang ist eine gute Richtschnur, aber eine noch bessere ist die Intuition. Für mich ist es wichtig, zu wissen, was meiner weiblichen Intuition entspringt und welche Eigenschaften der männliche Schatten meines Wesens hervorbringt. Beim Aikido-Training sind eindeutig beide gefordert. Durch das bewußte Bemühen, auf meine männlichen Qualitäten zurückzugreifen, vermeide ich es, Männer einfach nachzuahmen — selbst in Übungsmomenten, wo ich sehr selbstbewußt sein oder mich sekundenlang stark konzentrieren muß. Bei den *Irimi*-Techniken, dem »Hineingehen«, kommt es auf solche Qualitäten an. Ich fühle mich groß und stark und unverrückbar wie ein Berg, wenn ich diese Griffe ausführe. Meine Weiblichkeit kann ich bei Übungen hervorkehren, bei denen die Kraft des Angreifers in einer Spiralbewegung aufgenommen und dann freigesetzt wird. Sie heißen *Tenkan* oder Drehung. Sie sind fließendem Wasser vergleichbar, glatt und anmutig, manchmal auch wildbewegt. *Irimi* und *Tenkan* sind zwei Grundübungen des Aikido und entsprechen meines Erachtens genau dem Yin und Yang. In jeder *Irimi*-Technik findet sich eine Spur *Tenkan* und im *Tenkan* ein Hauch *Irimi.* Sie veranschaulichen das für wirksame Techniken nötige Gleichgewicht in der Bewegung. Wenn wir begriffen haben, daß Yin nicht ohne Yang besteht und umgekehrt, können wir weiblich mit einer Spur Männlichkeit und männlich mit einer Spur Weiblichkeit sein. Diese Ausgeglichenheit ist nur zu unserem Vorteil.

Eine bestimmte Aikido-Technik demonstriert die Kraft des Ausgleichs besonders eindrücklich. Das ist *Ten-chi Nage*, was soviel wie Himmel-und-Erdwurf bedeutet, eine wunderbare Lehre, die wir O Sensei verdanken. Die

Übung ist extrem schwierig und wirkt wie ein Wunder, wenn sie korrekt ausgeführt wird. Bei *Ten-chi Nage* mußt du den direkten Zugriff des Angreifers in zwei verschiedene Spiralbewegungen ableiten. Wenn er oder sie deine beiden Handgelenke packt, mußt du die dort wirksame Kraft gleichzeitig nach oben und nach unten lenken, hinauf zum Himmel und hinab zur Erde. Wenn die Aufteilung gelingt, lösen sich die Füße des Gegners vom Boden und schwingen vor ihm hoch, so daß er mit dem Körper horizontal in der Luft schwebt — wie beim Ausrutschen auf einer Bananenschale. Wenn ein Kräfteungleichgewicht nach einer Seite hin besteht, handelt es sich nicht um *Tenchi Nage;* dafür muß das Kräfteverhältnis genau stimmen. Voraussetzung ist ein äußerst feines Gespür für die Kraft, die wahrem Gleichgewicht innewohnt. Hier zeigt sich die Genialität Meister Ueshibas. Ihm muß dieses Feingefühl Freude gemacht haben, daß er uns eine solche Technik gegeben hat. Dabei ist sie nur ein Beispiel von vielen.

Ten-chi Nage sagt mir auch, daß ich nur dann beide Richtungen gleichzeitig einschlagen kann, wenn ich sie schon beide in mir trage. Aus meiner Mitte heraus kann ich jede Richtung nehmen, solange ich die Gegenrichtung nicht vergesse. Wenn ich die linke Hand ausstrecke, ist meine Rechte nicht untätig. Sie erdet praktisch die Bewegung der Linken. Bewege ich beide Arme, lasse ich Erdungsenergie durch meine Beine strömen. So polarisiere ich dauernd meine Bewegungen und folglich auch meine Energie. Dadurch sind meine Übungen ausgewogen.

Wenn Aikido-Lehrer in ihrem Unterricht die Ausgewogenheit von Yin und Yang widerspiegeln, verhelfen sie Männern und Frauen zu einem umfassenden Training, in dem sie ihre Fähigkeiten entdecken können. Ich für mein Teil kann sagen, daß der Unterricht eines Lehrers, der begriffen hat, wie wichtig es für uns alle ist, sowohl männlich als auch weiblich zu sein, überaus vielschichtig ist; er fördert die physische, psychische und spirituelle Entwicklung. Fehlt dem Lehrer die nötige Ausgewogenheit — zum Beispiel so, daß er bei allen Übungen einen harten, dynamischen Stil anwendet —, sträubt sich in mir etwas dagegen, weil ich sowohl verschmelzen als auch die Kraft ablenken möchte. Hat die Klasse nur Interesse an sportlicher Vervollkommnung, sehne ich mich danach, auch den nicht so sichtbaren Übungsaspekten meine Aufmerksamkeit zu widmen. Ausgewogenheit tut not, damit eine Klasse gut ist. Wenn wir beim Üben einen Sinn für das Gleichgewicht entwickeln, empfinden wir ein Erfülltsein, das sich auf unser Leben überträgt.

Meister Ueshiba hat uns keine Abhandlung hinterlassen, kein Büchlein, in dem ordentlich niedergeschrieben wäre, wie Aikido geübt werden soll. Das hat er in seiner Kunst, in seinen Techniken verborgen. Beim Üben kommt man nach und nach hinter seine Philosophie. (Wenn ich es nicht besser wüßte, würde ich riskieren zu sagen, daß er eine sanfte Methode gefunden hat, uns allen eine Gehirnwäsche zu geben.) Seine Übungen sind alle konsequent. Sie vermitteln uns etwas über die Harmonie, über die Art der Bewegungen im Universum, über Ausgewogenheit und Kraft. Er gibt uns praktische Anweisungen, wie wir in gegenseitiger Achtung miteinander leben lernen können. Wer aufrichtig übt, dem offenbart sich die Lehre von selbst. Er war ein kluger Mann. Er hat gesagt, sein Aikido solle die Menschen lehren, wie eine Familie zu sein. Wie, das hat er nicht gesagt. Er brauchte es auch nicht. Seine Kunst tut es, sie spricht zu unserem Körper. Unseren Körper zu unserm Geist und Herzen sprechen zu lassen liegt ganz bei uns.

Cheryl S. Reinhardt

Innere Kraft: Die Verschmelzung von Aikido und Feldenkrais

Die Feldenkrais-Technik ist eine sanfte Methode, durch Bewegung zu lernen: das neu zu lernen, was im täglichen Leben ins Stocken geraten oder zur Gewohnheit geworden ist. Mir als einem Anhänger der Feldenkrais-Technik geht es darum, Schüler mit ihrer eigenen Mitte und inneren Kraft in Berührung zu bringen. Durch Bewegungen und bestimmte Griffe — die auf der Einsicht in die Wirkungsweise des Nervensystems in Zusammenhang mit dem Knochen- und Muskelgerüst sowie den Gefühlen beruhen — werden ihre Muskeln allmählich geschmeidiger, ihre Gelenke biegsamer und, was am wichtigsten ist, kommen sie zu der für sie neuen Erkenntnis, daß es möglich ist, sich von der bloßen Macht der Gewohnheit zu befreien. Dem ganzen Menschen wird Rechnung getragen, von körperlichen Beschwerden bis hin zum Familienleben. Was ein Mensch mit seinen Zehen macht oder wie er mit starken Gefühlen umgeht, wirkt sich direkt auf seine Becken- und Rückenhaltung aus, wodurch umgekehrt wieder die Empfindungen und das Verhalten beeinflußt werden. Häufig besteht meine Arbeit darin, Erwachsenen die Augen dafür zu öffnen, wie sehr sie an einem alten Trauma festhalten und es verteidigen. Sowie sie ein wenig locker lassen, können diese alten Wunden heilen. Sie werden offener und bekennen sich zu ihrer Verletzlichkeit.

Dr. Moshe Feldenkrais war, ehe er diese Methode entwickelte, in erster Linie Physiker und Träger eines schwarzen Gürtels höheren Grades im Judo. Seine Kenntnis des Kampfsports spielte eine wesentliche Rolle für sein Verständnis der menschlichen Gesundheit. Bei der Arbeit mit ihm fiel einem unweigerlich sein Atem auf, tief und gleichmäßig wie bei einem Krieger im Training. Mein eigenes Kampfsporttraining hatte allerdings andere Hintergründe, die schließlich auch mein Verständnis der Feldenkrais-Technik veränderten.

Ich fühlte mich anfänglich zu Aikido hingezogen durch das, was ich über einen bestimmten Lehrer gehört hatte, nämlich die Betonung, die Robert

Nadeau auf die spirituelle Seite legte. Er definierte »spirituell« als »an mir ist mehr, als ich ahne«, und er hob *Takemusu*, die »Vitalität des Daseins«, hervor. Mich reizte die Aussicht, mehr über Energie und über die universellen Gesetze der Schöpfung lernen zu können. Trotzdem stieg ich doch recht zögernd die Treppe zu meinem späteren Heim-Dojo hinauf, weil ich das Gefühl hatte, daß sich mein Leben verändern würde, wenn ich es wirklich täte. Von einer Gewohnheit loszukommen, etwas Neues zu lernen, reichert den Menschen mit ungeheurer Energie an — einer Energie, die zu Anfang unerträglich scheint. Vor meinem Training neigte ich dazu, mich in etwas zu verbeißen, es maßlos zu übertreiben. Durch Aikido fing ich an, alles so zu nehmen, wie es ist, und das richtige Maß anzulegen.

Bei meinem Training wurde mit den Techniken zugleich auch stets die Philosophie des Aikido übermittelt. Während wir also lernten, Angriffe abzuwehren, lernten wir gleichzeitig, uns auch unter Druck auf uns selbst zu besinnen, unser gewohntes Rückzugs- und Verteidigungsverhalten zu erkennen und schließlich, uns in der tiefsten Mitte unserer selbst zu sammeln. In dieser Mitte konnten wir zur Harmonie mit den Gesetzen der Schöpfung kommen und ein Gespür für den eigenen Ursprung entwickeln.

Wohl das Beste, was ich von meinem Aikido-Training mitbekommen habe, ist die Fähigkeit, meine Angewohnheiten zu erkennen und hinter mir zu lassen. Zum Beispiel ist mein Hang, zu dramatisieren, inwendig erkennbar geworden. Obwohl diese Angewohnheit immer noch besteht, bin ich nicht mehr unwiderruflich daran gekettet. In dem Bewußtsein dieser meiner Gewohnheit kann ich mich nun von meinen hysterischen Energieaufwallungen ab- und einem stetig in meiner Mitte fließenden Energiestrom zuwenden. Vor Jahren träumte ich einmal, ich säße im Gefängnis. Die Zellentür stand weit offen, und es sah aus, als könnte ich einfach hinausgehen; doch ich fühlte mich wie angekettet und vermochte keinen Gebrauch von meiner Freiheit zu machen, bis mein Gefängniswärter kam und mich freiließ. Außerhalb meiner Zelle hielt mein Lehrer Aikido-Unterricht ab, an dem meine Freunde teilnahmen. Das war verlockend und schön, aber ich hatte das Empfinden, ich müßte eingesperrt und von dem, was ich sah, ausgeschlossen bleiben. Inzwischen steht es mir dank meines Aikido-Trainings frei, durch eine offene Tür zu gehen, die, wie ich jetzt spüre, immer offen war. Uns allen steht die Tür offen, aber unsere Gewohnheiten halten uns gefangen. Das ist es, was ich durch die Verquickung von Feldenkrais-Technik und Aikido lehre.

Es hat lange gedauert, bis ich die kriegerische Seite des Aikido mit dem Ernst aufnahm, der ihr zukommt. Als Mädchen hatte ich nie körperlich gekämpft, so daß mir die Selbstverteidigung in vieler Hinsicht fremd war. Bisweilen trieb mich mein Aikido-Lehrer bis über den Punkt hinweg, an dem ich glaubte, zusammenbrechen zu müssen, weil mein Selbstbild die ungeheure Kraft nicht einbegriff, die Aikido freisetzt. Der unerträglich scheinende Druck setzte eine gewaltige innere Kraft der Meisterung frei, die dem Druck ebenbürtig war. Sobald ich diese Erfahrung gemacht hatte, konnte ich mich nicht länger mit der eigenen Passivität begnügen oder meinen Schülern gestatten, passiv zu lernen. Ich mußte sie in Wechselbeziehungen zueinander bringen.

Ich fing behutsam an und ließ sie zuerst stehen und einfache Drucktechniken üben. Dabei kam es mir fast so vor, als wollte ich meinen unschuldigen Feldenkrais-Schülern heimlich Aikido unterjubeln. Sie kamen, um höchst sanfte Bewegungsformen auszuführen, und ich leitete sie unversehens zu einem Kampfsport an. Auf einmal waren sie dabei, einander zu boxen, zu packen, anzugreifen und zu verteidigen.

Aber die Feldenkrais-Arbeit und Aikido passen tatsächlich zusammen wie Hand und Handschuh. Ich arbeite mit einer Kombination aus Einzel- und Partnerbewegung, wobei jeder zuerst seinem eigenen Körper Aufmerksamkeit schenken muß und dann den körperlichen Veränderungen, die durch die Wechselbeziehung mit einem anderen ausgelöst werden. Im allgemeinen beginne ich meinen Unterricht damit, daß sich alle Schüler schweigend flach auf den Rücken legen. Nun leite ich sie an, ihr Selbstgefühl in diesem Zustand zu erforschen. Leute kommen zu spät, Türen schlagen, der Straßenverkehr dröhnt herauf — allmählich konzentriert sich jeder auf das, was in seinem Körper vorgeht und fragt sich: »Wo halte ich mich zurück? Wo berühre ich den Boden?« Das sind Fragen, die ihre Entsprechung im Tagesablauf haben.

Dann lehre ich sie sanfte Bewegungen, um ihnen einen gewissen Rahmen für die Selbstfindung zu geben — die Bewegung zu ermitteln und ein Gespür für die normalen Körpervorgänge zu entwickeln. Kontakt zum Fußboden ist ein erster Schritt zum Kontaktknüpfen über sich selbst und die persönlichen Grenzen hinaus. Der Fußboden ist ein sicherer unbelebter Partner, ein objektiver Zeuge, der jeden für die nächste Phase bereit macht, für einen anderen Menschen. Jetzt frage ich: »Wie geht euer Atem? Ist er flach? Stockend? Tief und regelmäßig? Ist euer Kopf zur linken oder zur rechten Seite geneigt? Ist euer Unterkiefer mehr als nötig angespannt?« Auf diese Fragen gibt es keine richtigen oder falschen Antworten, und doch sind wir es gewohnt, uns selbst meist sofort und ziemlich hart zu beurteilen, obgleich uns das nur am Lernen hindert. Mir ist mehr an einer Situation gelegen, in der jeder seine eigene Norm erkennt, den Ausgangspunkt. Diese Erkenntnis steigert die bewußte Wahrnehmung und führt zu einem vollständigeren

Selbstbild. Eine Frau hat über diese Erfahrung einmal gesagt, sie fühle sich dabei sozusagen in die Lage versetzt, den Lampenschirm von der Glühbirne zu entfernen und das Licht hell und ungefiltert scheinen zu lassen.

Die nächste Aufgabe besteht darin, sich im Stand bei der Fühlungnahme mit dem Partner weiter auszudehnen. Aikido-Techniken sind dabei die Form, mit der und in der wir arbeiten; sie sind wie Spaliere, die den Weinreben Halt und Gestalt geben. Die Bewegungen sind nicht völlig frei und willkürlich. Sie basieren auf alten, tiefen Erkenntnissen über die menschliche Physiologie, soziale Konflikte und universelle Energien. Innerhalb unserer Beziehung zu einem Partner erfahren wir eine Drucksituation, die sich stark von der unterscheidet, die wir, allein auf der Matte liegend, erleben. Gefühle, Sinneseindrücke, Bedrohungen, Wahrnehmungen unserer selbst und anderer sind kaum mehr abzuleugnen. Die Aikido-Prinzipien des Verschmelzens und der Spiralenergie verschaffen dem Schüler die Gelegenheit, im gleichen Augenblick seine Fähigkeit zum harmonischen Einswerden zu erkennen, in dem ihm all die Hindernisse bewußt werden, die er aufgebaut hat, um diese natürliche Regung zu ersticken.

Ich bitte die Schüler, sich noch mehr zu öffnen, den Schritt von der Matte ins Leben zu tun und sich zu überlegen, wie sie diesen Energiestrom ins Alltagsleben integrieren können, wo sich die Grundgewohnheiten herausbilden. Aikido bietet uns die Möglichkeit, diesen Prozeß physisch nachzuvollziehen und die Antwort aus dem Handeln hervortreten zu lassen.

Beim Training sehe ich deutlich, wenn jemand zurückhält oder zu sehr forciert, und auch die Schüler erkennen dies deutlich. Die dabei in Erscheinung tretenden Verteidigungsmechanismen sind die gleichen wie die, deren sich die Leute im täglichen Leben bedienen. Jeder hat gewohnheitsmäßige Handlungsweisen, die ihn davon abhalten, voll gegenwärtig zu sein. Eine ziemlich häufig vorkommende Tendenz ist etwas, das ich gern das »Übersorgte-Mutter-Syndrom« nenne. Bei einer Wurfübung geschieht es oft, daß Schüler auf Kosten der eigenen Stabilität übermäßig um die Sicherheit des Partners besorgt sind. Ihre Aufmerksamkeit ist so ausschließlich dem Partner gewidmet, daß sie schließlich sogar selbst zu Fall kommen. Durch Übung der inneren Kraft lernen sie eine neue Art der Fürsorge kennen. Sie lernen, ihre Mitte zu finden und den Partner aus dieser Mitte heraus loszulassen in dem Wissen, daß er die Geistesgegenwart besitzt, für sich selbst Sorge zu tragen. Da die übermäßige Fürsorge von seiten des anderen fehlt, wächst das Selbstvertrauen des Partners. Das tut ihm wohler als die erdrückende Aufmerksamkeit.

Jane

Als Jane ankam, wirkte sie stark, überzeugend und dominant in ihrer Kraft. Sie schien stabil gebaut zu sein und sich unbekümmert und ohne Angst zu bewegen. Gleich in der ersten Stunde äußerte sie mir gegenüber die Besorgnis, die Klasse sei wohl zu zahm für sie, zu wenig auf Konfrontation aus. Sie klagte zudem über Schulterschmerzen und Verspannungen. Wenn sie mich beobachtete, war sie immer beeindruckt davon, wie bereitwillig ich mich in meiner Bewegung eng an andere anschloß.

In einer Trainingsstunde, bei einer Grundübung, die mit einem Wurf endet, sollte Jane auf Fühlung gehen und aus ihrer Mitte, ganz in sich selbst ruhend, den Hoheitsbereich ihres Partners einnehmen. Das mochte sie überhaupt nicht, sie wurde wütend und wollte es möglichst schnell hinter sich bringen. Sie versuchte, ihren Partner kleinzukriegen, ihm Angst einzujagen oder ihn einzuschüchtern, damit er endlich falle. Janes Partner widersetzte sich einer solchen Behandlung. Jane merkte, daß ihre Vorgehensweise wirkungslos war. Sie erkannte ihr Verhaltensmuster, nämlich daß sie, wenn sie Angst bekam, aufschäumte und die Situation so schnell wie möglich hinter sich zu bringen suchte. Diese Einsicht machte sie sich zunutze. Während sie für den nächsten Wurf in Stellung ging, sagte sie sich (und ließ ihrem Körper Zeit, das Gefühl zu empfinden): »Ich bin wütend, ich möchte das hinter mich bringen...« Sie mußte sich diese Gefühle eingestehen, sie bewußt erleben, sich klar vergegenwärtigen und dadurch Abstand von ihnen gewinnen. Solange sie ihren inneren Widerstand und ihre negativen Gefühle nicht wahrhaben wollte, war das die treibende Kraft für ihr Handeln. Nur wenn sie innehielt und sich über ihre Zwänge klar wurde, gab sie sich eine Chance, sich zu verändern und sogar mit Freude bei der Sache zu sein.

Jane lernte, Kurzatmigkeit und Schulterverspannung als körperliches Signal zu werten, noch einen Augenblick zu warten, zur Ruhe zu kommen und Luft zu holen. Neu an ihrem Vorgehen war, daß sie ihren Partner nicht mehr von sich stieß, sondern ihm näherkam. Sie führte die Wurfübung aus und hielt die ganze Zeit über die innere Verbindung aufrecht. Der Partner spürte die Nähe, er fühlte sich nicht eingeschüchtert und war zufrieden. Jane brachte sich ganz ein und blieb in Fühlung.

Was hatte sich geändert? Wie kann eine einschneidende Veränderung so leicht vonstatten gehen? Es ist leicht und doch wieder nicht. Uns voll zu akzeptieren, wie wir sind, mit unserem Körper, unserem Nervensystem, den Knochen und Muskeln, bringt uns unserem wahren Selbst näher. Jane hat eine Möglichkeit gefunden, ihre gewohnheitsmäßige negative Verhaltensweise zu erkennen und zu einer positiveren Kontaktaufnahme zu kommen.

Beim Liegen auf der Matte in den Ruhepausen zwischen den Partnerübungen konnte Jane die neuen Informationen nach und nach verarbeiten. Die Pausen sind ein Freiraum, der dem Streß des Zeitdrucks und dem Zwang, zu schnell begreifen und verdauen zu wollen, entgegenwirkt. Es war die Freude an der körperlichen Bewegung, die Jane in die Lage versetzt hat, sich zu ändern und anders vorzugehen.

Hierbei handelt es sich nicht um reine Theorie. Der Körper zeigt die Veränderungen. Was sich einprägt und mit nach Hause genommen wird, ist die Erinnerung daran, wie die Übung durchgeführt wurde und was sich verändert hat. Es gibt eine kinästhetische Erinnerung an die Veränderung.

Diese Lektion war wichtig für Janes Privatleben. Sie hatte sich kurze Zeit zuvor entschlossen, eine langfristige Beziehung abzubrechen. Gleich nach ihrer Entscheidung war ihr Partner zu einer beruflichen Veränderung gezwungen. Jane wollte ihrem Partner in dieser Sache noch beistehen. So sah sie sich vor die schwierige Aufgabe gestellt, mit der Gewißheit zu leben, den Menschen, den sie liebte, bald zu verlassen, und doch gegenwärtig mit ihm zusammenzusein, ohne den Versuch machen zu können, es schnell hinter sich zu bringen.

Es gibt so viele Lebenssituationen, die wir unangenehm finden, aber nicht schnell beendigen können. Ein Kind durchläuft gewisse Entwicklungsphasen, die einfach abgewartet werden müssen. Auch in einer Ehe treten Umstände ein, die schwierig sind und Geduld erfordern. Ein Erwachsener, dessen Vater oder Mutter im Sterben liegt, muß Tag um Tag mit dieser schweren Situation zurechtkommen. Aikido-Übungen wie die eben beschriebene mit Jane wirken in die ungeheuer vielfältigen Lebensumstände der Schüler hinein. In jeder Situation muß das Unbehagen empfunden, erkannt und akzeptiert werden in dem Wissen, daß man eigentlich lieber schnell darüber hinweg will. Die Schüler lernen, sich die Zeit für die Überlegung zu nehmen, von welcher Basis aus am besten Entscheidungen getroffen werden können und wann es eher geraten ist, zu warten, als etwas mit weitreichender Wirkung zu tun.

Meryl

Meryl geht offenbar stets von der Beobachtung ihrer selbst aus und fragt sich dauernd: »Bin ich o. k.? Ist das, was ich tue, auch o. k. für dich?« Meryl wirkt zart. Sie ist sehr dünn und sieht furchtsam aus. Ihre Schultern sind nach vorn gezogen, die Brust ein wenig eingefallen; ihr Rumpf erweckt den Eindruck von Leere, von einem gähnenden Loch. Wenn sie sich auf die Matte legt, versucht sie als erstes, so wenig Platz wie möglich einzunehmen. Wird von Macht gesprochen, ist sie entschieden der Meinung, daß sie damit nichts zu tun haben will. Sie friert leicht. Sie sieht mich in der Erwartung an, daß ich ihr sage, was sie machen soll, sie dazu ermächtige. Meryl ist Künstlerin, und ihre Bilder werden auf der ganzen Welt ausgestellt und verkauft. Von Anfang an hatte ich bei unserer Zusammenarbeit den Verdacht auf vorhandene Kraft, die ich jedoch weder sehen noch anzapfen konnte. Sie zeigte sich erstmalig, als wir verschiedener Meinung über eine Geldsumme waren, die sie mir schuldete. Meryl war sich ihrer selbst sehr sicher, bewies erstaunliche Stärke und sah mit einem Mal alles andere als schmächtig aus. Sie setzte sich gegen mich durch. Nun war es klar: Unsere Aufgabe bestand darin, diese Kraft nutzbar zu machen, die einmal zum Vorschein kommt und ein andermal so sehr fehlt. Zu Hause bei ihrer künstlerischen Arbeit fühlt Meryl sich stark. Aber draußen in der Öffentlichkeit identifiziert sich sich nur mit ihrem schwächlichen Selbst. Auf sich allein gestellt, hat sie die Kunst als Ausdrucksmöglichkeit für sich entdeckt. In diesem Medium fühlt sie sich wohl, da nimmt sie keine Abwehrhaltung an, sondern ist offen sie selbst. Sie hat nicht gelernt, das auch durch ihr Körpergefühl und ihre Körperbewegungen auszudrücken. Wenn sie mit anderen Menschen zusammen ist, verliert sie ihren Halt in der eigenen Identität und braucht den Beifall der anderen. Unzufrieden mit sich, weil sie immer Zustimmung braucht, wird sie unzugänglich und wirkt menschenscheu; darum die vorgezogenen Schultern, der einwärts gekrümmte Rumpf. Wenn sie zu Zorn oder Macht Stellung nehmen soll, sagt sie: »Bei mir nicht«, dabei ist alles da. Ich stoße darauf in ihrer Kunst, in der kecken Art, mit der sie mich aufs Korn nimmt, und in dem Streit, den sie mit mir ums Geld führte. Meryls Einstellung wird bei einer Grundübung sogleich klar. Sie streckt die Hand aus, damit ihr Partner sie ergreift. Aber sie schaut sie wie von ferne an, mehr vom Standpunkt ihres Partners als von ihrem eigenen aus. Sie ist ganz nach außen gerichtet. Was sich in ihrem Innern abspielt, bleibt ihr verborgen. Sie schottet sich gegen das ab, was wirklich geschieht.

Es hat die verschiedensten Gründe, daß Leute ihre Geistesgegenwart verlieren, wenn der Partner zugreift. Manche trauen sich nicht, aktiv zu werden, aus Angst, etwas nicht richtig zu machen; andere wieder meinen, keine Freude aufkommen lassen zu dürfen. Manche Leute befürchten, von Wut übermannt zu werden, wenn sie ihren Gefühlen freien Lauf lassen; andere sträuben sich gegen eine starke, aus der Tiefe aufsteigende Erinnerung der Hilflosigkeit. Die Aufzählung läßt sich endlos fortsetzen. »Der Dünkel ist unser größter Feind. Stellt euch vor — wir kranken daran, uns durch das Tun oder die Untätigkeit unserer Mitmenschen verletzt zu fühlen. An unserem

Eigendünkel liegt es, daß wir den größten Teil unseres Lebens gekränkt verbringen.«[1]

Ich weise Meryl darauf hin, daß sie zu oft einfach nur zuschaut. Dadurch, daß sie andere beobachtet und entdeckt, wie sich eine innere Wandlung vollzieht, durch ihre Erfahrungen als Künstlerin und das eine Jahr in meiner Klasse hat sie sich allmählich mit ihren Knochen, Muskeln und mit sich selbst als beweglichem Menschen vertraut gemacht. Jetzt merkt sie sofort, wann sie zusieht, statt zu handeln. Dieses einfache Gewahrsein lenkt ihre Aufmerksamkeit von der Außenwelt hin zum tiefinneren Erleben. Sie ist zugleich ihrer selbst und ihrer Umgebung gewärtig. Sie beginnt zu verschmelzen. Doch mitten in diesem Prozeß hält sie inne, um wieder zuzuschauen, und blockiert damit ihr Empfinden; anscheinend hat sie nicht die Kraft oder Macht, bis zum Schluß durchzuhalten. Was sie tut, bedeutet: »Sieh mal, wie schwach ich in Wirklichkeit bin.« Ich mache sie auf dieses Nachlassen in ihrer Achtsamkeit aufmerksam, und sowie sie dessen gewahr ist, konzentriert sich ihr Geist wieder ganz auf die Bewegung, die wir gerade ausführen. Jetzt hat sie ihre Mitte gefunden. Nach langem Training gelingt es Meryl endlich, mit einem Partner eine harmonische Verbindung einzugehen, ohne sich plötzlich abzukapseln oder taub zu stellen. Sie ist in der Lage, mit ihrem Partner in Fühlung zu bleiben und die jeweilige Situation von innen her zu erfassen. Die Bewegung rollt ab und ist kraftvoll. Der Partner wird mitgerissen. Meryl wundert sich erst ein wenig, weil ihr die so wirkungsvolle Leichtigkeit im Umgang mit sich selbst völlig fremd ist. Zu Anfang sieht es so aus, als wolle ihr Körper sagen: *Ich bin gar nicht stark, es macht mir gar keinen Spaß, ich kann das gar nicht*, aber bald wandelt sich ihr Selbstbild und wächst, bis es ein größeres Selbst umfaßt, das sich in der Welt zu bewegen weiß. Meryl kann das mit ihrem Mann zusammen üben. Die beiden führen allzuoft Gespräche, bei denen sie so sehr auf ihn eingeht, daß ihre eigenen Ansichten unerheblich werden. Hinterher ist sie dann völlig frustriert, weil sie sich unverstanden fühlt. Sie muß lernen, ihren Gedanken auf der Spur zu bleiben und zu beobachten, wohin sie abschweifen. Wenn sie sich auf eine Aikido-Technik konzentriert, atmet sie tiefer und ist körperbewußter. Eine fruchtbare Kommunikation bahnt sich an. Meryl hat angefangen, sich in Alltagssituationen zu üben und ihr neues Selbstgefühl, ihr Erfülltsein, in ihre Arbeit und ihr Leben einzubringen.

Moshe Feldenkrais hat in der Zeit, als ich bei ihm studierte, oft gesagt: »Vorausgesetzt, ich kann euch davon überzeugen, daß nichts in eurem Organismus permanent und zwangsläufig ist, so könnt ihr zu jedem Zeitpunkt eures Lebens wiedererlernen, was ihr nur wollt.«

Jacob

Jacob war auf der verzweifelten Suche nach einer neuen Art der Körpertherapie, als er nach jahrelangen Rückenschmerzen, Krankenhausaufenthalten und chiropraktischer Behandlung zu mir kam. Ich arbeitete privat mit ihm und half ihm aufzuspüren, was er im alltäglichen Umgang mit seinen Mitmenschen wie auch mit seinem Körper anstellte, das so starke Schmerzen hervorrufen konnte. Wir fanden heraus, daß er sich von der Taille aufwärts vollkommen steif hielt. Sein Becken und seine Beine empfand er so gut wie gar nicht. Die Situation ist am besten durch die alte Frage zu charakterisieren: »Was war zuerst da, die Henne oder das Ei?« Viele Menschen wehren Schmerzen dadurch ab, daß sie keine Empfindungen mehr in dem Bereich zulassen, der die Schmerzzone umgibt. Wenn in einem Körperabschnitt nicht viel Gefühl ist, fehlt ihm andererseits meist auch die Beweglichkeit, wodurch es zu Steifheit und körperlicher Behinderung kommt. Das zugrundeliegende Muster tritt häufig erst dann zutage, wenn es sich verändert. Die Leute machen manchmal die Entdeckung, daß sie sich im oberen Rückenbereich steif halten, nur *wenn* ihnen bewußt wird, daß sie im oberen Wirbelsäulenbereich durchaus beweglich sind. Die sanften Bewegungen, die ich mit Jacob ausführte, öffneten ihm allmählich die Augen, seine Rückenschmerzen verflüchtigten sich, und bald war er in der Lage, an der Klasse für die Entwicklung der inneren Kräfte teilzunehmen.

Diese Klasse war genau das richtige für ihn, weil er dort mit anderen zusammen war und seine Reaktionen auf den Streß im Alltagsleben in Erfahrung bringen konnte. Er neigt dazu, sich einer Sache Hals über Kopf total zu verschreiben. Er erzählt allen Leuten, was er Wunderbares tut, und sie nehmen regen Anteil. Dieses Verhaltensmuster zeigt sich auch in der Grundübung des Verschmelzens mit dem Partner. Der Partner ergreift seine Hand. Jacob atmet, er reagiert nicht allzu schnell. Sobald er sich zu bewegen anfängt, fühlt sich der Partner ihm verbunden und ist angenehm berührt. Aber mitten im Bewegungsablauf schwindet Jacob dahin. Der Partner ist verblüfft. Noch eine Minute zuvor war doch so viel da! Jetzt fühlt sich der Partner alleingelassen, abgelehnt. So verhält sich Jacob auch bei zwischenmenschlichen Beziehungen. Er nimmt einen guten Anfang, vermag jedoch nicht durchzuhalten. Bei der Arbeit mit ihm in der Klasse sehe ich, daß er zu Beginn glücklich und ausgelassen ist. Aber diese Gemütsregungen weichen bald einem als schrecklich empfundenen Gefühl der Leere, des Ungenügens. Es scheint fast, als fühle er sich dunkel und hohl, wenn ihn nicht etwas Großes außerhalb seiner selbst fesselt. Die meisten Leute mögen Jacob. Er tut eine Menge für andere Menschen. Er ist oft der erste bei ehrenamtlichen Arbeiten. Er hat viele Freunde und hält mit den meisten von ihnen engen Kontakt. Beruflich macht er Überstunden, die ihm nicht bezahlt werden: Zum Beispiel verbringt er jede Woche etliche Stunden damit, eine interne Betriebszeitung zu redigieren. Er geht spät zu Bett und steht früh auf. Die Rückenschmerzen gaben ihm ein schrilles Signal, daß er auf sich achtgeben müsse, nur hatte er keine Ahnung, wo er anfangen sollte — was sein Körper eigentlich ohne andere und ohne Anforderungen von außen war und brauchte. Da er sich mit seiner Leere abgefunden hat und damit lebt, genießt er seine plötzlich zum Vorschein kommende Kraft aus vollen Zügen. Er beweist sie sich in den Partnerübungen, wenn er in seiner Aufmerksamkeit nachgelassen hat und sich dann wieder fängt. Er holt Luft, bringt seine Füße in Kontakt mit der Matte, spürt seinen Bauch und seine Beine und wird sich seiner Kraft bewußt. Er hält durch und kommt mit dem Wurf und mit seinem Partner hervorragend klar. Zu Hause und im Beruf tut er etwas weniger für andere und verbringt dafür mehr Zeit mit sich allein, um herauszufinden, was ihm liegt und guttut. Feldenkrais hat im Unterricht seine Übungen oft als Mittel bezeichnet, *den Menschen geistig und und körperlich zu lehren, was ursprünglich da war, aber durch die soziale Akklimatisierung verlorengegangen ist.*

Zum Thema Mensch und gewohnte Verhaltensmuster gibt es unzählige Variationen. In meiner Klasse habe ich es für nützlich befunden, die sanften Bewegungen sowohl vor als auch zwischen den Aikido-Würfen und -griffen auszuführen. Durch die kürzeren, ruhigeren Bewegungen lassen sich die umfangreicheren in Teile zerlegen. Eine Aikido-Übung besteht beispielsweise aus vielen Abschnitten, und einer davon ist dann die Spiralbewegung der Wirbelsäule, mit der wir im Liegen auf der Matte arbeiten. Wenn die Schüler die kinästhetische Erinnerung an die Bewegung auf dem Boden haben, können sie sie später mit dem richtigen Schwung und der richtigen Energie ausführen; und zwar viel besser, als wenn sie es nur auf Kraft, auf die Manipulation des Partners oder auf die Mechanik der Fuß- und Armarbeit abgesehen haben. Die sanften Bewegungen ermöglichen es dem einzelnen, ein Selbstbild zu entwickeln und klar zu umreißen, das nur allzuoft beim Umgang mit anderen Menschen verschüttet und verwaschen wurde.

> Wenn wir nicht wissen, welche Rolle wir im Grunde spielen, können wir unmöglich das tun, was wir wollen. Ich glaube, zur Erkenntnis seiner selbst zu kommen ist das Wichtigste, was ein Mensch für sich tun kann. Wie kommt man zur Erkenntnis seiner selbst? Indem man nicht so handelt, wie man sollte, sondern wie man's tut. Wir haben große Schwierigkeiten damit, das, was wir tun sollten, und das, was wir selbst eigentlich tun wollen, auseinanderzuhalten.[2]

Bei Aikido-Partnerübungen im Stand treten unsere Gewohnheiten viel deutlicher zutage. Zu Anfang ist es vielen Leuten unangenehm, sich die eigenen Gefühle bewußt zu machen. Es ist ihnen auch peinlich, ihre Bewegungsmuster laut zu beschreiben. Mit der Zeit jedoch gewinnt man durch das Wechselspiel von körperlicher Aktivität und geistiger Wahrnehmung einen neuen »Zugriff« auf sich selbst und die eigenen gewohnheitsmäßigen Reaktionen. Außerdem wird die Gruppe zu einem außerordentlich hilfreichen, einfühlsamen Publikum. Man kann frei miteinander darüber reden, was man mit einem Partner getan hat, denn die meisten Schwächen und »Fehler« sind Allgemeingut der Gruppe. Sie sind uns fast alle wohlbekannt, und wir können uns nur ändern, wenn sie uns bewußt sind.

Die Aikido-Grundübungen sind das Fundament unserer Klasse. So mancher Schüler hat meinen Unterricht als Einführung in Aikido aufgefaßt und sich später einem Dojo angeschlossen. Andererseits sind auch fortgeschrittene Aikido-Schüler zu meinem Kursus gekommen, um eine alternative Übungsmethode kennenzulernen. Die Betonung liegt auf der Arbeit im Innern, dem Prozeß, der zum menschlichen Wachstum beiträgt. Das Kriegerische verknüpft sich ganz von selbst mit dem Leben des Schülers. Eine Schülerin hat mir kürzlich erzählt, sie fühle sich jetzt unangreifbar, wenn sie die Straße hinunterginge.

In jedem Menschen steckt nach meiner Überzeugung ein größeres Wesen, das dann zum Vorschein kommt, wenn man sich im gegenwärtigen Augenblick so annimmt und erlebt, wie man mit allen menschlichen Schwächen ist, nicht so, wie man angeblich sein sollte. An diesem Punkt beginnt die Transzendenz, die spirtuelle Dimension dieser Arbeit. In der Klasse führe ich vor, wie Aikido eine Methode zur Erforschung dessen sein kann, was uns ängstigt, uns bedroht, ja auch dessen, was negativ in uns selbst ist. Wenn sich jemand an eine Aikido-Übung wagt, die er nicht durchführen zu können glaubt, und sie zustandebringt, schnell und fast ohne Kraftaufwand, dann ist das Transzendenz. Ein Mensch hat durch die Verschmelzung von Körper und Geist etwas scheinbar Unmögliches vollbracht — und so zu einem größeren, vielleicht zu seinem wahren Selbst gefunden.

Quellenangaben

1. Carlos Castaneda: *Das Feuer von innen,* Fischer Verlag, Frankfurt 1985 (S. 26 der engl. Ausgabe).
2. Moshe Feldenkrais: *Die Entdeckung des Selbstverständlichen*, Insel Verlag, Frankfurt 1985 (S. xi der engl. Ausgabe).

Donald T. Saposnek

Aikido: Modell einer strategischen Kurztherapie

Biegsamkeit ist das Wesen der Weide,
sie kehrt die Kraft des Windes gegen ihn.
Nachgiebigkeit ist das, was stark macht,
drum lerne, diese Kostbarkeit zu nutzen.
Japanische Weisheit

Die Schwierigkeiten bei der Entwicklung eines anschaulichen Begriffssystems für die strategische Kurztherapie, eine Therapie, die auf neuartigen Ideen, Annahmen und Techniken beruht, können dadurch verringert werden, daß man Parallelen zu einem vergleichbaren Begriffssystem zieht. Solche Vergeiche eröffnen verschiedene Perspektiven und tragen zur Begriffsklärung auf einer höheren Abstraktionsebene bei. In einer Anmerkung zu ihren therapeutischen Verfahren weisen Watzlawick, Weakland und Fisch (9, 11) auf Parallelen zwischen dem Denkansatz der strategischen Kurztherapie und dem Kampfsport »Judo« in dem Sinne hin, daß Widerstände genutzt statt bekämpft werden. Diese Beobachtung ist sehr hilfreich und gibt uns eine brauchbare Vorstellung, auf der wir aufbauen können. Allerdings ist eine erst kürzlich entwickelte und verfeinerte Kampfsportart, das Aikido, durch seine größere Tiefe und Genauigkeit besser als Modell für einen Vergleich mit der strategischen Kurztherapie geeignet. In diesem Aufsatz sind die Entsprechungen von Aikido und strategischer Kurztherapie im Hinblick auf ihren Ausgangspunkt, auf Übungs-Grundprinzipien und philosophische sowie einstellungsmäßige Positionen aufgezeichnet. Zum Schluß wird ein zusammenfassendes Fallbeispiel gegeben.

Aikido

Das Wort »Aikido« (im Japanischen drei Schriftzeichen) bedeutet Methode oder Weg *(do)* zur Koordination oder Harmonie *(ai)* mit der mentalen Energie oder dem Geist *(ki)*. Aikido ist eine japanische Selbstverteidigungskunst, die vor gut 50 Jahren von Meister Morihei Ueshiba ins Leben gerufen wurde. Sie ist durch Verschmelzung und Adaption vieler Kampfsportarten entstanden und geht von ethischen Betrachtungen des ostasiatischen religiösen und philosophischen Denkens aus, unterscheidet sich jedoch in Motivation und Zielen erheblich von anderen Selbstverteidigungsmethoden. Während andere Kampfsportarten zur Selbstverteidigung (z. B. Karate, Kung-fu) geradlinige Angriffe gegen andere beinhalten und angewendet werden können, um einen Gegner zu verletzen oder zu töten (was auch für den Judo gilt), dient Aikido in seiner höchsten Form nur der Neutralisierung und gefahrlosen Umlenkung der gegnerischen Aggressivität.

Ähnlichkeiten des Ausgangspunktes

Beim Aikido nähern sich eine oder mehrere Personen dem Übenden in der Absicht, ihn herauszufordern (anzugreifen). Mit seinen Handlungen drückt der Herausforderer aus: »Ich fordere dich auf, dich mit mir zu befassen und zu versuchen, mich zu verändern . . . Ich werde beweisen, daß du das nicht kannst und daß ich mehr Kraft habe als du.« Für den Aikido-Anhänger bedeutet diese Herausforderung nun keineswegs einen Wettkampf oder echten Konflikt, sondern er faßt sie als »Gelegenheit« auf, von dem Herausforderer zu lernen und ihn gleichzeitig zu unterweisen, wie er konstruktiver und gefahrloser mit seinen Energien verfahren kann. Er hat also die Funktion eines »Lehrers«, und wenn sich der Herausforderer (Schüler) nähert, wird er mittels spezieller Techniken darüber belehrt, daß es müßig und unfreundlich ist, den anderen aggressiv herauszufordern. Der Angreifer wird nach Möglichkeit kurz und schmerzlos fortgeschickt und ist danach »um einiges klüger«.

Ähnlich ist es, wenn ein Klient mit einer vergleichbaren, oft unbewußten Herausforderung an einen Therapeuten herantritt, als wollte er sagen: »Ich fordere dich auf, dich mit mir zu befassen und zu versuchen, mich zu verändern . . . Ich werde beweisen, daß du das nicht kannst und daß ich mehr Kraft habe als du.« Dieser meist unvermeidliche strategische Widerstand gegen eine therapeutische Veränderung ist von Haley (1, 2), Watzlawick u. a. (10, 11), Watzlawick (9), Palazzoli u. a. (5) und anderen klar herausgearbeitet worden. Auch Pittman hat den Nagel auf den Kopf getroffen, als er sagte: »Die Leute kommen zur Therapie, um sich *nicht* zu ändern . . . Wenn sie sich ändern wollten, würden sie nicht zur Therapie kommen« (6). Überdies betrachtet sich auch der Kurztherapeut als Lehrer, der die Funktion hat, dem Klienten so schnell und komplikationslos wie möglich zu helfen, konstruktivere Interaktionsmöglichkeiten für seine Energien zu finden.

Entsprechungen bei den Übungs-Grundprinzipien

Methodischer und interaktionaler Ansatz

Der Aikido-Übende sieht Herausforderungen immer systematisch und innerhalb eines vielschichtigen Umfeldes von Wechselbeziehungen. Der Herausforderer wird in einen Bezug zum Aikido-Anhänger, zur unmittelbaren Umgebung (insbesondere zu anderen Herausforderern), zu Raum- und Zeitfaktoren (Timing) und, auf der höchsten Abstraktionsebene, zu allen natürlichen hierarchischen Ordnungen gebracht. Überdies sind die Bewegungen des Aikido-Übenden kreisförmig, so daß er sich stets im Mittelpunkt einer »dynamischen Sphäre« von Wechselbeziehungen befindet, die an der Peripherie auftreten.

Im Gegensatz zu dem eher linearen Judo-Axiom »bei Zug drücken, bei Druck ziehen« lautet der Aikido-Grundsatz »bei Druck drehen, bei Zug mitgehen«. Diese Kreisbewegung verleiht dem Aikido in den meisten Fällen eine größere Dynamik und Effektivität. Der Aikido-Übende dreht sich, wirbelt herum und kreist, während er mit den Interaktionen der Herausforderer verschmilzt und die Kontrolle darüber behält. Sein Körper wird zum Kreisel, der vollkommen im Gleichgewicht bleibt und mit seiner Bewegung fortschleudert oder ansaugt, was ihn berührt. Die Bewegung ist mit den Naturgewalten von Wirbelwinden oder Strudeln verglichen worden. Durch das Erfassen und Umlenken der Kräfte in dieser interaktionalen Kreisform erreicht der Aikido-Anhänger, daß einer in Gang gesetzten Strategie weder ihre Ausgangsursache noch ihre beabsichtigte Wirkung bleibt. Es ist nicht einmal mehr auszumachen, wer eigentlich der Angreifer und wer der Angegriffene ist. Ein Aikido-Bewegungsablauf wirkt wie ein Ballett. Er ist anmutig, weich, raffiniert und wirkungsvoll, sowohl in seiner Funktion als auch in seiner Ästhetik. Bei der blitzschnellen Verschmelzung von Kräften lassen sich die Ursache-Wirkung-Beziehungen nicht mehr eindeutig feststellen; erkennbar ist nur noch die Kreisförmigkeit der Kräfte, die zum Zwecke der gemeinsamen Konfliktlösung (Neutralisierung der Aggressivität und Umlenkung der Energien) miteinander verschmolzen werden. Dieser methodische Ansatz steht mit der humanistischen Ethik des Aikido in Einklang, die von solchen Begriffen wie »Feind« oder »böser Angreifer« loszukommen sucht.

Ebenso sieht auch der strategische Kurztherapeut seine Klienten stets vom systemtheoretischen Gesichtspunkt aus innerhalb eines bestimmten Kontexts in ihrem Bezug zu anderen Menschen. Probleme werden nicht dem einzelnen angelastet, sondern als etwas betrachtet, das in den Wechselbeziehungen von Leuten in akausalen, gleichförmig strukturierten allgemeinen Verhaltensfolgen in Erscheinung tritt. Sobald der Therapeut die Aufgabe übernimmt, einem Klienten zur Wandlung zu verhelfen, wird er zum Förderer und Mitwirkenden des Interaktionsprozesses, in den er eingreift. Da er von seiner besonderen »zentrierten« Position aus den Hebel ansetzt, kann er dem laufenden Interaktionsvorgang eine konstruktivere Richtung geben. Der Therapeut ist sozusagen »ein verbaler Kreisel«, der vollkommen im begrifflichen Gleichgewicht bleibt, während er Herausforderungen ableitet, umstrukturiert oder auflöst und sich die Motivation des Klienten zunutze macht, indem er dessen Sprache spricht. Nachdem er die Interaktionen des Klienten auf eine erfolgreiche Lösung hingesteuert hat, zieht er sich aus dem laufenden Wechselspiel zurück, um die Integrität des Systems nicht zu verletzen. Da er die Klienten im Zusammenhang mit ihren Interaktionen sieht, kann der Therapeut verständnisvoller und in einem humanistischen Sinne agieren. Er ist gezwungen, sich über die Folgen seines Eingreifens für das Leben anderer Personen im Umfeld des Klienten klar zu werden. Es fällt ihm leichter, die Leute nicht mehr als »pathologische« Fälle (Feinde) einzustufen, sondern die positiven Möglichkeiten in ihren Interaktionen zu erkennen.

Es bestehen also enge Parallelen zwischen dem kreisförmigen Kausalitätskonzept der strategischen Kurztherapie und den Spiralbewegungen des Aikido, das im Kreisen die Konfliktlösung gewinnt.

Eine genaue Kenntnis der möglichen Angriffsweisen

In der Praxis beruht Aikido nicht allein auf der Kenntnis und Meisterung der Aikido-Techniken zur Neutralisierung, sondern darüber hinaus auf einer ebenso fundierten Vertrautheit mit allen Arten und Formen des Angriffs und entspricht damit der alten japanischen Weisheit, daß »die erste Voraussetzung für die Verteidigung die genaue Kenntnis des Feindes ist« (12, S. 45). Es ist so überaus wichtig, sich durch das eingehende Studium und die Analyse der verschiedenen Angriffsteile, -formen und -muster ein genaues Bild vom Angriff zu verschaffen, weil der Angriff selbst eben die Elemente in sich birgt, von der die Aikido-Verteidigungsstrategie physisch, funktional und psychologisch Gebrauch macht, um den Aggressionsversuch zu neutralisieren.

In der strategischen Kurztherapie muß ein guter Therapeut gleichfalls die Strategien genau kennen, deren sich ein Mensch bedient. Er muß den funktionalen Sinn einer ganzen Reihe von verbalen und nichtverbalen Verhaltensmustern wahrnehmen können. Er muß die Widersprüchlichkeit und den funktionalen Einsatz von Gefühl und Ambivalenz verstehen. Er muß vollkommen vertraut sein mit der Vielfalt von Interaktionsmustern und -strategien, die ein Klient in seinem Widerstand gegen eine Veränderung und zum Zwecke der Einflußnahme auf Familienangehörige, Fremde und Therapeuten mobilisiert, und er muß diese Muster isolieren und beschreiben können. Ein solches Wissen ist von ausschlaggebender Bedeutung, da das strategische Vorgehen des Therapeuten der Form nach dem des Klienten gleicht, er jedoch die funktionalen Aspekte seiner Strategien herauszieht und therapeutisch zur Problemlösung benutzt, statt zur Formulierung des Problems (11).

Das reibungslose Verschmelzen

Ein Aikido-Übender tritt einem Herausforderer nie feindlich gegenüber und meidet einen Zusammenstoß. Statt dessen akzeptiert er die Energie des Herausforderers, schließt sich ihr an und bewegt sich mit ihr in der Richtung, in der sie fließt. Durch diese Verschmelzung wird die Gegnerschaft aufgehoben, denn der Aikido-Übende stellt dem Herausforderer nichts in den Weg, wogegen er Widerstand leisten könnte. Er bietet keine Kraft auf und wendet keine äußere Gewalt an, sondern macht sich nur die Energie zunutze, die der Herausforderer freisetzt. So kann er den latenten Widerstand des Herausforderers erfolgreich in freie Energie umwandeln, um diesen in positivere, konstruktivere Bahnen zu lenken. Damit handelt er ganz und gar im Sinne des humanistischen, harmonischen Geistes des Aikido — »Aiki ist keine Technik, um einen Feind zu bekämpfen oder zu besiegen. Es ist ein Weg, die Welt auszusöhnen und die Menschen zu einer Familie zu machen« (7, S. 77).

In ähnlicher Weise verschmilzt der Therapeut in der strategischen Kurztherapie mit der Auffassung und dem Stil des Klienten, statt sich gegen ihn zu stellen und eine direkte Konfrontation herbeizuführen. Der Therapeut akzeptiert Energie und Richtung der Herausforderung, er geht mit und verringert oder eliminiert damit den Widerstand des Klienten. Indem er diesem kaum etwas oder gar nichts an Widerstand entgegensetzt, kann er die frei werdende Energie aus dem latenten Widerstand seines Klienten nutzen und in günstigere Bahnen lenken. Dabei kann der Therapeut die gleiche Sprache sprechen wie der Klient, zeitweilig die gleichen Werte wie der Klient bejahen und vorübergehend der Hoffnungslosigkeit der Situation zustimmen, ja sogar der Sinnlosigkeit einer Therapie.

Sowohl der Aikido-Übende als auch der Therapeut gehen mit und geben nach, statt sich zu verteidigen. Sich der Energie des Herausforderers zu überlassen verleiht beiden die Stärke der Flexibilität. Indem der Übende nachgibt, wird gleichzeitig dem Herausforderer gestattet, seine Herausforderungssequenz zu vollenden. Allerdings bekommt die Herausforderung, wenn dem Herausforderer deren Vollendung gestattet wird, eine andere Bedeutung und verliert ihren Reiz. In dem Moment bleibt der Herausforderer mit einem Gefühl der Leere und Frustration, vielleicht auch ein wenig geängstigt, zurück.

Das Ausdehnen

Wenn der Aikido-Übende mit den Bewegungen des Herausforderers verschmolzen ist, läßt er zu, daß sie ihren natürlichen Lauf nehmen. Dann *dehnt* er den Bewegungsablauf ein wenig über seinen normalen Abschluß hinaus aus, so daß der Herausforderer aus dem Gleichgewicht kommt und die Richtung seines Energiestroms mit Leichtigkeit verändert werden kann. Da der Herausforderer nun in einer schwachen Position ist, kann der Aikido-Übende viel Macht und Kontrolle über den Verlauf der betreffenden Begegnung ausüben und den Gegner mühelos zu einer befriedigenden Lösung hinleiten.

Ähnlich geht es, wenn der Therapeut in der strategischen Kurztherapie mit der Denkweise seines Klienten verschmilzt (z. B. »ich kann gut verstehen, warum Sie so deprimiert sind, denn Sie haben wirklich allen Grund dazu . . .«) und dann den Handlungsverlauf ein wenig über sein natürliches Maß hinaus *ausdehnt* (z. B. ». . . aber ich möchte, daß Sie sich noch mehr darauf einlassen und noch deprimierter werden, als Sie jetzt sind . . .«). Die dadurch in dem Klienten erzeugte psychologische Desorientiertheit und Verwirrung entspricht der physischen Desorientiertheit, die an diesem Punkt bei dem Aikido-Herausforderer eintritt. Der Klient ist jetzt aus dem Gleichgewicht gebracht, und die Richtung seines (psychischen) Energiestroms läßt sich leicht umlenken.

Das Paradoxe und Unerwartete

Die Haltung des Aikido-Übenden ist in vieler Hinsicht paradox. In dem Augenblick, wo der Herausforderer zum Angriff übergeht, heißt ihn der Aikido-Schüler mit offenen Armen und Händen »willkommen«. Er sieht die Herausforderung als Gelegenheit an, mehr über Aikido zu lernen und in die Tat umzusetzen, statt sie als gefährliche oder angsterregende Sache zu werten, die nach Möglichkeit umgangen werden sollte. Der »Angriff« wird als »Energiegeschenk« betrachtet und die ganze Transaktion eher als kreatives »Miteinander« denn als Konflikt. Der Aikido-Übende bedient sich des Überraschungseffektes — er tut das Unerwartete. Er reagiert auf seinen

Herausforderer keineswegs auf übliche, vorhersagbare Weise wie etwa durch Wegrennen vom Gegner, Abwehr des Angriffs oder Erstschlag. Vielmehr geht der Aikido-Schüler auf den Herausforderer zu und auf dessen Angriffsform ein, nähert sich immer mehr, statt sich zu entfernen, dirigiert den Gegner in eine kreative, ballettähnliche Begegnung — und dann ins Leere hinein. Keine Frage, daß den Herausforderer diese seltsame, unerwartete Erwiderung verwirrt und aus der Fassung bringt. Der Aikido-Übende hat die Energie des Herausforderers paradoxerweise vom Negativen zum Positiven »umgedeutet«. So geht der Herausforderer aus der Begegnung hervor, ohne erklären zu können, was eigentlich mit ihm geschehen ist, aber auch um die Erfahrung reicher, einer Lösung (Veränderung) dessen nähergekommen zu sein, das ihn ursprünglich auf den Plan gerufen hatte.

In der strategischen Kurztherapie verlegt sich der Therapeut ebenfalls auf das Unerwartete. Er heißt willkommen, geht auf Symptome ein, überdehnt diese oder schafft gar neue Symptome, während er die Herausforderung des Klienten annimmt. Er gibt Anweisungen, die unlogisch erscheinen und den Eindruck erwecken, als könnten sie die Situation des Klienten nur verschlechtern. Wenn schließlich aufgrund der Anweisungen tatsächlich eine Besserung eintritt, wird sich der Therapeut dem Klienten gegenüber vielleicht irritiert oder sogar enttäuscht zeigen, weil dieser »zu schnell« Fortschritte macht. Der Therapeut handelt aus strategischen Gründen irrational und unberechenbar. Er ist pessimistischer als der Pessimist, er benimmt sich neurotischer als der Neurotiker und psychotischer als der Psychotiker. Der Therapeut nutzt die Kraft, die dem Unerwarteten innewohnt, und äußert sich zum Beispiel dem Klienten gegenüber pessimistisch, was die Möglichkeiten einer Veränderung betrifft, während er sachverständig die Veränderung einleitet. Sowie sich der Klient zu wandeln beginnt, dringt der Therapeut, statt ihn nun zu loben, in ihn, sich mit jedweder Veränderung unbedingt »Zeit zu nehmen«. Und wenn die Probleme des Klienten schließlich gelöst sind, stiftet der Therapeut noch mehr Verwirrung, indem er den Klienten um einen »Rückfall« in seine Symptome bittet. Wie der Aikido-Herausforderer geht auch der Kurztherapie-Klient verwirrt und etwas fassungslos aus der Begegnung hervor, ohne erklären zu können, was eigentlich geschehen ist, aber mit dem Empfinden, daß bei ihm eine Veränderung eingetreten ist und seine Probleme gelöst sind. Durch unerwartetes Verhalten und paradoxe Interventionen können sowohl der Aikido-Übende als auch der Therapeut fast unbemerkt und daher nahezu ohne bewußten Widerstand die tiefgreifendsten Veränderungen bewirken.

Die »bescheidene« Haltung

Auf eine Herausforderung hin nimmt der Aikido-Übende eine bescheidene, harmlose Haltung an. Er wirkt weder angriffslustig noch bedrohlich, sondern ist entspannt, flexibel und friedlich. Eine solche Haltung verlockt den Herausforderer und entwaffnet ihn sogleich, weil überraschenderweise jeder Widerstand fehlt. Nach der schnellen, effektiven und schmerzlosen Auflösung der Herausforderung steht der Aikido-Schüler in aller Unschuld und mit einer Bescheidenheit vor dem Herausforderer, die nach diesem Machtbeweis völlig unerwartet ist und diesem um so mehr Respekt abnötigt. Paradoxerweise entspringt seine Macht einer Haltung der Harmlosigkeit.

Ähnlich kann auch der Therapeut eine bescheidene Haltung annehmen. Aus strategischen Gründen achtet er darauf, das erwartete Bild vom überlegenen »Experten« zu enttäuschen, und äußert Zweifel an seiner Fähigkeit, dem Klienten helfen zu können. Zur Strategie gehört auch, daß er sich von Zeit zu Zeit für seine Inkompetenz, sein Unvermögen und seine Begriffsstutzigkeit entschuldigt. Einen Vater, der Ärzten gegenüber mißtrauisch ist, wird er vielleicht fragen: »Haben Sie etwas dagegen, wenn wir uns duzen?« Und hinzusetzen: »Ich habe mich noch nie mit einem Problem wie dem Ihren befaßt und bin mir nicht sicher, ob ich Ihnen überhaupt helfen kann . . .« Ist das Problem gelöst, tut der Therapeut ganz unschuldig, bescheiden und naiv, was die Ursachen der Veränderung betrifft. Am Ende spricht er dem Klienten seine Anerkennung für die erfolgten Veränderungen aus und entläßt ihn.

Den Wind aus den Segeln nehmen

Eine der wichtigsten Techniken des Aikido ist die, schon in Aktion zu treten, ehe ein Angriff stattgefunden hat — sobald der Herausforderer sich geistig auf den Angriff eingestellt hat. Wenn ein Herausforderer den Vorsatz gefaßt hat, in einer bestimmten Weise zu handeln, hat er nur noch den einen Gedanken, und da er sich vollkommen auf einen bestimmten Angriff konzentriert, reagiert er erst auf die Aikido-Technik, wenn es bereits zu spät ist. Der Aikido-Übende ist also schon in der Ausübung seiner Technik begriffen, wenn der Gegner die Hand hebt oder mit der Faust ausholt. In diesem Moment ist der Herausforderer äußerst verletzlich, denn im Ausholen hat er seine Kräfte von dem andern abgezogen. Seine Angriffslust hat ihn aus dem Gleichgewicht geworfen und ihn psychisch und körperlich in Disharmonie gebracht.

Watzlawick (9) hat das englische Wort »pre-empting« geprägt, das sich am treffendsten mit »den Wind aus den Segeln nehmen« übersetzen läßt, um damit eine Methode der strategischen Kurztherapie zu beschreiben, die offenbar ihre Entsprechung in einer Aikido-Technik hat. Bei dieser Methode nimmt der Therapeut einen Widerstand (Angriff) voraus und macht eine Bemerkung, die diesem Widerstand die Spitze nimmt. Er sagt beispielsweise: »Sie werden wahrscheinlich denken, ich sei dumm, aber . . .« Wenn ihm der Wind aus den Segeln genommen wird, ist der Klient aus dem Gleichgewicht, entwaffnet und geneigt, die Anweisungen des Therapeuten zu befolgen, denn ihnen nicht zu folgen wäre ein Zeichen von mangelndem Mitgefühl, Verständnis und Anstand.

Mehrere Herausforderer

Aikido kann effektiv bei einem einzigen Herausforderer angewandt werden, ist jedoch auch bei mehreren Gegnern höchst wirkungsvoll. Wird der Aikido-Schüler von sechs Herausforderern zugleich angegriffen, versucht er sie nicht alle auf einmal zu neutralisieren. Er nimmt sich immer jeweils zwei vor, als Untereinheiten (Subsysteme) der negativen Energie. Zum Beispiel verkehrt er den Ansturm des ersten und lenkt ihn auf den zweiten um, der nun seinerseits den dritten am Näherkommen hindert, woraufhin er sich duckt und den vierten über die Schulter wirft, der dann in den fünften kugelt und dabei dem sechsten den Weg versperrt. Der Aikido-Schüler wirbelt in kreisförmigen, fließenden Bewegungen herum und nutzt mühelos die Energien und Aktionen der Herausforderer, um seine eigene Strategie zu verfolgen.

Ebenso verfährt ein Kurztherapeut, wenn er in ein Familiengefüge eingreift. Er spielt die Familienmitglieder einzeln oder paarweise gegeneinander aus, bis jedes Subsystem des Familienverbandes so weit ist, an dem Aspekt des Familiengefüges, von dem das symptomatische Verhalten ausgeht, eine tiefgreifende Veränderung vorzunehmen (Beispiel folgt).

Die Einordnung von Herausforderungen in ein System ermöglicht es, genauso effektiv mit einer wie mit mehreren Personen fertig zu werden, da sich die zugrundeliegende Abstraktionsebene und die in Frage kommenden Techniken nicht ändern, ob es sich nun um Aikido oder um die strategische Kurztherapie handelt.

Entsprechungen in Philosophie und Einstellung

Die Illusion der Einfachheit

Die effektiven Grundtechniken des Aikido sind zwar leicht zu lernen und zur Selbstverteidigung anzuwenden, aber Aikido ist viel mehr als einfach nur eine Abfolge von Techniken. Es ist eine disziplinierte, philosophische

Lebenseinstellung, die sich auf einen festgefügten Satz optimistischer, achtungsvoller humanistischer Werte gründet. Die Menschen werden in ihrem harmonischen Zusammenhang gesehen; außerdem wird der Koexistenz von Gegensätzen innerhalb ausgewogener Beziehungen als der natürlichen Ordnung des Universums tiefes Verständnis entgegengebracht. Um Meisterschaft in der Einstellung und Haltung des Aikido zu erlangen, sind viele Jahre disziplinierter, engagierter Übung erforderlich. Allerdings ist die Meisterschaft nichts Endgültiges, sondern stets nur eine Annäherung. Zum Beispiel gibt es eine scheinbar einfache Aikido-Übung (*Kokyu-nage*), die sogenannte »20-Jahre-Technik«. Obgleich schon Aikido-Anfänger diese Übung rein mechanisch durchführen können, vermag nur ein Schüler, der 20 Jahre trainiert hat, sie in der richtigen hochentwickelten und anmutigen Form zu demonstrieren. Und letztlich hat selbst Meister Morihei Ueshiba, der Begründer des Aikido, kurz vor seinem Tode bemerkt, er sei erst »ein Anfänger im Aikido«.

Auch flüchtige Beobachter der strategischen Kurztherapie würden vielleicht meinen, es handle sich um irgendwelche einfachen Tricks, um Verhaltensänderungen herbeizuführen. Sie wirkt nämlich ebenfalls täuschend einfach. Dabei fußt die strategische Kurztherapie, obwohl sie der Theorie nach noch in den Kinderschuhen steckt, auf einem soliden Fundament philosophischer und einstellungsmäßiger Annahmen, die denen des Aikido auffallend ähnlich sind. Zur inneren Einstellung gehört die aufrichtige Würdigung des grundsätzlich Guten in allen Menschen sowie ihrer Unterschiedlichkeit, ein klares begriffliches Verständnis der Systemtheorie und eine tiefe Einsicht in die Wurzeln und Lösungen individueller Probleme innerhalb ihres interaktionalen Kontexts. Darüber hinaus wird dem Paradox als einem wesentlichen Element der menschlichen Funktionsweise ein ganz besonderer Stellenwert eingeräumt (2, 4, 8, 9, 10, 11). Schüler der strategischen Kurztherapie können zwar ihre Geschicklichkeit beweisen und zeitweilige Verhaltensänderungen bewirken, aber Meisterschaft im Denkansatz und im Erreichen langfristiger Problemlösungen oder Systemveränderungen erfordert ein diszipliniertes, langwieriges Training.

Eklektische Flexibilität

Aikido ist eine Synthese aus den verschiedensten großen Kampfsportarten (u. a. Judo, Jiu-Jitsu, Schwert-, Speer- und Stockkampf) und den Grundlehren verschiedener Geistesströmungen des Ostens (u. a. des Buddhismus und Shintoismus). Als ausschließlich der Verteidigung und dem Reaktionsvermögen dienende Kunst übernimmt es zur Verfolgung seiner Ziele — der gewaltlosen Neutralisierung von Aggressivität und Wiederherstellung der

Harmonie — flexibel und pragmatisch Elemente aus vielen anderen Kampfsportarten.

Alle Starrheit in Theorie oder Technik würde die Flexibilität einschränken, um auf Herausforderungen *jeder* Art und aus *jeder* Richtung einzugehen. Der Aikido-Übende weiß die jeweiligen Positionen, Bewegungen, das Timing, den Ablauf, systemische Interaktionen und den Stil der Herausforderer blitzschnell einzuschätzen und danach eine bestimmte Strategie zur konstruktiven Neutralisierung zu entwickeln. Im Idealfall bestimmt die Art der Herausforderung die schließlich angewandte Aikido-Technik.

Die strategische Kurztherapie ist auf ähnliche Weise eklektisch und flexibel. Auch sie will bei den Klienten harmonische Problemlösungen erzielen. Um sich weitestgehend auf den Stil des Klienten (verhaltens-, begriffs- und gefühlsmäßig) einzustellen und mit größter Wirksamkeit einzugreifen, ist eine eklektische, flexible Haltung notwendig. Übermäßige technische Starrheit schränkt das Einfühlen in den Problemlösungsstil des Klienten ein. Der Klient würde dadurch gezwungen, sich ausgesprochen oder unausgesprochen damit einverstanden zu erklären, daß seine Probleme begrifflich, sprachlich und praktisch nur innerhalb des vom Therapeuten gesteckten Rahmens angegangen werden. Ein Klient, der seine Einwilligung versagt und sich Veränderungen hartnäckig widersetzt, gilt bei Schultherapeuten als »nicht behandlungsfähig«. Eine solche tautologische Etikettierung spiegelt oft nur die fehlende Flexibilität des Therapeuten wider, sich therapeutisch in Stil und Sprache dem Klienten anzupassen statt umgekehrt. Damit entspräche er einem Kampfsportler, der von seinem Herausforderer verlangte, ihn nur mit Hieben von links anzugreifen, da er sich nur gegen diese Angriffe verteidige und nicht gegen solche von rechts oder geradeaus, und das mit der Begründung: »Der Angreifer greift nicht korrekt an.«

Sowohl bei der strategischen Kurztherapie als auch im Aikido ist der Ausübende im Idealfall bereit, es mit *jedem* Angriff, *jeder* Herausforderung aus *jeder* Richtung und in *jeder* Form aufzunehmen, und in der Lage, die negativen Energien zu neutralisieren oder als positive Energien in konstruktivere, humanistische Bahnen umzulenken.

Mögliche Gefahren

Aikido birgt mit seiner eklektischen Flexibilität und seiner Anpassungsfähigkeit, die ihm seine außerordentliche Macht verleihen, mögliche Gefahren in sich. Ein Schüler, der von den Grundformen des Aikido ausgeht und Strategien einbezieht, die einen ausgeprägteren Angriffscharakter haben, könnte einen Herausforderer mit Leichtigkeit verletzen oder gar töten. Die Techniken können auf verschiedenste Art ausgeführt werden, mit schwerer, tödlicher Wirkung oder auch leicht und gefahrlos. Wie sie zum Tragen kommen, richtet sich grundsätzlich erstens nach dem Können und dem Kontrollvermögen des Ausübenden und zweitens nach den ethischen Zielen des Ausübenden. Aikido in seiner höchsten ethischen Form verlangt, daß kein Schaden entsteht. Laut Westbrook und Ratti (12, S. 34) muß »ein Mensch den aufrichtigen Wunsch haben, sich zu verteidigen, ohne anderen Schaden zuzufügen«. Das gleiche besagt auch eine der Bestimmungen in den »Übungsregeln«, die im Tokioer Aikido-Hauptzentrum aushängen. Da heißt es: »Alle Aikido-Techniken unterliegen der Geheimhaltung und dürfen weder öffentlich gemacht noch an solche Menschen weitergegeben werden, die sie zu üblen Zwecken mißbrauchen könnten« (7, S. 174).

Aufgrund der ungewöhnlichen, paradoxen Natur der Vorgehensweise im Aikido ist es überdies wichtig, daß sich ein Übender unmißverständlich an die einmal gewählte Form des Aikido hält, wenn er eine bestimmte Strategie anzuwenden beginnt. Setzt er sich in Bewegung (zum Beispiel *in* die Stoßrichtung einer erhobenen Waffe hinein) und entscheidet mitten im Zuge, sich nicht an paradoxe Aikido-Strategien zu halten, sondern zu einer eher traditionellen linearen Taktik überzuwechseln, können er oder der Herausforderer schwere Verletzungen davontragen oder gar zu Tode kommen. Bei der einmal gewählten Form zu bleiben ist ausschlaggebend für einen gefahrlosen Abschluß.

Auch in der strategischen Kurztherapie besteht die Möglichkeit, einem einzelnen oder einer Familie Schaden zuzufügen. Zum Beispiel schafft der Therapeut mit seiner paradoxen Vorgehensweise eine äußerst kritische Situation. Wenn er nicht genügend Erfahrung, Sachkenntnis, Kontrollvermögen und bedingungsloses Vertrauen in die Strategie hat und dazu eine aufrichtige und positive ethische Zielsetzung, können die Folgen für den Klienten verheerend sein. Mit einer paradoxen Strategie zu beginnen und dann, wenn sich die erzeugte Krise verschärft, auf eine lineare Methode überzugehen, kann dem Klienten schaden und für die Zukunft die Glaubwürdigkeit und das Ansehen des Therapeuten schmälern. Vielleicht sollte eine ähnliche Regel wie beim Aikido aufgestellt werden, um sicherzustellen, daß diese Therapiemethoden nicht an solche Therapeuten gelangen, »die sie zu üblen Zwecken mißbrauchen könnten«.

Achtung und Respekt

Aikido soll »die Kraft des Feindes neutralisieren und ihn so entwaffnen. Wenn der Gegner gar nicht angreift, gibt es auch kein Problem. Dann passierte nichts. Die Welt wäre friedvoll. In einer so friedvollen Welt wären die Kampfkünste nicht mehr vonnöten . . .«(3). Deshalb hält der Aikido-Übende weder angriffslustig Ausschau nach Problemen (Feinden), noch befaßt er sich eingehender, als es die gefahrlose Lösung der unmittelbaren Konfliktsituation erfordert, mit dem betreffenden Herausforderer. Er akzeptiert und achtet alle Leute so, wie sie sind. Er betrachtet den Herausforderer nicht als Feind, sondern als Mitmenschen und Lehrer. Je wütender und aggressiver dieser ihn angreift, um so dankbarer ist der Aikido-Übende für die Gelegenheit, sein Können zu beweisen und sich das »Energiegeschenk« des Herausforderers zunutze zu machen. Von jedem neuen Herausforderer kann er wieder etwas anderes Wertvolles lernen — eine neue Angriffstaktik, ein neues Timing, neue Perspektiven, neue Methoden, Leuten aus ihrer Aggressivität herauszuhelfen. Die Unzahl verfügbarer Strategien macht jede neue Begegnung zu einer spannenden, interessanten Erfahrung.

Ebenso ist auch der strategische Kurztherapeut nur darauf aus, die unmittelbare Konfliktsituation so gefahrlos und effektiv wie möglich zu beheben. Er achtet die verschiedenen Arten, auf die Menschen sich täglich verändern, er weiß sie zu würdigen und ist begierig darauf, immer mehr solcher Alltagsstrategien kennenzulernen. Die Einstellung zum Klienten ist gesund und positiv und ebnet den Weg zu guten Ergebnissen. Da sich der Therapeut der gleichen Strategien bedient wie der Klient, wenn auch in konstruktiver statt in destruktiver Absicht, bewahrt er Hochachtung vor dem Klienten als einem Lehrer, der die Lösung seiner Probleme selbst in Händen hat. Wie sehr der Therapeut den Klienten achtet, zeigt sich am deutlichsten in der Wirksamkeit und Kürze seines Kontaktes mit dem Klienten. Im Gegensatz zu den traditionellen langfristigen, regressiven, einsichtsorientierten Verfahren erspart die Kurztherapie dem Klienten respektvoll derartig zeitaufwendige, schmerzliche Erfahrungen.

Folglich haben Aikido und strategische Kurztherapie das gleiche Ziel einer »unmittelbaren Problemlösung«. Der Wunsch, Probleme oder »Herausforderungen« möchten nie mehr auftreten, wird als unrealistisch und kaum je erreichbar erkannt. Diese Vorstellung, »Utopie-Syndrom« genannt, wird u. a. von Watzlawick sehr aufschlußreich behandelt (11).

Unbekümmertheit und Humor

Ein Aikido-Übender legt ein unbeschwertes, entspanntes Verhalten an den Tag. Er hat etwas Unbekümmertes an sich und scheint Spaß an der Begegnung zu haben. Viele der Strategien sind so paradox, hintersinnig und verwirrend, daß einen Beobachter bei einer neuen Wendung manchmal das Lachen ankommt. Der Aikido-Schüler bringt es auch durchaus fertig, seinen Herausforderer in einem bestimmten Manöver, bei dem er ihn in mannigfaltige Kreisbewegungen hineinzieht, zu kitzeln. Gelegentlich muß selbst der

Herausforderer lachen, wenn er gerade gefahrlos durch eine verwirrende Abfolge von irreführenden Bewegungen laviert wurde.

Ebenso humorvoll und unbeschwert geht es bei der strategischen Kurztherapie zu. Der Therapeut manövriert einen Klienten durch paradoxe Taktiken dahin, daß er neugierig wird und den Reiz des Neuen und Widersprüchlichen spürt, so daß Gedanken, Gefühle und Ereignisse auf faszinierende Weise einen schöpferischem Bezug zueinander gewinnen. Unter Umständen empfindet der Klient bei näherem Überlegen auf einmal großes Vergnügen an einer besonders paradoxen Anweisung und lacht los. Statt, wie meist bei traditionellen therapeutischen Sitzungen der Fall, eine »todernste« Atmosphäre zu schaffen, entlockt der Kurztherapeut sehr depressiven Klienten sogar gern ein Lachen. Von Therapeuten, die diese Technik mit Geschick und Leichtigkeit anwenden, verlautet oft, daß sie mit ganz neuer Begeisterung, Faszination und Freude an ihre tägliche Arbeit gehen.

Manövrieren statt manipulieren

Angesichts der Macht, die der Aikido-Denkweise innewohnt, entsteht manchmal der Eindruck, als manipuliere der Aikido-Übende einen Herausforderer und »spiele mit ihm«. Die paradoxe Haltung mit ihrer Einladung zur Konfrontation, gefolgt von völliger Widerstandslosigkeit, die wie Schwäche wirkende Bescheidenheit, die Verwirrung und Irreführung durch kreisförmige, häufig sehr komplizierte Bewegungsabläufe und der überraschend friedliche Abschluß einer Aggression mittels einer indirekten, feinsinnigen Strategie kann durchaus manipulativ und irreführend wirken. Solche Zweifel räumen wir am besten dadurch aus der Welt, daß wir zwischen zwei Begriffen, nämlich dem »Manipulieren« und dem »Manövrieren« unterscheiden; sie haben verschiedene Bedeutungen. Der entscheidende Unterschied liegt in der *Absicht* des Urhebers. »Manövrieren« hat in dieser Hinsicht einen besseren Klang als das Wort »manipulieren«, das meist in einem abschätzigen, negativen Sinne gebraucht wird. Vom »Manipulieren« hat in erster Linie der etwas, der jemanden zu seinen eigenen Gunsten manipuliert. »Manövriert« wird ein Mensch hingegen vorwiegend zu seinem eigenen Besten. Mit Hilfe hintersinniger Verwirrungs-, Täuschungs- und Überredungskünste manövriert und leitet der Aikido-Übende auf seiner höchsten ethischen Ebene den Herausforderer durch eine Reihe von strategischen Abläufen und erreicht schließlich das wohlgemeinte Ziel eines friedlichen Ausgangs der Auseinandersetzung. Dieses Manövrieren geschieht eindeutig zum Besten des Herausforderers.

Entsprechend kann auch die Verfahrensweise der strategischen Kurztherapie als Manövrieren in Richtung auf das angesehen werden, was im ureigenen Interesse des Klienten ist. Wenn die Strategie moralisch motiviert, sorgfältig geplant und sachverständig ausgeführt ist, manövriert der Therapeut den Klienten in die wohlgemeinte konstruktive Veränderung und die gefahrlose Auflösung problematischer Verhaltensmuster hinein. Wenn der Therapeut unüberlegt oder mit Blick auf seine eigenen Interessen vorgeht, können seine Eingriffe als Manipulationen betrachtet werden. Zum Beispiel wäre es Manipulation, einen Klienten in der Therapie zu behalten, wenn auch nach längerer Zeit keine Anzeichen für eine Veränderung zum Besseren gegeben sind, weil davon nur der Therapeut profitieren würde — in finanzieller Hinsicht. Darin könnte er mit dem Kampfsportler verglichen werden, der einen Herausforderer manipuliert, indem er mit übermäßiger, unnötiger Härte vorgeht, obwohl sanftere Techniken ausgereicht hätten.

Aufgeben und erfolgreich sein

Ein zentrales Problem bei Aikido-Anfängern ist, daß sie mit dem Kopf durch die Wand wollen. Sie bewegen sich meist geradlinig, denken logisch und wollen über starke Muskelkräfte verfügen. Um mit Aikido effektiv zu sein, muß der Aikido-Schüler vom linearen, logischen Kraftdenken abgehen. Er muß den Versuch, mit aller Macht etwas zu erreichen, aufgeben und sich entspannen. Er muß von seiner reflexiven Vorgehensweise ablassen und sich im Vertrauen auf ein positives Ergebnis dem Strom anvertrauen. Die natürliche Art zu akzeptieren, in der sich menschliche Körper bewegen und Energien fließen, führt zu erfolgreichem Aikido.

In gleicher Weise muß auch der noch ungeübte Kurztherapeut aufhören, seine Klienten mit »Nachdruck« verändern zu wollen (11). Er muß willens sein, sich den fließenden Symptomen zu überantworten, unlogisch zu denken und darauf zu vertrauen, daß etwas Positives dabei herauskommt, wenn er die natürliche Art akzeptiert, in der sich Leute psychologisch bewegen. Wenn er das richtige Gespür für strategisches Denken entwickelt, merkt er, daß sich die Strategie ganz natürlich aus der Richtung und Kraft der Energie des Klienten ergibt.

Es ist sowohl von Aikido-Lehrern als auch von Ausbildern in der Kurztherapie beobachtet worden, daß selbst Fortgeschrittene von Zeit zu Zeit zu herkömmlichen, logischen, linearen Verhaltensweisen zurückkehren. Das scheint eine Folge der langen Erziehungsjahre in westlichem Lebensgefühl und Denken zu sein. Für beide Disziplinen aber ist die östliche Denkweise ausschlaggebend. Mit zunehmender Erfahrung greifen jedoch beide Ausübenden weniger häufig auf traditionelle Verhaltensweisen zurück.

Beispiel einer Kurztherapie

Die Nützlichkeit der methodischen und begrifflichen Parallelen, wie sie in diesem Aufsatz zwischen Aikido und der strategischen Kurztherapie gezogen worden sind, wird am besten erhellt durch das folgende Fallbeispiel aus der Kurztherapie. Die Kommentare in Klammern beziehen sich auf die in diesem Text dargelegten Begriffe und gedanklichen Ansätze.

Frau A. ruft einen Therapeuten an, um einen Termin für ihren zehnjährigen Sohn Billy abzusprechen, der überaggressiv ist, beständig mit seinesgleichen kämpft, Eigentum zerstört und kürzlich von der Schule gewiesen wurde, weil er das Heft eines Mitschülers mit einem Messer zerschnitten hat. Außerdem verhaut er dauernd seinen achtjährigen Bruder Jimmy und sorgt zu Hause für Ärger. Die Mutter fügt hinzu: »Er war jeweils ein Jahr in der Spieltherapie bei zwei anderen Ärzten, aber das hat ihn auch nicht geändert. Ich habe beschlossen, noch einen Versuch zu machen, obgleich mein Mann kaum noch Hoffnung hat« (Herausforderung). Der Therapeut sagt: »Das klingt nicht gerade aussichtsreich, aber ich will es versuchen; setzen wir doch einen Termin fest, an dem ich die ganze Familie da habe« (Verschmelzen — Einbringung der systemischen Anschauungsweise).

Die Familie erscheint. Der Therapeut stellt sich der Familie vor und schlägt dem Vater vor, sich gegenseitig beim Vornamen zu nennen (bescheidene Haltung). Nach einer kurzen Unterhaltung zeigt sich das folgende Muster. Jimmy ärgert Billy; Billy schlägt Jimmy und macht Sachen kaputt; Jimmy rennt zu Mutter und sagt ihr, daß Billy wieder Sachen kaputt macht; Mutter ruft Vater, der Billy streng bestraft, womit er sich jedoch Mutters Zorn zuzieht, weil er Billy angeblich zu streng bestraft hat, und schon ist die eheliche Beziehung zusätzlich belastet. Mutter tröstet nun Billy, was Jimmys Eifersucht erregt, die er jetzt an Billy ausläßt — und so fort (mehrere Herausforderer; Erfassen der Interaktionen). Der Therapeut (der sich inmitten dieser Dynamik von Interaktionen zentriert) entwickelt Strategien, um die auftretenden Probleme zu lösen. Zuerst wendet er sich an den Bruder (familiäres Subsystem) und bittet ihn, Billy zu mehr Selbstbeherrschung zu »verhelfen«, indem er ihn an drei Morgen der folgenden Woche ärgert, ohne seinen Eltern zu sagen, an welchen Tagen (Verschmelzen, Ausdehnen — der Therapeut bringt Jimmy und die übrige Familie durch einen unerwarteten Zug vorübergehend aus dem Gleichgewicht). Dann fragt der Therapeut Billy, ob er wohl genügend Mumm hat, ein Opfer zu bringen und zu zeigen, daß er gewillt ist, seine eigene und die Lage seiner Familie zu verbessern (Wind aus den Segeln nehmen — der Therapeut setzt Widerstand voraus und macht ihn dadurch kraftlos). Billy bejaht die Frage, aber der Therapeut warnt ihn, sich erst einmal die ganze Geschichte gut anzuhören und längere Zeit ernsthaft darüber nachzudenken (der Therapeut behält die Kontrolle — Billy ist weiterhin aus dem Gleichgewicht und damit empfänglich für den nächsten strategischen Zug). Der Therapeut schließt mit der Frage, ob Billy das Opfer bringen wolle, sich am kommenden Wochenende eine Menge Ärger aufzuhalsen, was leider mit ziemlicher Sicherheit auch hieße, auf seine heißgeliebte Camping-Fahrt in der darauffolgenden Woche verzichten zu müssen, da ihm seine Eltern dieses Vergnügen zweifellos versagen würden (paradoxes Vorgehen, gleichzeitige Unterstützung und Lähmung seiner negativen Energien). Jetzt bittet der Therapeut Mutter und Vater, das Programm für die nächste Woche neu zu gestalten und alle zusammen zum Reit- und Springturnier zu gehen, etwas, das Jimmy toll findet und Billy zutiefst haßt, weil sie dadurch ihrem Sohn Billy helfen könnten, das Opferbringen zu üben (der Therapeut benutzt die Eltern dazu, noch einen Schritt weiterzugehen, wodurch Billy noch mehr lahmgelegt wird). Hierauf weist der Therapeut die Mutter an, jedes destruktive Vorkommnis, von dem ihr berichtet wird, in allen Einzelheiten aufzuschreiben und den Vater die Notizen jeden Tag nach Feierabend lesen zu lassen. Sie müßten nach jedem Verstoß gemeinsam über das Schicksal Billys entscheiden (der Therapeut manövriert das Subsystem »Eltern« geschlossen in eine gemeinsame konstruktive Richtung hinein und stärkt die Position der Eltern als Leiter des übergeordneten Familiensystems. Billy sieht keine wünschenswerte Alternative mehr, ihm bleibt nur noch die Wahl, sein schlechtes Betragen in den Griff zu bekommen). Billy nimmt sich zusammen, und da er damit beweist, daß er sich seiner eigenen Strategien ausdrücklich bewußt ist, darf er sich innerhalb der Familie nicht länger so aufführen.

Es waren zwar noch etliche taktische Schritte nötig, um die Konfliktsituation wirklich zu beheben, aber nach insgesamt drei Sitzungen zeichneten sich tiefgreifende und langfristige Veränderungen im Interaktionsmuster des Familiensystems ab.

Dieses Beispiel wirft nicht nur ein Schlaglicht auf die Entsprechungen zu den pragmatischen Aikido-Techniken, sondern auch auf die einstellungsmäßigen Parallelen. Indem sich der Therapeut in die Mitte der systemischen Interaktionen stellte und alle Familienmitglieder achtungsvoll und effektiv gegeneinander ausspielte, paßte er sich dem Strom der verschiedenen Strategien und Widerstände in der Familie an und führte diese zu einer befriedigenden, gefahrlosen Lösung ihrer Probleme hin — wobei deren Mitglieder danach sicherlich »um einiges klüger« waren. Hätte er einfach »mehr Druck« in die gleiche Richtung gemacht (individuelle Spieltherapie) und nur noch hartnäckiger als der vorige Therapeut versucht, ausschließlich

Billy zu ändern, wäre er zweifellos gescheitert und hätte möglicherweise sogar das Familiensystem verletzt. Statt dessen gab er (den Versuch, traditionell vorzugehen) auf und hatte Erfolg.

Zusammenfassung

In diesem Text sind Beispiele angeführt über die vielen Entsprechungen zwischen Aikido und strategischer Kurztherapie. Die theoretische und begriffliche Fundierung der strategischen Kurztherapie durch ein körperbezogenes, aber philosophisch untermauertes anschauliches Modell kann von ausschlaggebender Bedeutung für die Theorie, Lehre und Ausbildung dieser Therapierichtung sein. Eine detaillierte Behandlung dieser Konzepte befindet sich in Arbeit und soll zu einem späteren Zeitpunkt veröffentlicht werden.

Quellenangaben

1. Haley, J.: *Direktive Familientherapie. Strategien für die Lösung von Problemen*, J. Pfeiffer Verlag, München, 3. Aufl. 1985
   — : *Gemeinsamer Nenner Interaktion. Strategien der Psychotherapie*, J. Pfeiffer Verlag, München 1978
2. Ikeda, K.: »Kawaridane Nihonjin« (außergewöhnliche Japaner), *Tokyo Shimbun* 1963; zitiert von R. Frager in seinem Beitrag »Aikido — A Japanese Approach to Self-Development and Mind-Body Harmony« in C. A. Garfield (Hrsg.): *Rediscovery of the Body: A Psychosomatic View of Life and Death*, Dell, New York 1977
4. Juhasz, J. B.: »Psychology of Paradox and Vice Versa«, *Psychological Reports* 1976 Bd. 39, S. 911-914
5. Pittman, F.: »Unconventional Intervention With Difficult Families«, Vortrag zum 55. Jahrestreffen der American Orthopsychiatric Association, San Francisco, März 1978
6. Selvini Palazzoli, M., Cecchin, G., Prata, G., u. Boscolo, L.: *Paradox and Counterparadox*, Jason Aronson, New York 1978
7. Ueshiba, K.: *Aikido*, Hozansha Publishing Co., Tokio 1969
8. Watzlawick, P.: *Wie wirklich ist die Wirklichkeit? Wahn — Täuschung — Verstehen*, Piper, München 1985
9. — :*Die Möglichkeit des Andersseins. Zur Technik der therapeutischen Kommunikation*, Hans Huber, Stuttgart, 2. Aufl. 1982
10. —, Beavin, J. H., u. Jackson, D. D.: *Menschliche Kommunikation. Formen, Störungen, Paradoxien*, Hans Huber, Stuttgart, 6. Aufl. 1982
11. —, Weakland, J., u. Fisch, R.: *Lösungen. Zur Theorie und Praxis menschlichen Wandels*, Hans Huber, Stuttgart, 3. Aufl. 1984
12. Westbrook, A., u. Ratti, O.: *Aikido and the Dynamic Sphere: An Illustrated Introduction*, Charles E. Tuttle Co., Tokio 1974

George Leonard

Das ist nicht Richard

Vier waren wir, drei Männer und eine Frau, die gemeinsam eine Feuerprobe zu bestehen hatten, einen Übergangsritus. In einer Kultur, die nichts von schwierigen Aufgaben, Glück und Tragik wissen will, war das wirklich ein Geschenk des Himmels. Wir standen vor der Prüfung zum schwarzen Gürtel — Richard, Lawrence, Wendy und ich — und hatten über den Zeitraum eines Jahres alle unsere Erfahrungen mit Verletzungen, Erschöpfung, Demütigungen und Verzweiflung gemacht. Schon allein die lange Reihe unserer Verletzungen war ein Hinweis darauf, was uns Schweres bevorstand. Außer zahllosen Beulen, Prellungen und Hautabschürfungen hatten wir einen gebrochenen Fuß (Lawrence), einen verrenkten Hals und Bänderzerrungen am Ellenbogen (Wendy), einen Wangenknochenbruch und einen komplizierten Armbruch (Richard) sowie eine ausgerenkte Schulter (ich) zu verzeichnen. Das sind ganz schön viele Verletzungen bei einer Kunst, die häufig so leicht und schwebend wie ein Tanz oder Traum wirkt. Aber bei Aikido wird nicht im Schlag innegehalten, jeder Angriff nimmt seinen Lauf und endet folgerichtig damit, daß der Angreifer zu Boden geht oder durch die Luft wirbelt. Darum muß der Aikido-Schüler hart und lange trainieren, um die Furcht vor dem Fallen in die Freude des Fliegens umzuwandeln — ein unvergeßliches, um nicht zu sagen ekstatisches Erlebnis.

Aber wir wollen nicht länger bei den Verletzungen verweilen, denn das würde uns nur von der wahren Bedeutung des vor uns Liegenden ablenken. Unser Lehrer, Robert Nadeau, ist absolut kein Schlägertyp-Kampfsportler. Er ist zwar sowohl in Judo und Karate als auch in Aikido beschlagen (und, darin sind wir alle einig, bei einer Begegnung in dunkler Gasse ein gefährlicher Gegner), betrachtet sich jedoch in erster Linie als Lehrer für Meditation und alternative Möglichkeiten der Lebensmeisterung. Für Nadeau ist die Matte die Welt. Darum lehrt er uns nicht etwa, bei unseren Übungen Spannungen, Probleme und Schmerzen zu vermeiden, sondern sie als kostbare Gabe willkommen zu heißen, als Gelegenheit, unser Leben zu verwandeln. Nadeau ist weit davon entfernt, unsere Schwächen durchgehen zu lassen, er nimmt jedes nicht ganz einwandfreie Motiv aufs Korn, jede Verstellung, jede heimliche, wohlbehütete Regung. Wenn die Matte die Welt ist, dann die Welt unter einem Vergrößerungsglas, wo nichts auf die Dauer verborgen bleibt. Vor diesem Hintergrund ist die Selbstprüfung keine Vorschrift, sie ist einfach unumgänglich.

Alles das wird einem in den drei Monaten vor der Prüfung zum schwarzen Gürtel überdeutlich vor Augen geführt. Nadeau nutzt diese Zeit nicht nur für einen Intensivkurs in fortgeschrittenen Techniken, die wir pauken müssen, sondern auch als physische und psychologische Zerreißprobe. Diesem Martyrium gehen zwischen dreieinhalb und zehn Jahren Übung voraus. In dieser letzten Zeitspanne wird vom Prüfling erwartet, an allen Trainingsstunden Nadeaus teilzunehmen. In der ersten Übungsstunde eines jeden Abends, die den Grundlagen gewidmet ist, trainiert der Prüfungskandidat (oder mehrere Kandidaten) mit den übrigen Schülern zusammen. Zu Beginn der zweiten Stunde, die den Fortgeschrittenen vorbehalten ist, schickt Nadeau die Prüflinge auf die hintere Matte. Während die anderen fortgeschrittenen Schüler mit ihrem regulären Training fortfahren, üben die Prüfungskandidaten speziell die Techniken, die bei der Prüfung zu erwarten sind.

Fünfzehn Minuten vor dem Ende des Unterrichts müssen sich die Schüler auf Nadeaus Geheiß am Rand der Hauptmatte in der traditionellen japanischen Meditationshaltung niedersetzen; dann werden die Prüflinge nach vorn in die Mitte des Kreises gerufen. Jetzt läßt Nadeau einen nach dem anderen sein Können vorführen, während die Mitschüler zuschauen. Zum Schluß kommt eine Reihe von Mehrfachangriffen. Erst ruft er einen, dann drei und schließlich bis zu sieben fortgeschrittene Schüler auf, den Prüfling wieder und wieder zu überfallen. Das dauert an, bis der Kandidat vollkommen erschöpft ist und entweder unbeweglich gemacht oder von den Angreifern niedergestreckt worden ist.

Nadeau hat die bemerkenswerte Gabe, genau zu erkennen, in welcher Technik ein Prüfling noch Mängel aufweist. Einmal empfahl er mir, die ganze Trainingsstunde lang eine Technik namens *Irimi-nage* (das »Hineingehen«) zu üben. Nachdem ich 45 Minuten auf der hinteren Matte trainiert hatte, wurde ich nach vorn gerufen und glaubte nun, mein Können in *Irimi-nage* unter Beweis stellen zu müssen. Wie ich da stand und auf den Angriff wartete, machte ich jedoch den Fehler, mir im stillen zu sagen: »Hoffentlich verlangt er jetzt nicht *Koshi-nage* (Hüftwurf).« Als ob er mein stummes Stoßgebet gehört hätte, sagte Nadeau: »Also, George, laß dein *Koshi-nage* sehen!«, woraufhin ich einen Wurf nach dem anderen verpatzte und jeder Anwesende peinlicherweise sehen konnte, daß ich unvorbereitet war.

Innerhalb eines Zeitraums von neun Monaten hatten erst Lawrence, dann ich und zuletzt Wendy jeder unsere Zerreißprobe zu bestehen. Physisch und psychologisch unter dauerndem Beschuß, merkten wir bald, daß ein Fehler sich nur korrigieren läßt, wenn er offenbar wird, und daß der wahre Widersacher im eigenen Innern steckt. Jede der drei Feuerproben war geprägt von derselben Spannung und Gefahr, von derselben finstersten Verzweiflung, von demselben Galgenhumor und glücklichen Ende, wie wir sie auch in unseren altehrwürdigsten Märchen und Legenden finden. Letztlich war es jedoch Richards Erfahrung, die uns den Zugang zu anderen Welten verschaffte und uns mit dem Großartigen und Unendlichen verband.

Anfang dreißig, in der schönsten Blüte seines jungen Lebens, hätte Richard eine klassische Marmorfigur sein können. Mit seinem muskulösen, vollkommenen Körperbau und seinen regelmäßigen Gesichtszügen wirkte er wie die neuzeitliche Entsprechung des griechischen Schönheitsideals; in seiner Collegezeit war er auch tatsächlich ein Olympia-Sportler gewesen. Richard war aber nicht nur körperlich reichbegabt. Er hatte seinen Doktor in Psychologie gemacht und war Mitbegründer einer angesehenen Schule für Meditation, Körperarbeit, Ernährung und zwischenmenschliche Beziehungen. Und er war ein exzellenter Aikido-Schüler.

Wir waren so angetan von seiner Begabung und Anmut, daß wir keinen Makel an diesem Mann finden mochten; manchmal erschien uns alles an ihm fast schon zu gut, um wahr zu sein. Doch allmählich trat ein berechnender Zug bei ihm zutage, der sich kurz in den von ihm selbst gern gebrauchten Satz aus der Gestalt-Therapie fassen läßt: »Ich sorge für mich selbst.« Das war nicht selbstsüchtig gemeint, sondern zeugte nur von einem gesunden, offen ausgesprochenen Eigeninteresse, das einen vor Abhängigkeit und der Rolle des Opfers bewahren kann. Dennoch war nicht zu übersehen, daß Richard sich auf nichts einließ, ohne zuvor sorgfältig abzuwägen, was für ihn dabei herausspringen würde; er engagierte sich erst, wenn unter dem Strich feststand, daß er mit einem Plus rechnen konnte. Richard tat selten etwas auf gut Glück. Er sorgte gut für sich selbst.

Dann war da noch die Sache mit dem Namen. Richard hatte Erhebliches im Bereich des Persönlichkeitswachstums geleistet. Trotzdem waren etliche Leute, die weniger beigetragen hatten, bekannter geworden als er. Dessen war sich Richard bewußt, und wie mir schien, brannte in ihm der unausgesprochene Wunsch, sich ebenfalls einen Namen zu machen.

Ich bezweifle sehr, daß unser Lehrer sich solche Gedanken machte. Er handelte einfach intuitiv: Wendy teilte er mit, sie würde in drei Monaten geprüft, und Richard gegenüber äußerte er, bei ihm sei er sich noch nicht sicher. Richard könne aber ruhig das dreimonatige Vorbereitungstraining mitmachen. Er, Nadeau, würde ihn am Prüfungstag wissen lassen, ob er dazu zugelassen sei oder nicht.

Das war für Richard wie ein Schlag ins Gesicht. Er würde unter Umständen eine dreimonatige Zerreißprobe durchstehen müssen und im Ungewissen über den Lohn der Mühe bleiben. Wenn ihn Mitschüler fragen würden, ob er zur Prüfung für den schwarzen Gürtel zugelassen sei, müßte er antworten, daß er es nicht wisse — und das, obwohl er offensichtlich hart daraufhin trainierte. Keine rosigen Aussichten für jemanden, der gut für sich zu sorgen pflegt. Er hatte auch schon von allen Schülern die schwersten Verletzungen davongetragen. Als er bei einem anstrengenden Wurf einen Arm gebrochen hatte, war er mit Gipsverband weiter zum Training gekommen. Später hatte ein Wangenknochenbruch (er war unabsichtlich am Boden getreten worden) eine Zeitlang ein Auge beeinträchtigt, und er hatte trotzdem weitergeübt. Bestimmt hatte er mehr als genug gelitten.

Und doch mußte er nun auf der hinteren Matte Abend für Abend mit völlig ungewissen Aussichten bis zur Erschöpfung trainieren. Wochen vergingen, und Nadeau schenkte ihm immer weniger Beachtung. Eines Abends, zwei Wochen vor der Prüfung, saß ich zufällig am Rand der Hauptmatte neben Richard, als Nadeau gegen Ende der Stunde die Prüflinge antreten ließ.

»Noch jemand?« fragte Nadeau und sah an Richard vorbei.

Richard sagte keinen Ton, und auf einmal hörte ich mich sagen: »Richard ist noch da. Sie haben ihn vergessen.«

»Ach ja«, bemerkte Nadeau trocken, »Wie-heißt-er-doch-gleich. Gut, schauen wir mal, was er kann.«

Von diesem Augenblick an bis nach der Prüfung sah Nadeau Richard nicht mehr an, noch nannte er ihn beim Namen. Gelegentlich rief er »Wie-heißt-er-doch-gleich« nach vorn auf die Matte, gab aber keinen Kommentar über dessen Leistungen ab. Drei Tage vor der Prüfung fragte ich Richard im Duschraum, was er eigentlich davon hielte.

»Das kann ich nicht sagen. Ich weiß es nicht genau. Irgend etwas geschieht mit mir. Ich fühle mich irgendwie umgewandelt.«

Wie es Brauch ist, wurde die Prüfung auf einen Samstag um ein Uhr festgesetzt. Es war ein herrlicher, wolkenloser Junitag. Die Leute strömten schon früh herbei: Aikido-Schüler aus kilometerweitem Umkreis, Hunderte von Zuschauern. Ein Prüfungskomitee von fünf hochrangigen Schwarzgürteln trat zusammen, um die Leistungen der Prüflinge zu beurteilen.

»Na, bist du dabei?« fragte ich Richard, als er auf der Matte erschien.

»Ich weiß nicht. Nadeau spricht noch immer nicht mit mir.«

Im *Dojo* herrschte eine Atmosphäre wie in einer Kirche vor einer Hochzeit. Einige Leute meditierten, andere unterhielten sich leise miteinander.

Richard ging ins Büro und kam mit einem seltsamen Gesichtsausdruck wieder heraus.

»Ich glaube, ich bin dabei«, sagte er. »Ich habe meinen Namen auf der Liste gesehen. Nadeau hat noch immer nichts gesagt.«

Zu Beginn der Zeremonie verbeugten sich alle Aikido-Schüler vor dem Bild eines ehrwürdigen japanischen Kriegers, das vorn an der Wand hing. Es war ein Portrait Meister Morihei Ueshibas, des legendären Begründers des Aikido, allen als *O Sensei* bekannt, der größte aller Lehrer, dessen wahrhaft erstaunliche Meisterstücke in seinen alten Tagen fotografiert, gefilmt und von seriösen Zeugen belegt sind. Fünf Kandidaten waren bereits geprüft worden, als Richard auf die Matte gerufen wurde. Mit seinem *Uke* (»Angreifer«) zusammen kam er auf den Knien gehend an, wie es Sitte im Kampfsport ist. Beide verbeugten sich zuerst vor O Sensei, dann vor den fünf Prüfern und zuletzt voreinander. Nadeau kündigte die erste Übungsreihe an, und die Prüfung begann.

Von Anfang an war zu merken, daß etwas Außergewöhnliches vorging. Es war wie bei großen Sportereignissen, an die man sich noch lange erinnert, etwa einem Weltmeisterschaftsspiel oder Stierkampf, bei dem jeder Zuschauer auf die eine oder andere Weise merkt, daß das, was da auf dem Spielfeld passiert, mehr als nur ein Spiel ist, so schön und zwangsläufig, daß es fast weh tut, eine räumliche und zeitliche Darstellung der inneren Mechanik des Universums, des Laufs der Dinge. Als Richard und sein *Uke*, noch immer knieend, eine Reihe von Angriffen so glatt, präzise und vorschriftsmäßig wie eine Teezeremonie ausführten, trat eine tiefe, erregte Stille im *Dojo* ein. Nadeau rief die nächste Übungsserie auf. Der *Uke* erhob sich und griff den noch immer knieenden Richard an, der in weichen Kreisbewegungen herumwirbelte und den Angriff auffing. So geschmeidig und einheitlich waren seine Bewegungen, daß sie die Zeit selbst einzufangen schienen, um ihr eine langsamere, würdevollere Gangart zu geben. Manchmal, wenn Richard seinen Angreifer mit einer Hand niederhielt, machte er mit der anderen eine ausgleichende Gegenbewegung, wie ich es noch nie beim Training erlebt hatte. Dieser zusätzliche, fast schon androgyne Schwung war ganz offensichtlich nicht für das körperliche Gleichgewicht nötig. Es schien eher so, als streckten sich Richards Hände über die vier Wände des *Dojo* hinaus nach einem Schwerpunkt im Kosmos aus.

Nadeau sagte die nächste Übungsfolge an, bei der Angreifer wie Verteidiger stehen mußten. Als Richard sich erhob, ging ein leises Raunen durch die Halle; hier und dort blickten Leute zu den Fenstern oder den Lampen hoch. Etwas Unerklärliches war geschehen: Der Raum war auf einmal bedeutend heller geworden.

Was ich von hier ab bis zum Schluß der Geschichte wiedergebe, gründet sich nicht nur auf meine eigenen Wahrnehmungen, sondern auch auf die verschiedener anderer Leute einschließlich Richards, die ich alle am nächsten Morgen anrief. Ohne ein Wort von dem verlauten zu lassen, was ich von den anderen gehört hatte, befragte ich jeden einzeln und fügte alles zu einem verständlichen Bericht über die Ereignisse des vergangenen Nachmittags zusammen. Meine Informanten stimmten nicht in allen Einzelheiten überein, aber es war mehr Gemeinsames als Trennendes da, so daß sich ein klares Gesamtbild abzeichnete. Im folgenden fasse ich das Gemeinsame der einzelnen Berichte einfach zusammen.

Jeder, den ich befragte, hatte den Helligkeitswechsel bemerkt, als Richard aufstand. Manche Leute nahmen sogar eine Aura um seinen Körper herum wahr — einige beschrieben sie als »golden«, andere als »hell und plastisch«. Mit dem Fortgang der Prüfung wurden die Angriffe schneller und heftiger, und doch herrschte allgemein das Gefühl vor, die Zeit verstreiche langsamer, gemächlich, wie im Traum. Der geräumige *Dojo* wirkte plötzlich kleiner; uns Aikido-Schüler und Zuschauer am Rande der Matte überkam ein ungewohntes Gefühl des Vertrautseins, als erlebten wir gerade gemeinsam etwas zutiefst Persönliches. Bei einem flinken Angriff mit einem kräftigen Schlag auf den Bauch glitt Richard schnell zur Seite und machte eine überraschende Bewegung, die keiner von uns je zuvor gesehen hatte. Der *Uke* ging, ohne überhaupt berührt worden zu sein, mit lautem Klatschen zu Boden. Der sonst immer etikettebewußte junge Mann, der stets auf Wahrung der Formen zu bestehen pflegte, lag einen Augenblick da und blickte erstaunt zu Richard auf, um dann laut loszulachen. Richard konnte sich an seine bemerkenswerte Technik später nicht mehr erinnern oder sie nachvollziehen. Er selbst hatte inzwischen das Gefühl, überhaupt nichts zu »tun«, sondern die Körperbewegungen »einfach nur geschehen zu lassen«, gedankenlos und ohne sich anzustrengen.

In diesem Geist ging die Prüfung wie ein langgezogenes, hypnotisch wirkendes Musikstück weiter, mit Würfen und Verteidigung gegen Messerstiche. Als Nadeau schließlich den *Uke* anwies, nun nach Belieben anzugreifen, schien die Helligkeit in der Halle noch zuzunehmen, und die Lichthülle um Richard herum wurde noch heller, strahlender und zweifelsfrei golden. Der Geist des Aikido zeigt sich, wenn auch der gewalttätigste Angriff umgewandelt, wie im Tanz umfaßt wird, und was wir dort auf der Matte erlebten, war das Wesen des Tanzes — weder kraftvoll noch schwach, weder zerstörerisch noch schöpferisch, weder männlich noch weiblich, sondern all diese scheinbaren Gegensätze in einem Punkt des Gleichgewichts konzentriert und miteinander verbunden.

In einem besonders lichtvollen Augenblick ordnete Nadeau die Beendigung des freien Angreifens an und gab Richard vor dem Höhepunkt, dem *Randori* (Angriff von vielen Seiten gleichzeitig), eine Minute Zeit, um zu Atem zu kommen. Richard wandte sich vom Publikum ab, wie es im *Dojo* Brauch ist, und brachte seinen *Gi*, den Anzug, in Ordnung. Dabei warf er einen Blick auf O Senseis Bild. Jetzt war es, als ginge von den Augenbrauen des Meisters ein starkes goldenes Licht auf Richards Kopf zu und umhülle und tränke ihn mit Gold. Im selben Moment erlebten wir im *Dojo* eine dritte Erhellung des Raumes. Als die Mehrfach-Attacke in vollem Gange war, erstrahlte die ganze Halle wie in einem köstlichen, frohen, fast greifbaren Glanz.

Auf jemanden, der zum ersten Mal zuschaut, wirkt ein *Randori* mit seinem Durcheinander von schnellen, wirbelnden, klatschenden Bewegungen einfach überwältigend; mit den Sinnen ist es kaum zu fassen. Ein erfahrener Aikido-Schüler beobachtet Technik und Bewegungsablauf, er achtet auf Unterbrechungen im Energiefeld, das Verteidiger und Angreifer umschließt. Aber an diesem Tag sahen Zuschauer wie Fachleute gleichermaßen, daß Richards *Randori* die reine Harmonie war, der verheißene Einklang. Wie hart oder leicht auch der Streich, er war nicht da, um ihn in Empfang zu nehmen, sondern stets im Zentrum der Bewegung, das alle Gegensätze in vollkommener Spannung hält. Richard selbst empfand weder Leistungsdruck noch Streß; doch in seinem Kopf meinte er eine Stimme zu hören, die immer wieder sprach: »*Das ist nicht Richard. Das ist nicht Richard.*« Da, mitten im Sturm, aller Sicherheiten bar, die er für lebensnotwendig gehalten hatte, ohne jede Unterstützung von seiten seines Lehrers, ja selbst seines Namens entblößt, erlangte Richard die Befreiung, von der er gar nicht wußte, daß er sie suchte. Es war unmöglich, daß er geschlagen oder bewegungsunfähig gemacht werden könnte. Wenn nötig, konnte er bis in alle Ewigkeit weitermachen in dem Bewußtsein, selbst gar nichts zu tun. Die Stimme in seinem Kopf war deutlich: »*Das ist nicht Richard. Das ist nicht Richard.*«

»Nach dem Randori«, erzählte mir einer derjenigen, die ich am nächsten Tag anrief, »saß ich wie betäubt da. Ich konnte mich nicht rühren. Erst als die nächste Prüfung anfing und der betreffende Kandidat eine im Vergleich zu Richard unglaublich ungehobelte Technik vorlegte, wurde mir schlagartig klar, was eigentlich vorgegangen war — und das war nun *wirklich* furchteinflößend. *O Sensei war in der Halle. Jetzt wußte ich es.* Ich konnte seine Gegenwart spüren. Die schlechte Technik gab mir den nötigen Kontrast, um es zu merken. O Sensei war die ganze Zeit bei Richards Prüfung dabei.«

Anhang

Über die Autoren

Bob Aubrey hält einen Dr. phil. der Pariser Universität und den zweiten Dan im Aikido. Gegenwärtig ist er als Unternehmensberater mit dem Spezialgebiet »Streßbewältigung« für europäische Firmen und als selbständiger Berater in den Vereinigten Staaten und Europa tätig.

Terry Dobson besitzt den schwarzen Gürtels fünften Grades im Aikido und ist Autor der Bücher *Giving In to get Your Way* und *Safe and Alive.* Er hat über zehn Jahre in Asien gelebt und war *Uchideshi* (persönlicher Assistent) von Meister Morihei Ueshiba. Er arbeitet als selbständiger Berater auf dem Gebiet der Sicherheit und Konfliktlösung.

O. Fred Donaldson hat an der Universität von Washington einen Ph.D. in Geographie erworben und dort Geographie sowie Völkerkunde mit Schwerpunkt »Schwarzamerikaner« und »amerikanische Ureinwohner« gelehrt. Im Augenblick ist er mit einer langfristigen Forschungarbeit über Spiel und Aikido als Kommunikationsform zwischen Menschen und Wölfen beschäftigt.

Richard S. Heckler ist Inhaber eines Ph.D. in Psychologie und eines schwarzen Gürtels dritten Grades im Aikido. Er ist Mitbegründer der Lomi-Schule und Autor von *The Anatomy of Change.* Zur Zeit lebt er an der San-Francisco-Bay und ist dort als Psychotherapeut und Berater tätig.

George Leonard, Mitarbeiter des *Esquire*, ist Autor zahlreicher Bücher, darunter *Education and Ecstasy; The Ultimate Athlete* und *Der Rhythmus des Kosmos.* Leonard war stellvertretender Vorsitzender des Esalen-Instituts und eine Zeitlang Präsident des amerikanischen Verbandes für humanistische Psychologie. Er besitzt einen *Nidan* in Aikido und arbeitet als Partner des Herausgebers des vorliegenden Buches.

Richard Moon hat den schwarzen Gürtel dritten Grades im Aikido, ist Musiker und Yoga-Schüler. Er lebt und arbeitet im Raum San Francisco.

Cheryl S. Reinhardt hat aus ihrem Erfahrungsschatz in Aikido, Feldenkrais-Technik, Tanz und Psychologie einen Arbeitsprozeß entwickelt, der »Innere Kraft« genannt wird. Sie ist ausgebildete Feldenkrais-Lehrerin und hat lange unter Dr. Moshe Feldenkrais studiert. Sie besitzt einen schwarzen Gürtel in Aikido.

Megan Reisel ist Inhaber des dritten Dans im Aikido. Sie kann auf eine langjährige Ausbildung in modernem Tanz zurückblicken und ist auch im Kabuki-Tanz geschult. Sie lebt gegenwärtig in Los Angeles, wo sie Aikido unterrichtet und eine Privatpraxis als Bewegungstherapeutin unterhält.

Donald T. Saposnek hat einen Ph.D., ist Klinik-Kinderpsychologe und hält Vorlesungen an der psychologischen Fakultät der Universität von Kalifornien in Santa Cruz. Er ist Mitbegründer und Ko-Leiter der Familienberatungsstelle in Santa Cruz und Autor des Buches *Mediating Child Custody Disputes*. Er hat in all seinen Werken und Schriften von den Grundideen des Aikido Gebrauch gemacht.

John Stevens, Autor von *Aikido: The Way of Harmony; Sacred Calligraphy of the East* und *The Sword of No-Sword* ist Aikido-Lehrer in Sendai, Japan, und einer der wenigen Westler, die dort Aikido unterrichten. Darüber hinaus ist er buddhistischer Gelehrter und Priester.

Susan Stone ist freiberufliche Lektorin und Schriftstellerin. Sie lebt in Kalifornien und ist seit acht Jahren Aikido-Schülerin.

Kisshomaru Ueshiba, Aikido-Doshu, wurde 1921 als dritter Sohn Meister Morihei Ueshibas geboren, des Begründers des Aikido. 1969 erfolgte seine offizielle Ernennung zum Nachfolger des Vaters. Er ist Treuhänder des Nippon Budokan, der Kampfsporthalle im Zentrum Tokios. Sein letztes Buch trägt den Titel *The Spirit of Aikido.*

Quellenverzeichnis

Bob Aubrey: *Aikido und der neue Krieger*, Copyright 1985 by Bob Aubrey.

Terry Dobson: *Ein freundliches Wort vertreibt den Zorn*, ursprünglich erschienen im *Lomi School Bulletin*, Sommer 1980, S. 23 f., Copyright Terry Dobson.

George Leonard: *Mit 52 den schwarzen Gürtel*, aus dem *New Age Journal* vom April 1979, S. 50, Copyright 1979 by George Leonard.

Donald T. Saposnek: *Aikido: Modell einer strategischen Kurztherapie*, aus *Family Process* Nr. 19, Sept. 1980, S. 227-238, Copyright *Family Process* 1980.

John Stevens: *Der Begründer Ueshiba Morihei*, Auszüge aus *Aikido The Way of Harmony*, S. 3-13, Shambhala Publications, Boulder 1984, Copyright 1984 by John Stevens.

Kissomaru Ueshiba: *Ein Gespräch mit Doshu*, aus *Aiki News* Nr. 30, Aug. 1978, Nr. 31, Sept. 1978, Nr. 56, Juli 1983, Nr. 57, Aug. 1983, Copyright *Aiki News*.

Morihei Ueshiba: *Auszüge aus den Schriften und Vorträgen*, aus *Aiki News* Nr. 52, Jan. 1983, S. 3-12, Copyright *Aiki News*.

Morihei Ueshiba: *Im Einklang mit dem ganzen Universum*, aus *Aiki News* Nr.56, Juli 1983, S. 12 ff., Copyright *Aiki News* (zuerst erschienen in *Ningen no Shinri*, Sept. 1958).

Literaturhinweis

Aiki News, c/o Stan Pranin, Demeure Saito 201, Daikyo-cho, 3-banchi, Shinjuku-ku, Tokio. Ein zweisprachiges Magazin über den Kampfsport Aikido.

Brand, Rolf: *Aikido. Lehren und Techniken des harmonischen Weges*, Falken, Niedernhausen 1980.

Gerber, Hartmut / Brauhardt, Reiner / Haase, Peter: *Das Aikido Brevier. Leitfaden für Technik und Prüfung*, Weinmann, Berlin, 2. Aufl. 1984

Grundmann, Michael: *Die Niederlage ist ein Sieg. Tradition, Geist und Technik des asiatischen Kampfsports*, Econ, Düsseldorf — Wien 1983

Heckler, Richard: *The Anatomy of Change*, Shambhala, Boulder — London 1984

Hölzel, Eugen: *Aikido Fibel*, Weinmann, Berlin, 6. Aufl. 1984

Leonard, George: *The Ultimate Athlete*, Viking, New York 1975

—: *Der Rhythmus des Kosmos*, Rowohlt, Reinbek 1986

Nocquet, André: *Der Weg des Aiki-Do. Gegenwart und Botschaft von O-Sensei Morihei Uyeshiba*, Kristkeitz, Weidenthal 1980

Protin, Andre: *Aikido. Die Kampfkunst ohne Gewalt: ein Weg der Selbstfindung und Lebensführung*, Kösel, München 1984

Saito, Morihiro: *Traditional Aikido Volumes 1-5*, Minato Research Pub., Tokio 1976

Stevens, John: *Aikido, The Way of Harmony*, Shambhala, Boulder — London 1984

Tohei, Koichi: *Ki im täglichen Leben*, Kristkeitz, Weidenthal 1980

Ueshiba, Kisshomaru: *Aikido*, Hozansha, Tokio 1974

—: *The Spirit of Aikido*, Kodansha International, Tokio — New York — San Francisco 1984

Bodo Baginski & Shalila Sharamon **REIKI – Universale Lebensenergie**
Reiki wird als jene Kraft definiert, die die Grundlage allen Lebens bildet. Diese universale Lebensenergie kann durch entsprechende Einstimmungen in jedem Menschen geweckt und aktiviert werden, so daß sie als heilende, ordnende und harmonisierende Kraft durch seine Hände fließt. Reiki bewirkt eine Heil-Werdung im ursprünglichen Sinn, denn es führt den Menschen zu einer Harmonie mit sich selbst und den grundlegenden Kräften des Universums zurück. Die Autoren Bodo J. Baginski und Shalila Sharamon beschreiben in diesem Buch ihre Erfahrungen mit der Reiki-Heilkunst bei Menschen, Tieren und Pflanzen. Sie schreiben über den Ursprung und die Geschichte des Reiki, seine Wirkungsweise, wie man Reiki erlernt, erläutern die verschiedenen Anwendungsmöglichkeiten und geben viele nützliche und hilfreiche Tips für die Praxis des Reiki. Darüber hinaus enthält das vorliegende Buch ein Verzeichnis über die Hintergrundbedeutung von über 200 Krankheitssymptomen aus geistiger Sichtweise. **240 Seiten**

Fran Brown **Reiki-Leben – Großmeisterin Takatas Lehren**
Geschichten aus dem Leben von Hawayo Takata.
Reiki ist Lebensenergie. Im Usui-System des Natürlichen Heilens wird diese Energie geehrt und als Leitfaden des täglichen Lebens genutzt. Sie bietet uns eine einfache Möglichkeit, unser leben als eine heilige und ehrenvolle Erfahrung zu verstehen. Die Geschichten in diesem Buch geben Einblick in das Leben einer Frau, die die Reiki-Lehren gelebt hat. Die Geschichten sind komisch und ernst, voller Freude und Traurigkeit, sie geben Aufschluß über das Heranwachsen dieser Meisterin und über ihr tiefes Vertrauen in die Lebensenergie. Sie schildern das Reifen von Takatas Heilkräften und zeigen ihre Bescheidenheit angesichts ihrer Gaben. Von bescheidenen Anfängen entwickelte sie sich zu einer großen und starken Persönlichkeit, von allen, die sie kannten, geliebt und respektiert.
In diesen liebevollen Erinnerungen an ihre Lehrerin hat Fran Brown die farbenfrohen Geschichten gesammelt, die Hawayo Takata während der 35 Jahre erzählt hat, in denen sie die einzig lehrende Reiki-Meisterin war. Die Geschichten geben einen inspirierenden Überblick über Takatas Lehren und schildern die praktischen und spirituellen Aspekte eines Lebens, das dem Heilen gewidmet war. **180 Seiten**

Ron Kurtz **Körperzentrierte Psychotherapie – Die Hakomi-Methode**
Körper und Bewegungen eines Menschen drücken zentrale Anschauungen, Bedürfnisse, Gefühle und Besonderheiten seines Daseins aus. Psychologische Informationen formen den Körper. In Anerkennung dieser Verbindung beginnt die Methode mit der Arbeit am Körper. Besonderes Kennzeichen der Hakomi-Methode ist die genaue Anwendung der buddhistischen Prinzipien von *Innerer Achtsamkeit* — die Aufmerksamkeit wird auf das gelenkt, was jetzt genau vor sich geht — und *Gewaltlosigkeit* — wir unterstützen Abwehr und spontanes Verhalten, lassen entwickeln, anstatt zu konfrontieren und zu bekämpfen. **320 Seiten, ill., geb.**

Gerda und Mona Lisa Boyesen **Biodynamik des Lebens**
Die Gerda-Boyesen-Methode – Grundlage der biodynamischen Psychologie. Jeder Körper reagiert in einer Streßsituation mit Anspannung, aus der der gesunde Körper wieder zu seinem Gleichgewicht zurückfindet. Oft geschieht dies jedoch nicht: Hervorgerufene Gefühle oder Ängste werden nicht ausreichend abgebaut oder verarbeitet, und wir verharren in einem unausgeglichenen Zustand. Die Selbstregulation unseres Organismus findet nicht statt, das Ungleichgewicht manifestiert sich in den Muskeln und unseren inneren Organen; besonders dem Verdauungstrakt. Dieser ist das Hauptregulans für die Freilassung nervöser Energien und besitzt damit die Fähigkeit, Neurosen »zu verdauen« und das vitale Energiegleichgewicht im Organismus zu regeln.
Mit dieser Erkenntnis entwickelte Gerda Boyesen in ihrer klinischen Arbeit die Methode der biodynamischen Psychologie, in der sie die Freudsche Psychoanalyse und die dynamische Physiotherapie mit der Vegetotherapie und Orgontherapie W. Reichs zu einer Synthese vereinte und damit die biologische Basis der Psychodynamik legte. **200 Seiten**

Dr. Malcolm Brown **Die Heilende Berührung**
Die Methode des direkten Körperkontaktes in der körperorientierten Psychotherapie. Dieses Buch führt zu theoretischer Klarheit und zum praktischen Verständnis einer Yin / Yang-Körpertherapiemethode, eingebettet in eine grundlegende, humanistische, tiefgehende Art der Behandlung. Beeinflußt durch C. G. Jung, A. Maslow, E. Neumann, C. Rogers und D. H. Lawrence entwickelte Brown seine Methode der Lösung der chronischen Muskelspannung und der Reaktivierung der natürlichen geistig / spirituellen Polaritäten der verkörperten Seele und transzendierten Psyche.
340 Seiten, 30 Abb., geb.

Don Johnson **Rolfing und die menschliche Flexibilität**
Der Körper ist flexibel, ein fließendes Energiefeld, das vom Moment der Empfängnis bis zum Tod in einem Prozeß der ständigen Veränderung ist. **Inhalt u. a.:** Beschreibung von Rolfing-Sitzungen, Rolfing und die anatomischen Grundlagen; soziales Verhalten und die Auswirkungen auf den Körper . . . **164 Seiten, ill.**

Robert St. John **Metamorphose – Die pränatale Therapie**
Die Methode basiert auf einer überlieferten chinesischen Behandlungsweise der Füße. R. St. John entdeckte in bestimmten Bereichen der Füße Verbindungen zur vorgeburtlichen Phase, in der Energiemuster unser Sein geprägt haben. Durch eine sachgemäße Behandlung des Reflexbereiches der Wirbelsäule an Füßen, Händen und Kopf werden auf natürliche Weise Sperren und Grenzen des Bewußtseins aufgehoben und die ursprünglichen Kräfte der Psyche wieder freigesetzt. **160 Seiten, ill.**

Reinhard Flatischler **Die Vergessene Macht des Rhythmus**
Reinhard Flatischler hat aus schamanistischen Traditionen ein System entwickelt, das mit Sprachrhythmen, Klatschen, elementaren Tanzformen und Gesang jeden die Erfahrung der Rhythmuselemente in seinem eigenen Zeitmaß machen läßt. Diese grundlegenden Erfahrungen sind auf alle Musikinstrumente übertragbar. Sie sind in der Rhythmik jedes Kulturkreises zu finden und haben psychische Wirkungen, die für alle Menschen gleich sind. Davon ausgehend werden wir die Rhythmuswelten Afrikas, Indiens, Koreas, Brasiliens und Kubas aus ihren Elementen kennenlernen, und selbst den Stellenwert finden, den die Rhythmen dieser Kulturkreise für unser tägliches Leben in Europa haben.
228 Seiten, Fotos u. Grafiken, Farbbildteil, geb.; Kassettenkurs (3 Kassetten) separat erhältlich

Reinhard Flatischler **TA KE TI NA – Der Weg zum Rhythmus**
Rhythmus ist die Kraft hinter allen Dingen. Sie vereint die unterschiedlichsten Gebiete des Lebens. Rhythmus schenkt uns Vertrauen ins Leben und in uns selbst. TA KE TI NA ist der Weg, auf dem alle Aspekte von Rhythmus als Einheit erfahren werden können. Es ist eine Synthese aus dem rhythmischen Wissen vieler Kulturkreise und zeigt in konsequenter Systematik, wie Rhythmus für jedermann erlernbar ist. Die mit TA KE TI NA gemachten Rhythmuserfahrungen sind auf alle Musikinstrumente übertragbar, und der Musiker kann in diesem Buch eine neue Quelle zum Komponieren kreativer Rhythmen finden. Ein Einstieg in die körperliche und geistige Erfahrung von Rhythmus geben.
160 Seiten, ill.; Kassette oder CD separat erhältlich

Burkhard Schroeder **AtemEkstase · Rebirthing**
lehrt Dich das Annehmen allen Seins · Einlassen auf bewußtes Atmen in seiner ursprünglichen Form · Loslassen · Auftauchen ins Leben · Reiten auf den Wellen Deiner Ekstase · Verschmelzen mit dem SEIN · Dich und diese Schöpfung zu lieben.
Rebirthing ist eine wirkungsvolle Methode zur körperlichen, emotionalen und geistigen Reinigung und ein effektiver Weg persönlichen Wachstums. Ein gewaltloser Weg, der Dich lehrt, Deiner Energie zu vertrauen, mit ihr zu fließen, loslassen, zu tun durch Nicht-Tun. Dein Atem wird Dir helfen herauszufinden, wer Du bist, Dich anzunehmen und Dein Herz zu öffnen für Schönheit und Ruhe, Lebendigkeit und Lebensfreude. **128 Seiten; angeleitete AtemEkstase-Kassette separat erhältlich**

A. Wallace, B. Henkin **Anleitung zum geistigen Heilen**
Die Autoren beschreiben — auf dem Erfahrungsgrund der Humanistischen Psychologie —, wie sie zum Heilen angeleitet worden sind, ihre Erfolge und die Grenzen dieser Kunst, andere zu heilen. Darüber hinaus zeigen sie eine umfassende Reihe einfacher Übungen für den Anfänger auf und fortgeschrittene Techniken für den, der sich schon mit geistigem Heilen beschäftigt. In der praktischen Anleitung zeigen sie die Beziehung des Heilens zum Vertrauen, zu Weltanschauungen, Träumen und kosmischer Bewußtheit auf. **228 Seiten**

Bob Toben **Raum-Zeit und erweitertes Bewußtsein**
Toben diskutiert in eingehend grafischer Darstellung mit den Physikern J. Sarfatti, C. Suares und F. Wolf in einer verständlichen Wissenschaftssprache die Abhängigkeit unserer Vorstellung vom Universum durch unsere Sinne. **Themen u. a.:** Psychokinese, Lichtbiegen, Materialisation, Astral-Reise, Wissen aus dem Universum, Reinkarnation, Aura, Telepathie, Telekinese, Levitation, Geistheilung. **180 Seiten, ill.**

Richard S. Heckler **Aikido und der Krieger des neuen Bewußtseins**
Meister Uyeshiba, Begründer des Aikido, lehrte eine Kampfart, die die innere Kraft des Menschen stärkt, ohne Rivalität und Streit. Durch die im Aikido entwickelten Methoden zeigt er eine Alternative zu unserer derzeitigen Form des erdrückenden Militarismus, bzw. eines aufopfernden Pazifismus auf. Das Elementarste an Meister Uyeshibas Aikido aber ist der spirituelle Pfad, der die Menschen lehrt, ihr Ki, ihre Energie mit dem Ki des Universums zu verbinden, um in einer Welt der Harmonie, Zentriertheit und des Mitgefühls zu leben. **176 Seiten, ill.**

Roger Hicks und Ngakpa Chögyam **Weiter Ozean – DALAI LAMA**
Diese autorisierte Biographie ist die erste Aufzeichnung des Lebens Seiner Heiligkeit seit seiner Autobiographie »Mein Leben und mein Volk« (1962). Es ist auch die erste Darstellung der Leben der vorhergehenden dreizehn Dalai Lamas, die einem breiteren Publikum zugänglich ist. **240 Seiten, 31 z. T. bisher nicht veröffentlichte Fotos**

Hazrat Inayat Khan **Das Erwachen des menschlichen Geistes**
Die Botschaft des Autors beginnt und endet mit der Aussage, daß es nicht ausreicht, im Geistigen zu leben; was wir heute benötigen, ist ein *menschlicher* Geist. Es ist die Erweckung des Geistes im Menschen auf der Suche nach der Wahrheit. Diese Unterweisungen Hazrat I. Khans beschreiben die Folge der inneren Entwicklungsphasen, die der einzelne auf der Suche nach der geistigen Wirklichkeit durchläuft. **224 Seiten, zahlreiche Fotos**

Pir Vilayat Khan **Der Ruf des Derwisch**
Pir Vilayat Khan ist Leiter des Sufi-Ordens im Westen, der von seinem Vater Hazrat Inayat Khan gegründet wurde. Er ist bestrebt, den Weg und die Essenz der Sufi-Tradition besonders dem westlichen Menschen erlebbar zu machen.
224 Seiten

Benjamin Hoff **Tao Te Puh – Das Buch vom Tao und von Puh, dem Bären**
Was für ein Puh? *Was* für ein Tao? Das Tao Te Puh! . . . in dem uns enthüllt wird, daß einer der größten taoistischen Meister nicht etwa ein Chinese ist, auch kein altehrwürdiger Philosoph . . . sondern wirklich und wahrhaftig kein anderer als der absichtslos in sich ruhende, einfältige kleine Bär. **160 Seiten, ill.**

Affirmationen – »Ich mag mich selbst«
Eine Affirmation ist ein positiver, schöpferischer Gedanke, um deine negativen Glaubenssysteme und Denkmuster zu verändern. Affirmation heißt das Leben bejahen und deinem Denken eine Idee über das Ziel zu geben.
28 Seiten, Büttenpapier

Erik Sidenbladh **Wasserbabys – Geburt und Entwicklung in unserem Urelement**
Der sanfteste Übergang vom Mutterleib in die Außenwelt ist die Geburt unter Wasser. Frühes Training im Wasser bewirkt bei den Kindern eine bessere und schnellere Koordination der Bewegungen und Körperfunktionen. Die zahlreichen, außergewöhnlichen Aufnahmen verstärken Tjarkovskijs Erfahrungen, daß das menschliche Potential besser entwickelt werden kann, wenn wir lernen, Wasser ohne Angst zu akzeptieren.
156 Seiten, durchgehend vierfarbig ill., geb.

Astro-Tafel – Der Weg zur Astrologie
»ALL-EIN-SEIN heißt eins sein mit dem All. Die Schwingungen des Alls wahrnehmen und sich auf diese Schwingungen einzustimmen heißt sein Leben, oder einfach sich selbst, mit dem All in Einklang bringen. Ist die Person (lat. persona, von per-sonare = durch-tönen, zum Erklingen bringen) im Einklang mit dem Kosmos, so resoniert der Kosmos in ihr, der Kosmos findet seinen Wiederhall in der Person. Wird man sich dessen bewußt, hat man kosmisches Bewußtsein erreicht.« Wohl die umfassendste farbige Informationskarte zum Thema Astrologie und Harmonik. Außer der allgemeinen Beschreibung der Wirkweise der einzelnen Tierkreiszeichen, Planeten, Aspekt- und Himmelspunkte wird auch die Methodik der Verknüpfung dieser astrologischen Elemente zur Deutung erklärt und ausgeführt. Auch die Zuordnung der Töne zu den Planeten sowie der musikalischen Intervalle zu allen Aspekten, wie auch deren farbliche Zuordnungen, können der Karte entnommen werden.
13-Farb-Druck (DIN A2) auf besonderem Qualitätspapier, mit Begleitheft

Lee Sannella **Kundalini-Erfahrung & die neuen Wissenschaften**
In einem verdunkelten Raum sitzt ein Mann allein. Sein Körper wird von Muskelkrämpfen geschüttelt. Unbeschreibliche Empfindungen und stechende Schmerzen schießen von seinen Füßen ausgehend durch Beine und Rücken bis zum Hals. Er hat das Gefühl, sein Schädel würde zerspringen. Im Inneren seines Kopfes hört er tosende Geräusche und hohes Pfeifen. Seine Hände brennen. Er glaubt, sein Körper müsse innerlich zerreißen. Dann plötzlich lacht er und wird von Glücksgefühlen überwältigt.
Ein psychotischer Anfall? Nein, dies ist eine psycho-physische Transformation, ein Prozeß der »Wiedergeburt«, der ebenso natürlich ist wie eine physische Geburt. Pathologisch erscheint dieser Vorgang nur, weil die Symptome nicht zum Ergebnis in Beziehung gesetzt werden: zur psychischen Transformation eines Menschen. Wenn dieser Prozeß ungestört zum Abschluß gelangt, kann ein tiefes psychologisches Gleichgewicht erreicht werden, ein Zustand innerer Stärke und emotionaler Reife.
Sannellas Buch ist unentbehrlich auf dem Weg des tieferen Verstehens von mystischen Erfahrungen und Momenten des erweiterten Bewußtseins. **160 Seiten**

Stuart Perrin **LEAH – Die Geschichte einer meditativen Heilung**
»Als ich Leah das letzte Mal sah, war sie voller Leben, strahlend und bezaubernd schön. Ich war überzeugt, daß sie zu einem besonderen und äußerst ungewöhnlichen Menschen heranwachsen würde. Der Gedanke, daß sie von Krebs befallen war, lag jenseits meiner möglichen Phantasien.
Die Ärzte gaben ihr noch drei Wochen zu leben. – Drei Wochen können eine Ewigkeit sein, wenn man den Moment lebt. In dieser Zeit mußte ich eine neue Logik entdecken, eine, die den Tod entwaffnete und das Unmögliche möglich machte.«
Die dramatische Erzählung eines Heilungsprozesses. LEAH basiert auf einer erlebten Geschichte – die Bemühung eines spirituellen Lehrers, ein junges Mädchen in ihrem Kampf gegen ihren Krebs zu unterstützen. **120 Seiten**

Ken Dychtwald **KörperBewußtsein**
Basierend auf den Arbeiten von W. Reich, I. Rolf, M. Feldenkrais, F. Perls, W. Schutz, A. Lowen, St. Keleman, R. Kurtz u. a. und verschiedenen Yoga-Richtungen, verbindet Dychtwald deren Erkenntnisse mit einer Vielfalt von östlichen und westlichen Einstellungen zur Entwicklung des KörperBewußtseins. Es ist das zur Zeit umfassendste und leichtverständlichste System zur Bewußtwerdung und Diagnose des KörperBewußtseins. KörperBewußtsein von K. Dychtwald ist ein hervorragender Einstieg in das, was wir »Körperlesen« nennen. D. h., durch die Wahrnehmung, wie sich jemand »trägt« oder mit seinem Körper umgeht, erfahren wir mehr über diese Person, als wir sehen. KörperBewußtsein hilft, sich und andere besser »wahr« zu nehmen, indem es aufzeigt, wie der menschliche Körper eine lesbare Karte seiner persönlichen Geschichte ist. Darüber hinaus gibt Dychtwald einen Einblick in verschiedene Körpertherapie-Methoden. Ein lebendiges, gut zu lesendes und sehr menschliches Buch. **320 Seiten, 46 Abb.,**

Georg Schäfer und Nan Cuz **Im Reiche des Mescal – Ein kosmisches Märchen**
Wandere mit Schwarzhaar und dem Schamanen durch Metaphern deiner inneren Welten zum Licht der Erkenntnis . . .
Schwarzhaar war ein Träumer, und die Mutter hatte ihre Sorgen mit ihm, denn statt Netze zu flicken oder Brennholz aus dem großen Wald zu holen, lag er am Strand und schaute stundenlang in den Himmel. »Was wird denn hinter den Sternen sein?«, so dachte er, »und wo beginnt das Reich der Götter und wo endet es?« Über solche Gedanken geriet er ins Grübeln und vergaß alles, was ihm die Mutter aufgetragen hatte . . .
40 Seiten, Großformat, vierfarbig, gebunden

Cousto **Die Kosmische Oktave**
Der Weg zum universellen Einklang. In diesem Buch sind alle Schritte erläutert und formalisiert, um aus astronomischen Beobachtungsdaten die Rhythmen und die Stimmtöne der Erde, des Mondes und der Planeten herzuleiten. Ebenso sind die Berechnungsmethoden zur Feststellung des Sonnentones oder auch der Klänge einer Horoskopvertonung dargelegt. **240 S., 50 Grafiken, zahlreiche Tabellen, 32 S. wissenschaftl. Anhang, 15 Farbtafeln, geb. und Paperback**

Ulrich Sollmann (Hrsg.) **Bioenergetische Analyse**
Autoren und Themen: *A. Lowen:* Der Wille zu leben und der Wunsch zu sterben; *R. Robins:* Der rhythmische Zyklus und Widerstand; *E. Muller:* Auswirkungen des Berührens; *H. Petzold:* Der Schrei in der Therapie; *L. Rablen:* Das gespaltene Ich. Krebs und Probleme der Selbstabgrenzung; *A. Kloppstech:* Frauenarbeit mit krebskranken Frauen; *P. Boyesen:* Psychodynamische Analyse; *U. Sollmann:* Prozeßanalytische Körperarbeit in der Gruppe; *E. Svasta:* Jan Velzeboer und die Bioenergetische Analyse; *R. Steiner:* Die energetische Verbindung von Körper und Geist; *R. C. Ware:* C. G. Jung und der Körper — vernachlässigte Möglichkeiten der Therapie? etc. **252 Seiten**

Ernest L. Rossi **Die Psychobiologie der Seele-Körper-Heilung**
Neue Ansätze der therapeutischen Hypnose. Ist es wirklich möglich, über die Seele eine körperliche Krankheit zu heilen? Gibt es tatsächlich eine Verbindung zwischen den Genen und der Seele, mit deren Hilfe unsere Gedanken und

Gefühle die Heilung unterstützen können? Ja, sagt der Autor, und führt uns in die faszinierende Welt der Psychobiologie ein, die die derzeitigen Ansätze innerhalb der Medizin und der Psychologie auf revolutionäre Weise verändert. Rossi zeigt neue Möglichkeiten auf, wie die Heilung von Krebs, Asthma, rheumatischer Arthritis, krankhaften Stimmungsschwankungen und einer Vielzahl anderer psychosomatischer Störungen unterstützt werden können. Sein anschauliches Konzept, wie man Symptome in Signale und psychische Probleme in schöpferische Hilfsquellen umwandeln kann, ist überzeugend, denn es ermöglicht intuitiv zu spüren, daß wir alle den Schlüssel zu unserer Gesundheit und zu unserem Wohlbefinden in uns tragen. **312 S., zahlreiche Tabellen und Abb., Hardcover**

David K. Reynolds **Die Stillen Therapien**

Japanische Wege zu persönlichem Wachstum. Mit diesem Buch stellen sich eine Reihe von Psychotherapien und therapeutischen Methoden dem europäischen Leser vor, die von einem völlig anderen Verstehen des Menschen ausgehen. Während wir im Westen Therapie oft nur als Symptombekämpfung verstehen, ist im östlichen Denken die Befreiung des Geistes als Ganzes im Vordergrund. Damit stehen Die Stillen Therapien im Zentrum der neuen geistigen Bewegung – der Sehnsucht nach Ganzheit, Re-Integration, nach der unmittelbaren Erfahrung des eigenen Selbst.
In diesem Buch finden Sie klare, praktikable und energievolle Wege zu sich selbst. **160 Seiten**

Rosalyn L. Bruyere **CHAKRAS – Räder des Lichts – Einführung**

Dieses ist das Grundlagenbuch für jeden, der über das esoterische Wissen hinaus Einsicht und Wissen in die Funktionen der Chakras und der feinstofflichen Energiefelder erlangen möchte. In diesem Einführungsband wird die Natur der Chakras untersucht und eine Übersicht gegeben. Mit den folgenden sieben Bänden, jeweils einem Chakra zugeordnet, wird dieses Werk die bisher umfassendste Beschreibung der feinstofflichen Energien und des Chakrasystems sein.
Jedes der sieben Primärchakras ist ein »Rad des Lichts«, ein sich drehendes, farbiges, elektromagnetisches Feld. Zusammen erzeugen diese sieben Felder die Aura des Menschen. In alten Überlieferungen schon gibt es verschiedene Beschreibungen dieser Energie- oder Lichtfelder, die aus dem physischen Körper strömen. Doch erst in neuester Zeit hat die Wissenschaft die Existenz der feinstofflichen Energien und der Aura bestätigt. **144 Seiten, großformatig**

Rosalyn L. Bruyere: **CHAKRAS – Räder des Lichts. Band 1. Das Wurzelchakra**

Kapitelinhalte: I Vitalität, II Kundalini, Sitz des physischen Körpers, III Die Kraft des Feuers, IV Sexualität, Kundalini und Karma, V Die Wissenschaft und die Chakras, VI Krankheiten und Dysfunktionen. **144 Seiten, großformatig**
Alle Bände durchgehend mit Fotos, Zeichnungen, wissenschaftlichem Begleittext und Übungen.

Stamboliev **Den Energien eine Stimme geben**

In der Voice-Dialogue Methode werden Energiemuster des Menschen als eigene Persönlichkeiten angesprochen und aktiviert – den Energien wird eine Stimme gegeben, sich mitzuteilen. Die Fähigkeit des Voice-Dialogue Therapeuten, sich auf den Prozeß einzustimmen und mit seinen eigenen entsprechenden Energiemustern mitzuschwingen, ermöglicht dem Klienten ein intensives Erfahren, Erkennen und Integrieren der psychisch-emotionalen Realität dieser Muster.
Stamboliev gibt auch einen Überblick über die Lehre des T'ai-chi-ch'uan und über verschiedene esoterische Systeme, um dem Voice-Dialogue Therapeuten zu helfen, eine größere energetische Sensibilität der Methode gegenüber zu entwickeln.

Thomas Armstrong **Die Spiritualität des Kindes**

Pädagogik für ein neues Bewußtsein. Anhand zahlreicher Beispiele aus Literatur und Wissenschaft, Mythologie und Erfahrung zeichnet der Autor ein Bild vom zweifachen Wesen des Kindes: „Es gehört sowohl zum Himmel wie zur Erde, und es tritt als Brücke zwischen Licht und Dunkel, Körper und Geist, Ich und Selbst, Mensch und Gott in unser Leben. Das spirituelle Kind singt und tanzt diese Ganzheit mit jeder Faser seines Seins. Wir alle täten gut daran, zuzuhören. Und noch besser daran, mitzusingen und mitzutanzen!" **192 Seiten**

Helmut G. Sieczka **CHAKRA-KASSETTE. Energie und Harmonie durch den Atem**

Unser Atem ist die wichtigste Brücke zwischen dem Körper und der Seele. Der Atem ist die Verbindung von Innen und Außen, vom Individuum zum Universum. Die sieben feinstofflichen Energie- und Bewußtseinszentren, den sogenannten Chakren, fließt unsere Lebensenergie.
Mit diesen zwei praktischen Atemübungen können Sie Störungen auf der energetischen, körperlichen und geistigen Ebene ausgleichen und harmonisieren. **Spieldauer: je Seite ca. 42 Minuten**

David V. Tansley **RADIONIK – Energetische Diagnose & Behandlung**

Radionik ist ein System der Diagnose & Behandlung, das die menschliche Fähigkeit der übersinnlichen Wahrnehmung direkt mit einbezieht, um somit die tiefliegende Bedeutung der Krankheit in einem lebenden Organismus zu erkennen. Diese Kunst des Heilens entwickelte sich aus einem Bereich der medizinischen Forschung von Prof. Dr. A. Abrams, der aufzeigte, daß Leben — und somit auch Krankheit — schwingende Energie ist, die energetisch behandelt werden kann. Die moderne Physik bestätigt dieses Modell seit langem. Radionik kann in jeder Therapieform praktiziert werden. Überwiegend wird sie in Verbindung mit Homöopathie, Schüssler-Salzen und der Bach-Blütentherapie angewandt. Radionik ist ein sanfter Ansatz zur Heilung, frei von den unliebsamen Nebeneffekten der herkömmlichen medikamentösen Therapie. David Tansley, die führende Autorität auf dem Gebiet der Radionik, beantwortet in diesem Buch u. a.: Wie arbeitet Radionik? Wie kann ein Therapeut die Diagnose stellen und die Behandlung ausführen, ohne den Patienten zu sehen? Was umfaßt eine Radionik-Diagnose? Welche Krankheiten können mit dieser Methode behandelt werden? **100 Seiten**